U0137673

早期中国研究丛书

蒲慕州 著

追寻一己之福

中国古代的信仰世界

上海古籍出版社

丛 书 序

　　"早期中国"是西方汉学(Sinology)研究长期形成的一个学术范畴,指汉代灭亡之前(公元 220 年)的中国研究,或是佛教传入之前的中国研究,此一时期的研究资料和研究方法都自成体系。以吉德炜(David Keightley)教授于 1975 年创办 Early China 杂志为标志,"早期中国"这个学术范畴基本确定。哥伦比亚大学近年设置的一个常年汉学讲座也以"早期中国"命名。

　　"早期中国"不仅是西方汉学研究长期实践中形成的一种实用分类,而且是探求中国传统文化之源的重要的实质性概念。

　　从最初的聚落发展到广大地域内的统一的中央集权专制主义的秦帝国建立,并且在汉代走上农业文明之路、确立起帝国社会的价值观体系、完善科层选拔官僚制度及其考核标准,早期中国经历了从文明起源到文化初步成型的成长过程,这个过程实际上也就是中华民族的形成过程。可以说,早期中国不仅奠定了中华文明的基础,也孕育、塑造了此后长期延续的传统中国文化的基本性格:编户齐民自给自足的小农经济长期稳定维系;商人的社会地位始终低下;北方游牧民族入主中原基本都被汉化;帝国疆域的扩张主要不是军事征服而是文化同化的结果;各种宗教基本不影响政治,世俗的伦理道德教化远胜超验的宗教情感;儒家思想主导的价值观体系以及由此造就并共同作用的强大的官僚制度成为传统中国社会的决定性力量,等等。追源这类基本性格形成伊始的历史选择形态(动因与轨迹),对于重新审视与厘清中华文明的发生发展历程,乃至重新建构现代中国的价值观体系,无疑具有至关重要的作用。

早期中国研究不仅是西方汉学界的研究重心,长期以来,也是中国学术研究中取得巨大进展的重要方面。早期中国研究在中西学术交流的大背景下,形成了独特的研究风格和研究方法。这就是:扩充研究资料、丰富研究工具、创新研究技术,多学科协同不断探索新问题。

1916 年,王国维以甲骨卜辞中所见殷代先公先王的名称、世系与《史记·殷本纪》所记殷代先公先王的名称、世系一一对照,发现《殷本纪》所记殷代先公先王之名,绝大部分出现在卜辞中。王国维把这种用"纸上材料"和"地下新材料"互证的研究方法称为"二重证据法":"吾辈生于今日,幸于纸上之材料外更得地下之新材料。由此种材料,我辈固得据以补正纸上之材料,亦得证明古书之某部分全为实录,即百家不雅驯之言亦不无表示一面之事实。此二重证据法惟在今日始得为之。"

出土文献资料在现代的早期中国研究中显示出越益重要的作用。殷墟甲骨 100 年来约出土 15 万片,其中考古发掘出土的刻辞甲骨有 34 844 片。青铜器铭文,1937 年罗振玉编《三代吉金文存》,著录金文总数 4831 件,其中绝大部分为传世器。《殷周金文集成》著录资料到 1988 年止,共著录了金文 11 983 件。此后到 2000 年,又有约 1350 件铭文出土发表。最近二、三十年,简帛文献资料如银雀山简、马王堆帛书、定州简、阜阳简、郭店简、上博简等都以包含大量古书而深受关注。

严格地说,王国维说的地下材料,殷墟甲骨、商周金文都还是文字资料,这些发现当时还不是考古发掘的结果,研究也不是从考古学的角度去研究。真正的考古学提供的是另外一种证据。傅斯年提倡"重建"古史,他主张结合文献考证与文物考证,扩充研究"材料"、革新研究"工具"。1928 年,傅斯年创立中央研究院历史语言研究所,并立刻开始发掘殷墟。傅斯年在申请发掘殷墟的报告中说:"此次初步试探,指示吾人向何处工作,及地下所含无限知识,实不在文字也。"从 1928 年 10 月开始一直到 1937 年夏,中央研究院历史语言研究所在殷墟共进行了 15 次发掘,发掘地点共 11 处,总面积 46000 余平方米,这 15 次发掘收获巨大:在小屯北地发掘了 53 座宫殿基址。在宫殿基址附近还发现了大量甲骨。在小屯村北约 1 公里处的武官村、侯家庄北地发现了商代王陵区,发掘了 10 座大墓及一千多座祭祀坑。在小屯村东南约 1 公里处的高楼庄后岗,发掘出了仰韶、龙山和殷三种文化层的叠压关系,解决了华北地区这三种古文化的相对年代。在后岗还发掘了殷代大墓。在殷墟其他地区,如大司空村等地还发掘了一批殷代墓葬。殷墟王陵的科学发掘举世震惊。中国考古学也从开创之初就确立了鲜明的为历史的特色和风格。为历史的中国考古学根植于这块土地上悠久传承的丰富文化和历史知识的积淀,强烈的活的民族情感和民族精神始终支撑着中国考古学家的工作。近 50 年来,中国考古学取得了无比巨大的成就,无论是新石器时代城址还是商周墓葬的发掘,都是早期中国文明具体直观的展示。

不同来源的资料相互检核,不同属性的资料相互印证,提供我们关于早期中国更加确切更加丰富的信息,能够不断地解决旧问题提出新问题,又因为不断提出的新问题而探寻无限更多的资料,而使我们对早期中国的认识不断深入愈益全面。开放的多学科协同的综合研究使早期中国研究取得了辉煌的成绩。对其他历史研究和学术研究来说,早期中国研究的这种研究风格和研究方法或许也有其可资借鉴的意义。

王国维、傅斯年等人是近现代西方科学思想和知识的接受者传播者,他们的古史研究是现代化的科学研究,他们开创了中国历史学和中国学术的新时代。现代中国学术的进步始终是与西方学术界新观念、新技术、新方法的传播紧密相联的。西方早期中国研究中一些重要的研究课题、重要的研究方法,比如文明起源研究、官僚制度研究、文本批评研究等等,启发带动着中国同行的研究。事实上,开放的现代学术研究也就是在不同文化知识背景学者的不断交流、对话中进步。我们举最近的一例。夏商周断代工程断代的一个重要基准点是确认周懿王元年为公元前 899 年,这是用现代天文学研究解释《竹书纪年》"天再旦于郑"天象资料的一项成果。这项成果的发明权归属韩国学者,在断代工程之前西方学界已确认了这个结论。将"天再旦"解释成日出前发生的一次日全食形成的现象的假说是中国学者刘朝阳在 1944 年提出的,他和随后的董作宾先生分别推算这是公元前 926 年 3 月 21 日或公元前 966 年 5 月 12 日的日食。1975 年韩国学者方善柱据此假说并参考 Oppolzer 的《日月食典》,首次论证"天再旦"记录的是公元前 899 年 4 月 21 日的日环食(《大陆杂志》51 卷第 1 期)。此后,1988 年美籍学者彭瓞钧、邱锦程、周鸿翔不仅也认定"天再旦"所记是公元前 899 年的日环食,并对此次日食在"郑"(今陕西省华县,$\lambda=109.0℃,\varphi=34.5°N$)引起"天再旦"现象必须满足的天文条件,第一次做了详尽理论分析和计算,并假设食甚发生在日出之时,计算得出了表示地球自转变化的相应的 ΔT 为(5.8 ± 0.15) h,将天再旦的研究又向前推进了一步。夏商周断代工程再次确认了"天再旦"这一成果,并为此于 1997 年 3 月 9 日在新疆北部布网实地观测验证。

本丛书不仅是介绍西方学者一些具体的早期中国研究的成果,引进一些新的概念、技术、思想、方法,而且更希望搭建一个开放性的不断探索前沿课题的学术交流对话的平台。这就算是我们寄望于《早期中国研究》丛书的又一个意义。

只有孤寂的求真之路才通往独立精神、自由思想之境。值此焦躁不安的文化等待时刻,愿《早期中国研究》丛书能够坚定地走出自己的路。我们欢迎所有建立在丰富材料缜密分析基础上、富有独立思考探索成果的早期中国研究著作。

　　著述和出版是长久的事业,我们只要求自己尽力做得更好一些。希望大家来襄助。

朱渊清

2006/12/2

写于学无知室

目　录

新 版 序

　　本书于1995年由台北允晨出版社刊行,后经台北麦田出版社于2004年出版修订本,2007年上海古籍出版社出版简体字本。感谢上海古籍出版社的邀约,本书得以再版,让读者有机会借着本书思考一些与信仰相关的问题,个人觉得十分荣幸。在过去近三十年的时间中,新的考古及文献材料不断出现,本书再版的意义,应该不会是书中材料的新鲜度,而是其讨论的主题仍然有其值得思考之处。

　　如果说本书有什么主要的信息是要想与读者分享的,可能有几个重点。第一,在人类早期社会中,影响人们生活和思想的因素,除了有形的物质条件,还有无形的信仰。我在本书中希望讨论的,就是这信仰的因素。一般讨论宗教信仰时,不免要提到神明的性质和力量,一神,多神,人神关系,宗教信仰的源起、发展,以及对社会文化的影响,等等。这些,在本书中多少都有所触及。相对于物质生活而言,信仰的力量其实与伦理和道德观念相似,是社会人群能够进行集体生活的精神基础,也是一种凝聚力。但由于信仰的特性主要是精神的活动,信仰的物质遗存其实只能透露出精神活动的少部分,这些物质遗存,包括宗教建筑和文献,还多半是与社会上层阶级有比较密切的关系,这些所谓的精英文化,也是一般谈论宗教时比较重视的。

由于本书的出发点是希望多了解社会一般大众的信仰活动，这就牵涉到方法的问题。在一个文献多有不足，文献资料又多半来自智识阶层的古代社会，我们要怎么才能知道社会一般大众的信仰活动和信仰内容？除了考古材料有可能提供一些比较具普遍性意义的材料之外，我认为一种有效的方法是重新审视传统文献，找寻所谓的无心史料，也就是材料无意之中透露出的消息。一般而言，材料有其意图，有其主动告知读者的消息，但若追索材料出现的文化和社会脉络，却有可能揭示一些材料原本没有主动告知读者的消息。英文说 read between the lines，有可能是材料想表达但没直接表达的，也可能是材料表达的原意其实也指出了另一层意义，是原作者本身没有意觉到的。进一步说，不但文献材料可以如此检视，考古材料也可以用类似的方法来理解。最明显的例子可以举汉代墓葬壁画。一般我们看汉墓壁画时，会注意其内容，表现出汉人对死者生前死后的生活状态的想象。这些固然是重要的关注点，但是我们还可以问的是，是什么样的社会心态使得人们采取某种表现方式？什么东西或生活情境得到重视，什么又没有得到表现？又譬如在所谓的镇墓文中，主要出现的是哪些主题？哪些主题又从不出现？为什么如此？问这些问题，也许就可以对材料的解读找到新方向，引出我所谓的无心史料。

第二，我在多年前开始构思本书时就意识到，我们对历史的认识，不能只关注一个地方或社会的问题，必须要有比较的视野。我在本书每章开始都引用一段与西方宗教信仰相关的材料，目的就是要点出在中国宗教文化中的问题，不只是中国的问题，而是人类社会普遍存在的问题。要深入了解中国的问题，必须能够将之放在一个比较的框架中，才能有新的体会。但是要如何比较？比较什么？方法论和主题，这是比较研究必须面对的重大问题。

我在写作本书时虽然体会到这些问题，毕竟没有进一步深入探究。只是点到为止。在过去的一些年中，我也尝试做一些比较研究,譬如对古代中国、埃及和两河流域文明对待异族的态度的比较,以及对中西古代社会中的鬼和死后世界的概念的比较,等等。我也组织过比较早期基督教与佛教发展的会议,出版论文集。①如果要总结目前学习到的经验,我认为比较研究可以有两大类,一是以一个文化为主,其他文化为辅,在主要文化中找到一个具有某种普世价值的主题,然后在辅助文化中看看此主题的呈现方式,是否可以帮助了解主要文化的主题,产生新的理解。另一类是比较双方互为对象,即没有主辅的分别,讨论一个相同的主题在不同文化中的呈现方式,借着这种比较来达致对双方的新理解。可想而知,这第二种比较方式是比较全面性的,研究者对所进行比较的不同文化要有同样深入的了解。但不论哪一种比较,最重要的目标应该是能够超越比较异同,而达到对比较双方有新的理解,是不经比较就不容易得到的。对于人文研究而言,我相信比较的方法已经不是要不要做,而是如何做的问题,也是为人文研究寻求新出路的方法。基本上这就是视人类文明为一个整体,不同的人文现象都是这整体的不同分支。在目前的情况下,由于不同的文化在长期发展的过程中形成了一些相互了解的障碍,或者偏见和歧视。要突破这种障碍,从人文研究的角度来讲,有意识有目的的比较研究应该可以发挥一些作用。

　　第三,有关信仰活动的本质,以及我个人如何去研究信仰活动、研究的目的又是什么? 这可能是最具个人性的问题。人类社

---

　　①　以上这些,可参见 Mu-chou Poo, *Enemies of Civilization: Attitudes toward Foreigners in Ancient Mesopotamia*, *Egypt and China* (Albany: State University of New York Press, 2005); Mu-chou Poo (Ed.) *Rethinking Ghosts in World Religions* (Leiden: Brill, 2009); Mu-chou Poo, Harold Drake, Lisa Raphals (eds.) *Old Society*, *New Belief: Religious Transformation of China and Rome*, *ca. 1st - 6th Centuries* (Oxford: Oxford University Press, 2017); Mu-chou Poo, *Ghosts and Religious Life in Early China* (Cambridge: Cambridge University Press, 2022); Mu-chou Poo, *Netherworld in Ancient Egypt and China: The Imagined Paradise* (London: Bloomsbury, 2023).

会自古以来就充满各式各样的信仰活动，我的看法是，不论这些信仰活动的形式和内容有何不同，最基本的特征就是，这种活动表现出，在人类社会的运作和发展过程中，会由于有需要对于人间世事的曲折缘由提出解释，譬如说有关生老病死的解释，有关正义和邪恶的赏罚问题，有关灵魂和死后世界存在与否的问题，因而产生了一种解决问题的方法，即设想出一种人外力量，它们具有超人的能力，并且会作用于人的生活之上，左右人的幸福，解决或解释所有存在的问题。在不同的文化中，这种人外力量有不同的名称。在中文世界中，有神、灵、鬼、妖、精、怪、魅等等，不一而足。他们的力量也常常不同，大小强弱不等。这些人外力量一般也都具有某种与人类相似的性质，即某些人类所具有的情绪、思维、智能，而这也是人们之所以能够与他们沟通，甚至对话的基本原因。至于为何有的人外力量较强，有的较弱，应该与人们借以想象这些力量的参考系统有关，这参考系统就是各个具体的社会文化。因而一个社会文化与其产生的人外力量之间有某种对应关系，也是可以理解的。当然，我们不能否认，在历史上，或许某些宗教是社会中某个人或某些人有意识的或主动的建构，但重要的是，人类演化过程中发展出的某种对人外力量的想象和接受，才导致人们能够信仰某些神明，不论是否是有某些人所主动发明的，或者是在社会演化过程中逐渐形成的。我们可以推测的是，宗教的起源与人类智能和认知能力的发展可能有重要的关系，其真正的解答，仍需要宗教研究者与人类大脑演化与神经科学研究者共同的努力。因为我们目前能够看得到的宗教行为，就如人类语言的发展，其实已经是宗教信仰在人类社会中长期发展的末端结果，其源起仍然淹没在历史的长河之中。

以上的说法，很明显地是根基于人本主义之上，认为人类社会中的宗教信仰基本上是产生于人类社会本身，是人这种有智能的动物，为了解决在演化过程中发展出的对于存在的意义和目的等等疑问所提出的答案。但显然也不是唯一的答案。从这个角度出发，我认为人类社会中的各种神明，或者统称人外力量的存在，都是社会集体想象力所创造的结果，都是在某种具体的社会文化条件之下所形成的。在现今世界上仍然具有影响力的各种宗教中，可分为一神信仰与多神信仰，我们可以从上面的基本原则来了解它们，即不论是一神或多神，均为不同人类社会的想象和创造。在这个原则上，我们就不能只从各个宗教内部的或者信徒的角度来了解它们，因为一旦站在宗教信仰内部，或者信徒的角度出发，他们所信奉的神明，不论是一个或者多个，对他们来说，都是真实存在的，不是人所想象或创造的。这就会不可避免地造成了如何去理解和对待其他宗教的信徒和其神明的问题，甚至有可能造成冲突。所谓的宗教宽容，虽然已经可以说是现代世界共举的价值和政治正确的态度，其实很难真正解决基本的矛盾。一神信仰者可以宽容多神信仰者，因为他可能可以认为多神信仰者的神明是那最终的一神在人间不同的显现，但这也就无异于否认了多神的实质存在，而将多神收编于他的一神之中。这种方式，对一神信仰者或者有效，但是不能解决多神信仰者对于他们的神明的实质存在的信仰。

　　这就引出以下的问题，即如何研究宗教信仰，又有何目的？显然不同的研究者会有不同的见解。我的一己之见也只能给读者作为参考。我的基本态度是，既然宗教信仰是人类历史上存在的事实，并且对历史文化的发展有重大的影响，我们应该要像了解历史文化中其他项目，如文学、艺术、典章制度等等一样，去了解宗教。也就是说，我们不从任何信仰者的角度出发，而是把宗教信仰视为一种文化现象，是人类文化整体的构成部分。我们虽然尚无法探究宗教的起源，但是若能分析我们能够知道的宗教信仰的某些内容，以了解历史上一时一地人们的生活、思想，甚至情感，就有可能进一步了解人们在某种宗教信仰的影响下所从事的活动，为何会以某种形态出现，又产生哪些影响。佛教思想强调世间万物本质为一幻象，但在历史研究中，被视为幻象的宗教信仰却是一种文化实体，对历史有实际的影响，是不能以虚幻视之而不值一顾的。

如果上面的想法可以成立，那么研究宗教信仰或者任何所谓人外力量，都是人文和历史研究的一环，也就解答了为什么要研究宗教的问题。在科技挂帅的现代社会，如果有人对人文现象仍有一份好奇，对古今中外人的创造力和想象力有了解的兴趣，那么宗教作为人的想象力和创造力的产物，应该是值得关注的主题。本书主要关注的是中国古代文化中信仰活动在一般大众之间的体现，其中触及的主题不在少数，但是并不意味所提出的看法是对这些主题所能有的唯一的看法或解释。大多数的作者当然希望自己的看法是有价值的，但是价值要如何衡量？个人以为，如果一己的看法在一段时间中能够引起读者继续思考与辩难的兴趣，应该就是价值所在。

蒲慕州志于 2023 年 6 月

修订版序

　　本书自 1995 年问世以来①，已绝版多时，此次修订再版，除了增加一些新的资料及书目外，全书面貌基本上与第一版无大差别。这不是说本书没有可以大幅修改或重写之处，但大幅修改不如另写新书，因而不做此想。由于此书内容仍有可参考之处，承麦田出版公司涂玉云女士热情邀约再版，在此针对一些个别问题稍做说明。本书在初稿阶段同时以英文进行撰写，结果中文版先出，英文版则至 1998 年始由纽约大学出版②。英文版之基本资料与中文版相同，当然遣词用句有英文语法之特色及行文之逻辑，且在写作时中英文两本文稿反复修订，故很难说英文是中文稿之翻译，或者反之。但毕竟英文版后出，个别细节上有较多机会修正，错误亦稍少。如今中文版修订，新增材料，改订错误，应该又比英文版稍佳。不过，全书论点基本仍其旧。中文版出版至今八年，似乎尚未见到书评，英文版出版五年，在前三年间至少有七则③，此亦为一相当耐人寻味之现象。现在就根据这些书评来对本书做一批判。书评中肯定的部分不必多说，但批评之处应该特别注意。Falkenhausen 教

---

　　① 允晨出版社，1995 年。
　　② Mu-chou Poo, *In Search of Personal Welfare: A View of Ancient Chinese Religion* (Albany: State University of New York Press, 1998).
　　③ 依年代先后排列如下：*Theology Digest* 45.4(1998)：382-383；Daniel Overmyer, *Journal of Chinese Religions* 26(1998)：172-176；Russell Kirkland，(转下页注)

授的批评,主要的意见有三点:第一,本书忽略了祖先崇拜在信仰中的地位;第二,本书缺乏对宗教专业人士的讨论,这些人包括星象卜史巫医等,又可通称方术士;第三,本书以文献资料为主,较少利用考古资料来做比较大胆的观察。Martin Kern 教授的批评与上面第二点相似,认为本书应该对一些与方术相关的问题多作讨论。有关 Falkenhausen 教授所提的几点,第一,我在本书中所着重的是古代民间的信仰生活,祖先崇拜自然为其中的一部分,我虽然没有在这方面多着墨,但亦非没有提及,第六章即为一例。第二,有关方士及方术的讨论,本书的确没有专门加以讨论,而是散在各章之中。如果读者有兴趣,可参考李零先生的两本著作①。第三,考古资料的运用,实为本书之重点,第二章及第七章中均大量运用考古材料。不过我猜 Falkenhausen 教授的批评可能是针对先秦时代而言。好在他自己已有一文,读者可以参考②。至于个别观点的不够深入犀利,本书的确可能不足,如 Bujard 的评论,即认为本书未能提供一个有关民间信仰的综述,是否如此,只有请读者自行判断了。

在这些批评之外,尚有一些比较重要而值得补充讨论的问题。首先是本书的书名:《追寻一己之福》。对这书名可能会有的疑问是,在中国古代,如果说人们所有的信仰活动都是为了"追寻一己之福",是否会落入一种假设之中,即人所有的活动是根据理性选择,而没有非理性的部分? 又或者说,追寻一己之福不见得是人们信仰生活的目的,因为人有可能会自求残害,而人的心理活动是复

(接上页注) *Religious Studies Review*, 25. 1(1999):120; Lothar von Falkenhausen, *Harvard Journal of Asiatic Studies* 59. 2(1999):598 - 613; Anne B. Kinney, *Philosophy East and West*, 50. 4(2000):627 - 628; Marianne Bujard, *T'oung Pao* 86(2000):194 - 202; Martin Kern, *Journal of Asian Studies* 59. 4(2000):1006 - 1008.

① 李零,《中国方术考》(北京:东方出版社,2000);《中国方术续考》(北京:东方出版社,2000)。

② Lothar von Falkenhausen, "Issues in Western Zhou Studies: A Review Article," *Early China* 18(1993):139 - 226.

杂多变的。我的想法是,追寻一己之福,不见得必然是一种理性选择的作为,人在遂行所有各种方法以求一己之福的时候,有可能是采取非常不理性(或者至少是由我们现代人的眼光看来不理性)的途径。而我们也都知道,以自残自虐为乐也是某些人的行为方式。最后,我只能说,以"追求一己之福"为书名,是为了要凸显中国古代民间信仰的一项特色,即在相当程度之内,一般人在日常生活的信仰活动中主要关注的是一己(包括个人或家族)之福,而人对于得到此一己之福所采取的手段主要是各种方术和祠祀祝祷。至于个人道德行为与此一己之福之间,并没有一个明确而固定的对应关系,这恐怕是讨论所谓的民间信仰时最值得注意的问题。本书只能说在此问题上提出一些初步的看法,更深入的讨论则有待来日了。

第一版序

　　在中国古代史的研究中，宗教是比较少为人所注意的一环。这并不是说学者们不认为宗教是应该受重视的题目，而可能是没有适当的研究途径，或者也是由于人们以为可运用的材料不足。虽说如此，与古代宗教有关的研究也已累积了不少成果。回顾近数十年来的中国古代宗教研究，不论是中国、日本或者西方汉学家，谈得最多的题目不外祖先崇拜、自然崇拜、鬼神信仰等三大方面。这些大原则的内容，以及其与中国文化大传统的关系，也已经是相当清楚。在佛教和道教兴起之前，也就是大约在东汉末年以前，中国的宗教还有什么可谈的？如果我们仔细地去分析现有的研究成果，不难发现，除了也许在材料方面，由于考古发掘而有些新出土的物质和文献资料，使我们对古代中国在某些方面有了更详细的了解之外，一般关于中国古代宗教研究的作品在理论方面少有新的发展：泰勒（E. B. Taylor）、弗雷泽（J. Frazer）、布列留（L. Levy-Bruhl）、马凌诺司基（B. Malinowski）等人的作品仍然是许多人赖以解释宗教现象的依据。近年来张光直先生谈中国新石器时代以下的宗教现象，认为是一种萨满教（Shamanism），基本上是引用伊立亚得（M. Eliade）对于萨满教的解释。这种说法是否能为学者们普遍接受，仍然需要时间的证明。

　　我对于中国古代宗教现象的兴趣，既不在建立新的论理，也不在其与中国传统文化思想——主要是以儒家为代表——的关系。我认为，宗教史研究的目的之一，是在设法了解一个宗教传统中人们的生活与宗教的关系。如果某一种宗教传统能够在一群人之中流传长久，除了其教义之外，必定是由于这种宗教信仰能够与人们的生活契合。我们很清楚地知道，即使是在现代社会中，人们仍然保存了各式各样的信仰——大自各种有组织有义理的教派，小至散布各处的各种崇拜，而它们之所以流行，无一不是由于和人们的日常生活有直接的关系。如果说历史研究的目标是要了解过去人们的生活经验，以便为现代人生活中的现象找到一些源头，那么宗教生活的经验是我们必须讨论的对象，这是很明白的事。因而我所关切的问题不只是历史上的宗教本身，也包括历史上人的宗教生活，或者生活中的宗教行为。在佛道两教尚未兴起之前的中国，人们的宗教生活有哪些内容？这些宗教生活或行为的形态与后世受佛道影响的中国民间信仰有何异同？或者是否有相传承的关系？这些是我关心的问题。然而，在古代中国，这样的问题能成立吗？如果能，有足够的材料可供讨论吗？说这样的问题能成立，就必须面对另一个根本的问题，即我们在谈"人们生活中的宗教"时，已经隐约地假设我们能知道"一般人"的生活，并且这一般人的生活与"上层社会"有所不同，同时他们的宗教生活也可能不同。这里牵涉到的是对古代社会阶层性质的了解。

　　我所用来描述一般人生活中的宗教的概念，是"民间信仰"。在本书第一章中，我讨论了"民间信仰"一词所牵涉到的相关问题，包括"通俗信仰"、"上下阶层"、"大小传统"，以及材料等。"民间信仰"一词通常是用来描述近现代社会中的宗教现象，是否也可以应用到古代社会中？这是个相当有争议性的问题。反对这种用法的人认为，关于古代中国，"民间"的概念，相对于"官方"或"正统"而言，就社会史的观点来看，也许是可以成立的，但我们现在所能运用的材料尚不足让我们分辨出当时社会上下阶层中的宗教现象有何不同,因为我们所能用的材料,尤其是文字材料,基本上都是上层社会所留下的,因而即使我们在概念上可以认为有不同于上层社会的"民间信仰"存在,事实上并无法得到可供使用的材料。根据我的研究,我认为古代中国社会中的宗教现象,就其组成分子而言,可以分为官方的、智识分子的,以及通俗的三方面。"官方"宗教是每一时代政府所主导的国家崇拜;智识分子的宗教是指在知识阶层兴起后所发展出的宇宙论,道德性天命等比较抽象的宗教观念;而通俗宗教基本上指的是所谓的"民间信仰"——即一般人民的信仰,但是由于这些信仰有时也会为某些上层阶级的人们所接受,因而"民间"一词不足以完全概括这类信仰的组成人群。然而,如我在第五章中所说,所谓的官方和民间的差别,也许只是崇拜者的仪节和崇拜目的的不同,而不在其根本的宇宙观和道德观。而两者的崇拜者是可以重叠的。我现在仍然使用"民间信仰"为本书书名的一部分,主要是有鉴于这个名词在现代中文学界比较通行,同时也为了凸显我所主要关心的是以一般百姓为主。请读者在阅读本书时参考我的想法。

由第二章到第四章,我追溯古代信仰的发展轨迹,企图从极少且"非民间"的材料中发掘一般人的信仰生活。我所使用的材料主要仍是传统文献,只有在第四章中比较仔细地讨论了 19 世纪 70 年代出土的秦简《日书》。不论是何种材料,我努力的目标是从其中找出一些可以供我们了解一般人生活中宗教活动之思想的"无心史料",因为古代材料之所以出现及保存下来的原因,并不是为了要回答我们所感兴趣的问题。

在五、六、七、八等四章中,我以汉代的情况为主要讨论的对象。首先我将秦汉时代官方宗教的特色做了一些整理,作为了解整个汉代民间信仰的大背景。我发现汉代官方宗教中由于崇拜对象和民间信仰有重叠,崇拜者也可以是民间信仰者,而所谓"官方"的地位又常常会因不同的政治情势而有所变动,因而在一些形式方面,官方宗教与民间信仰的界限并不很清楚。我所提出的一个观察是,官方宗教的目的偏重国家社会的福祉,民间信仰则主要在求一己之福。这原则不一定能适应所有的情况,但似也可备一说。此外,我也讨论了汉代民间信仰的一些重要的方面,包括与农业周期、生命循环、日常生活有关的各类信仰,以及鬼神、魂魄、死后世界的观念等等。在第八章中则讨论汉代知识分子对民间信仰的态度,借着知识分子的批评和参与,我们可以从另一方面来了解当时的民间信仰的特色,发觉所谓的信仰活动为一横切社会各阶层的力量。在结论中,我追溯中国古代民间信仰发展的大势,并且提出几点观察,从人外力量的性质、感应式的宇宙观、死亡与死后世界、人的神化等方面来看中国古代民间信仰的特点,并且提供读者一些比较宗教的观察。

有人说,历史家研究历史的主要条件是他对于过去曾发生过的事情的无知。因为无知,所以可以不用考虑,也无法考虑许多细节的问题,可以大胆地作通论性的陈述。我在本书中大约也无法跳出这种先天性的限制。不过,通过这样一次对于古代中国民间信仰的检讨,即使是限于笔者有限的知识和见解,也许可以对了解当时人的生活形态有一些帮助。我在本书中没有处理一般历史作品所关心的主题如政治、经济、社会、思想等,一方面是为了讨论问题的焦点可以比较集中,一方面也是因为这些问题已经有许多学者致力,我不必在没有新意的情况之下重复前人已有的成果。当然,这并不是说不处理这些主题必然是合理的。实际上,在众多本书应该改进之处中,如何将宗教信仰的性质及其变化与历史进程中各方面因素的关系赋以有机的解释,可能是最迫切的。我在本书中未能充分做到此点,也许可以作为未来努力的目标吧。

最后,有关本书写作方式的一点解释:我在每一章的起始都引用了一段非中国的材料。我的用意有二:一是作为这一章讨论内容的一些提示;再则是提醒读者,我们虽然主要是谈中国的问题,也不要忘掉,中国的问题也是人类共同问题的一部分。

　　本书的写作也许是一次不自量力的尝试,但现在木已成舟。它的缺失,有待读者的批评;如果有可取之处,则应该感谢一些关心我的朋友和同事。秉真则一直是我精神上最大的支柱和灵感的泉源,虽然我的驽钝很难真正将她的妙语慧识化为纸上的智慧。本书研究初期曾获台湾科会委员会支持,在此一并致谢。

追寻一己之福

——中国古代的信仰世界

第一章

引论

(一) 问题与理论基础

历史学者企图解释或描述古代的宗教和信仰时,常常遇到一些困难的问题:要如何给"宗教"和"信仰"下定义? 哪些人可算是信仰者? 宗教信仰又是如何,或为何产生变化? 在讨论历史上一种宗教的形成时,史家通常举政治、社会、经济以及思想背景等原因,社会及道德秩序的崩溃所造成的灾难,也常常被认为是新宗教出现的促因。譬如说希腊化时代强调个人救赎的神秘宗教的兴起,就被视为是由于当时城邦社会的解体、大帝国的兴起、一般人生活困苦,以及宗教信仰的瓦解等原因所造成的①。又如学者在

---

① 参见 F. C. Grant ed. , *Hellenistic Religions* (N. Y. : Bobbs-Merrill, 1953), pp. xx - xxxix; A. D. Nock, *Conversion — The Old and the New in Religion from Alexander the Great to Augustine of Hippo* (London: Oxford University Press, 1933), pp. 1 - 16; F. E. Peters, *The Harvest of Hellenism* (New York: Simon & Schuster, 1970), pp. 446 - 479. Peters, *The Harvest of Hellenism* (N. Y. : Simon & Schuster, 1970), pp. 446 - 479; W. Burkert, *Ancient Mystery Cults* (Cambridge: Harvard University Press, 1987).

讨论中国在汉帝国崩解后宗教之发展时，常注意两方面的因素：一是由于政治动荡而引起的各种社会及政治问题，如天灾、疫疾、兵祸等；一是原居主导地位的儒家思想的式微，以及道、法、名家乃至于虚无主义等各种思潮的兴起。前一类因素促使一般百姓在宗教上寻求解脱苦难之道，后一类因素则在知识分子间造成一股怀疑和颓废的风气①。因而当论及佛教传入中国的经过时，学者常以为汉末天下大乱造成的社会情势正适合一种宣称能解救人生苦难的宗教的发展②。而关于汉末道教的兴起，学者所列举的基本上亦不外类似的原因③。

　　这些观察和解释诚然有相当的道理，不过我们也不能忽略一项因素，就是在任何一个正常发展的社会中，其中所充满的各种问题，不论是人与人的关系，或是人与自然的竞争，都足以提供宗教发展所需要的环境。希腊宗教史学者尼尔森（M. P. Nilsson）在论及希腊化时代的宗教时曾说："前此对古典时代末期的混合宗教（syncretism）的研究，主要关切的是信仰和教义，但是对这些信仰所生长并且从而吸收养分的精神土壤只有极轻描淡写的处理。然而这才是问题的核心，是最重要的因素。"④尼尔森所强调的宗教成长的精神土壤在对于中国古代宗教的研究中，也具有相当的启

---

　　① 余英时，《汉晋之际士之新自觉与新思潮》，《中国知识阶层史论（古代篇）》（台北：联经，1980），页205—329；E. Balazs, "Nihilistic Revolt or Mystical Escapism," in *Chinese Civilization and Bureaucracy* (New Haven: Yale University Press, 1964), pp. 226‑254.
　　② 参见汤用彤，《汉魏两晋南北朝佛教史》（台北：鼎文，1962），页188—190；任继愈，《中国佛教史》，卷一（北京：新华，1981），页106—121；A. F. Wright, *Buddhism in Chinese History* (Stanford: Stanford University Press, 1959), pp. 21ff.
　　③ 任继愈，《中国道教史》（上海：上海人民出版社，1990），页17—18；宫川尚志，《六朝宗教史》（京都：1974），页143—147。
　　④ M. P. Nilsson, *Geschichte der Griechischen Religion*，Ⅱ, p. 682；引自 E. R. Dodds, *Pagan and Christian in an Age of Anxiety* (New York: Norton, 1965), pp. 1‑2.

发性。在讨论一时代宗教发展的因素时，社会环境的动乱固然值得注意，社会本身原有的宗教活动和信仰倾向亦不可忽视①。因为若强调人们寻求宗教的安慰是由于社会经济的大动乱所造成的结果，就不能解释为何在一个没有此类动乱的社会中仍然有宗教，也不易了解所谓的乱世的宗教之所以能传播，究竟有哪些方面是靠社会原有的潜力；而不同宗教传统，如魏晋时代的佛、道，其发展与特质有哪些是基于社会原有的宗教心态，哪些是由于社会政治的大动乱而形成的，又有哪些是其教义本身的特点。若对此问题没有深入分析，对于后世中国宗教信仰发展途径的了解就缺乏坚强的基础。我们知道，道教在汉末时凝成一独特的宗教信仰，不只是长时间发展的后果，也是另一项长期发展的起始，而两者都与先秦以来许多民间信仰的因素有相互纠缠的关系。至于佛教的传入中国，也不是进入一个真空状态。它之所以会广为一般人民所接受，除了在义理上必须调和中国固有的思想方式和伦理观念之外，也应该是与它能够有效地处理佛理与民间信仰之间的矛盾与冲突有相当大的关系。因而对于从先秦到汉末这段时间中民间信仰的情况若能有比较深入的了解，不但会有助于对中国社会性质的认识，也可以对后世的宗教现象有比较可靠的背景知识。

本书所企图探究的，就是古代中国社会中的宗教心态。笔者以为，中国古代宗教信仰中最根本而持久的目标是如何得到个人和家族的福祉，个人又如何能接触，甚或控制超自然力量（或者"人外力量"，详下）。这种工作有相当的困难，因为几乎所有的古代文献材料都是由知识分子所留下的，我们要如何从这类文献中来了解一般人的宗教信仰？这是研究"民间文化"的人经常必须面对的

---

① 参见 P. Byrne, "Religion and the Religions," in S. Southerland et al. ed., *The World's Religions* (London: Routledge, 1988), pp. 3-28.

问题,此处先不讨论,待下文再说。至于物质遗留,也有类似的问题。譬如汉代的墓葬,在一些较高级的墓中所发现的随葬品基本上与平民墓中的随葬品类型相似,但品质精良。这是否代表上层阶级与平民分享相似的死后世界观? 我们应该如何看待随葬品所反映出的宗教? 它是"民间信仰"的一部分? 或者是上层阶级专有的,属于"正统宗教"的一部分,而民间的袭用则是由下向上的模仿? 这的确是不容易回答的问题。不过,在许多汉代墓葬中,都可以发现"非正统(儒家)"的因素。如在墓室壁画和浮雕中常有各种神鬼仙人怪兽的图像,明显地来自非儒家传统①。如果我们认为汉代的上层阶级基本上接受的是儒家传统,而上层阶级的墓葬又基本上为那些比较高级的,那么我们有理由认为汉代许多所谓的上层人士其实也受到了当时民间信仰的影响。如此说来,我们仍然可以经由上层文化的产物来了解当代的民间文化及宗教信仰。近代人类学家对中国宗教的研究也逐渐发现文化现象的复杂性,是不能用简单的"精英、民众"或"大传统、小传统"等二分法来作适当的解释的,下文将再论及②。

至于文献资料的运用,在原则上与物质材料是相同的。在传统文献中,经由知识分子不经意的陈述或有意的批判,我们可以得

① 参见李发林,《山东画像石研究》(济南:齐鲁书社,1982);王恺,《汉代画像石研究》(北京:文物,1987);K. Finsterbusch, *Verzeichnis und Motivindex der Han Darstellungen*, Vols 2.(Wiesbaden: Otto Harrassowitz, 1966, 1972), esp. Vol. 2, 288, 294-296. 林巳奈夫,《汉代鬼神の世界》,《东方学报》(京都)46(1974),页223—306,收入《汉代の神神》(京都:临川书店,1989)。有关汉墓及相关问题,见蒲慕州,《墓葬与生死:中国古代宗教之省思》(台北:联经,1993)。

② 有关研究民间文化的方法问题,见 Peter Burke, *Popular Culture in Early Modern Europe* (N. Y.: Harper, 1978), pp. 23ff. 有关欧洲民间文化的讨论,见 Steven L. Kaplan ed., *Understanding Popular Culture: Europe from the Middle Ages to the Nineteenth Century* (Berlin: Mouton, 1984). 有关中国民间文化及宗教研究方法的讨论,见 C. Bell, "Religion and Chinese Culture: Toward an Assessment of 'PopularReligion'," *History of Religions* 29, 1(1989): 33-57; C. Jochim, (转下页注)

到一些有关民间生活及信仰的消息。同时,若能仔细地比较,有时也可以发觉,即使是上层社会的文献,仍然不时会留下其所存在的大文化圈的影响。因此我们可以借着解读这些"无心史料"而发掘民间文化的面貌。一些新出土的文献,如秦简《日书》,马王堆帛书《五十二病方》等,可以让我们更直接地见到人们在日常生活中所保持的信仰形态。这些文献诚然不是出于真正的平民墓中,如何能够用来讨论民间信仰? 这自然是本书取材上所常遭遇的问题。基本上,我认为我们仍然必须以探求无心史料的态度去看待新出土文献,但是由于这些文献有具体的出土脉络可循,比传统文献更接近古代人的社会及生活,我们有更多的机会可以从中获得有关一般人生活及信仰的消息。

(二) 宗教与人外力量

在进行关于民间信仰的讨论之前,我们先得厘清宗教的定义。何谓宗教? 没有一个所有人都满意的定义①。研究宗教,也没有一种绝对的方法,重要的是研究者对定义与方法的自觉与不断反

(接上页注)"'Great' and 'Little', 'Grid' and 'Group': Defining the Poles of the Elite-Popular Continuum in Chinese Religion," in *Journal of Chinese Religions* 16 (Fall 1988): 18 - 24; Steven Sangren, "Great Tradition and Little Traditions Reconsidered: The Question of Cultural Integration in China," in *Journal of Chinese Studies* 1(1984): 1 - 24. 又参见下文。

① 参见 P. Byrne, "Religion and the Religions." 目前有关宗教定义的讨论状况,见 Lessa, W. and E. Z. Vogt eds., *Reader in Comparative Religion: An Anthropological Approach*, 4th ed. (New York: Harper & Row, 1979). 有关西方学术史上宗教学者对宗教的讨论,见 Eric J. Sharpe, *Comparative Religion*, *A History* (La Salle, Ill.: Open Court, 1986); 又见 M. E. Spiro, "Religion: Problems of Definition and Explanation," in M. Banton ed., *Anthropological Approaches to the Study of Religion*(N. Y.: F. A. Praeger, 1963), p. 96; Malcom B. Hamilton, *The Sociology of Religion* (London: Routledge, 1995), pp. 1 - 20.

省,检视方法与材料之间的相对应关系,因为有时材料限制了方法,有时方法可以发掘材料,在此我只能提出适用于本研究的定义。**在本书中,所谓的宗教指的是"对于人之外的力量的信仰",这种力量可以主动或被动地作用于人和社会,从而改变其命运。**在此信仰中,总是会牵涉到一些人之外的力量的媒介体,来将这力量作用于人生之上,而这些媒介体可能是有生命或无生命的,也可能是自然或超自然的。这些媒介体可能是祖先、神灵、鬼魂等具有某些力量的个体,也可能是力量本身,如风雨雷电等自然现象等,虽然自然现象也可能有特定的媒介体,如拟人化的自然神等。

在讨论宗教信仰的中心问题时,一般都认为宗教基本上是对于"超自然"(supernatural)的信仰,对此定义是否合适于一切宗教信仰,则少有人怀疑。但偶尔也有学者表示不同的意见,如有人认为"超自然"不如"超人"(superhuman beings):"宗教是一种制度,包含了人与(由文化所推拟的)超人之间的(由文化所规范的)互动关系。"[1]另一种意见则想要避免谈论宗教信仰对象本身的性质,而从宗教活动的性质来定义宗教,认为宗教可以说是一种社会关系,就如人的社会关系一样,不过是社会关系的延伸,延伸到纯粹人的社会范围之外,而人在这关系中处于一种依赖的地位[2]。我比较赞成使用"人外力量"(extra-human power)一词,因为我认为不论是"超自然"或者"超人",两者均反映出现代人的世界观,而不足以全面地描述所有的宗教。至少在古代中国的宗教中,所谓的"力量"主要被认为是存在于人之外的一种东西。它们既不能说必然是"超自然"的——也就是在自然世界之上或之外;也不能说一定是"超人"的——譬如说具有比人更

---

① M. E. Spiro, "Religion: Problems of Definition and Explanation," p. 96.

② R. Horton, "A Definition of Religion," *Journal of Royal Anthropological Institute* 90, 2(1960): 211.

大的能力。因为如以下章节所论,有些力量对人而言,只不过是造成一些微弱的干扰而已,可以经由一些简单的法术而有效地克服。"超自然"和"超人"这两个词都透露出一种"较好、较高、较强"的意思,但是"人外"则只是指涉那些力量所存在的范围,而不及于其性质、力量、善恶。在古代中国的语汇中,其实我们很难找到和英文supernatural, superhuman 相对应的词。总之,在本书所使用的"人外"力量的定义中,只要人们感到那些人之外的力量是必须予以适当地应付时,就成为宗教信仰的内容。如英国人类学家 J. Goody 所说:"当非人的媒介被人们以人的模式而祈求时,就是宗教信仰。"①当然,必须说明的是,所谓的"人外"力量通常并不指由正常的人和物所具有的力量。如何决定那力量是否正常,则正是中国民间信仰中一个有趣而重要的问题。

在感受到人外的力量之后,人通常就会设法与此力量取得协调。取得协调的方法,也就是所谓的宗教活动,则包括各种崇拜仪式、祈祷,以及法术等公开或私下的活动。这些活动的目的基本上不外乎求个人或亲友的福祉,这也是维持一种信仰形式的主要动力。在这定义范围中,不论是有组织、有教义的合理化的宗教,或者是分散性、地方性、无组织、无固定宗旨的信仰活动,都可以称为是宗教信仰。本书的重点自然是后者,但也不能完全忽视前者所能带来的对比效果。

(三) 民间信仰之定义

在本研究中,我希望能运用一套概念以涵括各类信仰的形式

---

① Jack Goody, "Religion and Ritual: The Definitional Problem," in *British Journal of Sociology* 12(1961): 157.

和内容。我的基本假设是，古代中国宗教信仰的基层其实包括了
社会中政治、经济等各层面的人群，其信仰的内容则包括了各种类
型的崇拜和祭祀活动。在以往的一些研究中，常常可看到"民间宗
教"或"民间信仰"这样的词汇。而所谓的民间信仰，指的应该是民
间一般人民的信仰活动。但是如果说这词是相对应于英文中的
popular beliefs，那么 popular 一词其实含有"通俗、为众人所分享"
的意思。在这种意义之下，其中所包括的分子就不必一定限制为
一般人民，因为上层社会人士或知识分子也可以是众人的一部分。
因此，如我在序言中所说，本书在使用"民间信仰"时，是当作"通俗
信仰"的同义词。至于"信仰"与"宗教"两词的异同，上文已稍作分
疏，为了避免造成混淆，在以下的讨论中我将尽量使用"民间信仰"
一词。

　　"民间信仰"显然是与"官方宗教"相对的一种概念①。这样的
概念，是根源于学者们对文化与社会的某些根本假设。这就是说，
一个社会文化是可以分为两个或者更多的层次来讨论的。20 世纪
中美国人类学者 Robert Redfield 在其名著 *Peasant Society and
Culture*《农村社会与文化》中发挥了所谓文化中"大传统"与"小传
统"的概念，一时成为学者们分析文化结构的重要工具。他认为一
个文化中的"大传统"是由该文化中精英分子所创造的文化，是有
意识、有传承的一种主动的文化传统；而"小传统"则是大多数民众
所共同接受并保有的文化，在传统农业社会中，也就是所谓的农村
文化，是一种习而不察的文化传统②。这种视传统社会主要由两
个阶层——"精英"与"大小"，或"统治"与"被统治"——所构成的

---

① P. H. Vrijhof & J. Waardenburg eds., *Official and Popular Religion:
Analysis of a Theme for Religious Studies* (The Hague: Mouton, 1979).
② Robert Redfield, *Peasant Society and Culture* (Chicago: University of
Chicago Press, 1956).

观念,当然是一个相当普遍的看法。但 Redfield 把这两阶层之间的互动关系做了比较仔细的讨论。基本上,他虽然赞成"上、下"或"大、小"的划分,但也注意到其实在传统农村社会中(包括中国),大小传统之间是有彼此相互影响的关系的,因而其间并非有一可截然划分的界限。

Redfield 的理论虽然不是完全的二分法,许多引用的学者却只强调了"大小传统"相对的突出效果,而在有关中国社会文化或宗教的研究中,上层精英社会的宗教被认为与下层民众的信仰相去甚远,甚至是毫无相似之处的两种文化现象。这种说法甚至可能符合某些中国知识分子的观念,认为理性的士人没有宗教信仰,而无知的民众则盲目的迷信①。反对这种看法或者有不同观念的学者当然也一直都有人在,20 世纪初法国学者葛兰耐(M. Granet)在其著作中一再强调,中国古代民间宗教其实是所谓精英文化的根源,也就是说,精英文化是由民间文化中生长出来的,两者具有基本的同质性②。葛兰耐从《诗经》等代表古代精英文化的文献中爬梳出一些古代民间信仰的影子,自有理由认为《诗经》的文献是本源于民间的祭祀和歌谣。这基本上与中国古代即有的诗篇乃出自民间,由采诗之官采集之后才定形的看法有些相似。

另一位稍早于葛兰耐的荷兰学者 de Groot 也有关于中国民间信仰的著作。他的研究大部分根据他在中国(清末)福建厦门地

---

① 参见 C. K. Yang, *Religion in Chinese Society* (Berkeley: University of California, 1976), pp. 3 - 6. 在中文的作品方面,一直到最近,郑志明,《中国社会与宗教》(台北:学生书局,1986),页 1—3,仍认为大小传统之间存在着相当大的差异。

② 见 *Fêtes et chansons anciennes de la Chine* (Paris, 1919, 1922), = *Festivals and Songs in Ancient China* (tr. E. D. Edward) (London, 1932),张铭译,《中国古代的祭礼与歌谣》(上海:文艺出版社,1989);*La religion des Chinois* (Paris: 1922)=The Religion of the Chinese People (tr. And ed. By M. Freedman) (New York: Harper, 1977). 有关 Granet 之评论,参见 Freedman, "Marcel Granet, 1884 - 1940, Sociologist," in *Religion of the Chinese People*, pp. 1 - 29.

区收集到的当时民间信仰的资料。他将这些资料与古代文献相比较，来说明当时中国人的宗教信仰基本上与古代文献中所描述的相同。他在书中多次表示中国文化及宗教为"半文明"，中国人只知墨守成规，没有进步。因而当时中国的民间宗教若不是与古代一样，就是更为曲解；民间文化是精英文化流传到民间之后稀释、变质、庸俗化之后的结果①。这两位学者笔下的中国宗教显然相当不同，不过他们的论点也有相同的地方，就是他们都以为中国文化的发展是单一方向的，或者由上而下，或者由下而上。

20世纪60年代研究中国社会的著名学者 Maurice Freedman 在检讨了前面提到的两位学者的作品之后，认为中国的农民文化与士人文化不是两种不同的东西，而是彼此的另一个版本。这也就是说，中国的文化基本上的统一性不是来自一个历史性的源头或单一的社会阶层，而是一个普遍的宗教观念体系，这体系由精英分子与农民大众之间不断地交换观念和各种习俗而得以成长②。Benjamin Schwartz 在讨论中国古代思想时也触及了民间文化的问题，他基本上认为中国民间文化和精英文化之间虽分享某些相同的基本特性，如基于宇宙观之上的一统帝王观念，以及以此为中心的大一统的政治社会秩序观等，但两者之间的差异也是相当明显的。民间文化和精英文化之间的关系不只是互为版本，而是不断地彼此相互影响③。在另一方面，为了要表现出精英文化与大众文化之间复杂的关系，David Johnson 拟造了一种表现文化程度

① J. J. M. de Groot, *The Religious Systems of China*, Vols. 6 (Leiden: 1892 - 1910).

② M. Freedman, "On the Sociological Study of Chinese Religion," in *The Study of Chinese Society: Essays by Maurice Freedman* (Stanford: Stanford University Press, 1979), pp. 351 - 369.

③ B. Schwartz, *The World of Thought in Ancient China* (Cambridge: Harvard University Press, 1985), pp. 407ff.

层级的格式,将中国社会中(近代为主)人们的文化和政治经济地位各分为三个等级,因而配出九种可能性①。这种方法诚然失之过于机械化(为何分为三级,而不是四级、五级或更多?),但至少代表一种想要在观念上捕捉文化的复杂面貌的努力和觉醒②。

Jordan 及 Overmyer 在另一项以中国民间信仰为对象的研究指出,中国民间文化有统一和分歧的双重性质:由于幅员广大,各地区民众自然有其分歧的宗教习俗,然而经由历史的和政治的原因和力量,各个分歧的地区性习俗又共同享有一些基本的观念与文化价值,因而所谓的民间文化,至少在中国而言,本身就是许多不同的小区域性文化圈的集合。民间文化与精英文化之间的往来,是靠着一些中介分子,如一些秘密宗教团体,一方面担任将精英文化下传给一般民众的任务,一方面也将民间的价值和信仰凝结为新的社会组织③。又如 Stephen Teiser 对盂兰盆会的研究,显示地狱和救赎的观念是如何为一般人民和佛教徒及知识分子从不同的角度而接受,可见知识阶层和民众的观念在活生生的文化实体中是如何的相互混合④。

在一本研究台湾的鬼节的作品中,作者 Robert Weller 循着"统一"(unity)和"分散"(diversity)的论旨来讨论中国社会的宗教现象。他认为中国民间宗教可用两种形态来描述,一是意识化的,

① David Johnson, "Communication, Class, and Consciousness in Late Imperial China," in D. Johnson, A. J. Nathan, E. S. Rawski eds., *Popular Culture in Late Imperial China* (Berkeley: University of California Press, 1985), pp. 34 – 72, esp. 56.

② 较详细的讨论参见 Jochim, "'Great' and 'Little', 'Grid' and 'Group'."

③ D. Jordan & D. Overmyer, *The Flying Phoenix: Aspects of Chinese Sectarianism in Taiwan* (Princeton: Princeton University Press, 1986), pp. 8ff.;而对于西方学者有关中国民间信仰研究的回顾,参见 Bell, "Religion and Chinese Culture: Toward an Assessment of 'Popular Religion'."

④ Stephen Teiser, *The Ghost Festival in Medieval China* (Princeton: Princeton University Press, 1988).

即人们以制度化和明白的意识形态来了解的信仰；另一种是实用性的，即人们比较不注意其信仰活动是否与某一特定的制度相关，而较注重日常的社会关系①。作者特别强调，中国民众在社会变迁中会随机调整他们所认定的自己所从事的宗教活动的性质，因而"意识化"与"实用性"的分别不是绝对不变的。这样的论旨，与前举 Jordan 和 Overmyer 的论点相似，基本上仍然不出 C. K. Yang 所提出的"分散的"（diffused）与"制度化"（institutional）的两种了解中国宗教的观念②。Steven Sangren 在论台湾宗教时曾说，在中国（台湾）社会中，"没有一个超自然的存在（即神灵）任何时候都具有相同的意义；它的权威和意义的性质乃是视其所出现的仪节环境、崇拜者为何人、崇拜者是以何种身份来看待它（是个人？官吏？家庭或社群成员？等等），以及与它相对的其他的超自然存在为何等条件而定"③。这种对于中国当代民间信仰的神灵性质的了解于本书所讨论的古代民间信仰亦有相当的参考价值。

以上有关中国民间信仰性质的讨论显示，不少学者常常仍然承认或借用一个基本的观念，就是在中国社会中（欧洲也一样）有明显的"民间文化　精英文化"，"民间信仰　官方宗教"的分化现象，不论这分化的定义有多么的可争议，而分化的界限又如何的不容易确定。这些讨论也显示出，在以近代或近代早期为主的时代中，有诸多的材料可以让人对民间宗教进行研究。我们现在要探讨的问题是，在先秦两汉的时代范围内，所谓民间信仰的面貌到底如何？由上举诸例，我们也可以看出，以近现代中国社会中民间信

---

① Robert P. Weller, *Unities and Diversities in Chinese Religion* (London: Macmillan, 1987).

② Yang, *Religion in Chinese Society*, pp. 20 - 21, 294 - 340.

③ P. Steven Sangren, *History and Magical Power in a Chinese Community* (Stanford: Stanford University Press, 1987), p. 4.

仰为主要研究对象的,多半是人类学者,他们根据所见到的宗教现象而建构其理论,有了相当的成绩①。但他们的理论和方法若推及于古代中国,尤其是佛道两教尚未兴起之时,是否仍然有效？这是尚待努力的课题②。

　　其次必须厘清的是,民间信仰在内容和形式上与所谓的官方宗教有何差别？研究者又如何在古代的文献和物质材料中分辨出不同层次的两种信仰形态？笔者以为,民间信仰的信仰者,与他所在的政治、经济、社会地位的高下也许没有必然的关系。亦即政治社会上的上层阶级的人物,在宗教信仰方面仍可以属于民间信仰的一分子③。官方宗教是上层社会或智识分子明白宣示出来的,有其宇宙论的系统,也可能有基于此宇宙论而成立的道德教条,并且多少由政府加以承认(或加以管制)的宗教。民间信仰则与人们的日常生活有较密切的关系④。官方宗教的目的在求国家社会的福祉,民间信仰则多半为了民众自身一己的利益,因此民间信仰与

---

①　李亦园,《和谐与均衡——民间信仰中的宇宙诠释》,《文化的图像》(下)(台北:允晨,1992),页64—94; Stephan Feutchwang, *The Imperial Metaphor: Popular Religion in China* (London: Routledge, 1992). 有关台湾地区的民间信仰,有林美容编,《台湾民间信仰研究书目》(台北:"中央研究院"民族学研究所,1991),可供参考。

②　学者们对 Granet 的批评之一,就是怀疑他所重建的《诗经》时代的民间文化是否只是出于他个人丰富的想像力。参见 Freedman, "Marcel Granet, 1884 - 1940, Sociologist." 近来讨论中国宗教研究的定义与研究范畴的文章,可参见蔡彦仁,《中国宗教研究:定义、范畴与方法学刍议》,《新史学》,5,4: 125—139。

③　一个相似但不完全相同的例子是希腊罗马时代的埃及。当时大多数的埃及人,不论贫富贵贱,基本上都是当时流行的民间信仰的参与者,只有庙宇中的祭司们是保持古代官方宗教信仰传统的人。参见 F. Dunand, "Religion populaire et iconographie en Égypte hellenistique et romaine," K. G. Kippenberg et al. eds., *Visible Religion*, Vol. 3, *Popular Religion* (Leiden: Brill, 1984), pp. 18 - 23.

④　Romeyn Taylor 在讨论明代的官方宗教与民间宗教时给"官方宗教"所下的定义是:"整套的由法律文献所定义而规划,并普及于社会各阶层的宗教行为。"而"民间信仰"(popular religion)则是:"在官方宗教之外所发展出来,不为法律所允许,也不为在官方登记并接受管理的佛教或道教僧侣接受的各种结构松散的信仰崇拜。"见"Official and Popular Religion and the Political Organization of Chinese Society in the(转下页注)

官方宗教的差别也许不在其根本的宇宙观,而在于它们各自所关心的问题。从这一个观点来看,同一套宗教体系也可以有"官方"与"民间"两方面,在佛道两教中都可以找到明显的例子①。有些人可以同时是官方宗教的执行者,又是民间信仰的信徒。这也就是说,所谓的民间信仰,并不是完全由我们所能看见的某种有关宗教信仰的资料的内容,如鬼神信仰、祭祖祭天等所决定,而主要是要看人们去遵行或解释这些信仰的方法与态度②。在以下的讨论中,这种了解将是引导我们思考的重要线索。

(四) 资料之运用

过去半个世纪以来的考古发现已经为研究者提供了极丰富的新文献和物质材料,墓葬材料在其中占有相当重要的分量。墓葬制度本身就是一种宗教信仰的表征,代表人对于灵魂或死后世界的观念;而墓葬制度的改变,如埋葬方式、随葬器物等,都可以提供我们有关人们对于死亡和死后世界观念之变迁的消息。相对的,

(接上页注) Ming," in Kwang-ching Liu ed. , *Orthodoxy in Late Imperial China* (Berkeley: University of California Press, 1990), pp. 126 - 157. 他的定义在佛道两教尚未兴起时的古代中国当然并不完全适用。

　　① 如 Eric Zürcher 就曾说,东汉时代的佛教至少有三个阶层,一是以王室朝廷为中心的混合体,一是经典为主的寺院佛教,第三则是本土信仰和崇拜中分散而无系统地接纳的一些佛教内容。见氏作, "Han Buddhism and the Western Region," in W. L. Idema & E. Zürcher eds. , *Thought and Law in Qin and Han China* (Leiden: Brill, 1990), pp. 158 - 182.

　　② 最后这一观点乃受 R. Chartier, "Culture as Appropriation: Popular Culture Uses in Early Modern France," in Kaplan ed. , *Understanding Popular Culture*, pp. 233 之启发:"所谓的'大众(文化)'并不能在一组只须要被辨认出来的本文(texts)中找到。最重要的是,所谓的'大众'定义了一种相互关系,一种使用文化产物(譬如合法化的观念和态度)的方式。这样的论旨显然会改变史家的工作,因为它意味着(史家)必须辨认的不是一组被定义为'大众'的文化成分,而是这些文化成分是经由何种特别的方式而被运用。"

我们对于考古材料的运用也依循两种观点。首先,个别的材料可以用来说明某一方面的信仰活动或观念。譬如在战国楚墓中常常发现的镇墓兽,可以用来说明当时人可能相信有一种会侵扰墓地的恶灵,而镇墓兽可以抵挡恶灵的入侵。又如汉墓中的壁画,有不少可以说明当时人信仰中的各种神灵的形象和作为。其次,文化遗物在长时期中所表现出的形制上的变化,也可以告诉我们一些比较微妙的与信仰有关的观念的变迁。譬如墓葬形制由竖穴木椁转变为横穴砖室,可以被视为是人们对于死后世界的想像的变化在物质上的呈现。也就是说,当人们愈觉得死后世界和生者的世界是相似的地方时,就愈想创造一种和地上房屋相似的阴宅。

　　一个不可回避的问题是,我们要如何决定哪一种考古材料能反映民间信仰。我们必须先分辨材料的出土情境,看看它是出于何种等级的墓葬——如果我们恰好有资料可循的话,然后分析物品或者墓葬的社会背景。我们不能简单地以为在豪华的墓葬中所发现的物品只能反映上层社会的意识形态,反之亦然。

　　在处理文献材料时,也本着同样的原则。传世先秦及汉代文献虽为知识阶层之产物,然而其中所记载的哲理政论或史传文学不但有主观意识、有特定目的,有时在无意中也可反映出更广大的人群的感情和信仰。这无意中所透露出的,虽非作品的主要信息,仍然会受到大时代及文化的烙印。因此本书在运用这些材料时,目的不在重新讨论先秦诸子的哲理,也不在讨论汉代思想家的天人系统,而是着意在发现这些文献不经意之中所呈现出有关一般人的宗教信仰的消息。知识分子在发挥其理念时所抨击的对象以及所陈述的义理,往往可以作为了解一般人信仰的依据。研究者的任务,就在估量每一文献材料所可能具有的不经意讯息。我们必须对文献作者的思想仔细地考量,即使是他宣称其所说的是他自己或他人的意见,或者他亲眼所见到的某种信仰活动,我们也要设法厘清他自己是否真正相信，或者持怀疑的态度。

　　此外，考古出土的一些新文献材料，如秦简《日书》、马王堆帛书《五十二病方》、银雀山汉简《阴阳时令占候》等，虽然出土之墓葬并非一般平民，但其材料内容与一般人日常生活之关系密切，显然可以反映较广大的社会群体的信仰情态①。从事这种文献性质的估量无疑是一项困难的工作，在汉墓中所发现的一些其他文献，如镇墓文、买地券等，也是可以直接显示当时人信仰的重要资料。如果能结合这些新材料，配合对于民间文化以及心态史的新认识，应当能对此一阶段的民间信仰实态有新了解。这方面的工作，学者已有人开始注意，然而尚缺乏全面性的整理与系统性的讨论，这正是本研究努力的方向。然而由于此类研究并没有太多前例可循，本书所讨论的问题和所引用的材料，并不见得足以全面呈现中国古代民间信仰的各方面，只能说是一项初步的尝试，以图抛砖引玉而已。

---

　　①　最近有李学勤，《出土简帛佚籍与古代学术文化的演变》；M. Loewe, "Recent Archaeological Discoveries and the History of the Ch'in and Han Periods," 二文(《中国考古学与历史学整合研讨会论文集》，"中央研究院"历史语言研究所，1994)可供参考。

第二章
殷商及西周时代之宗教信仰

　　虽然大多数人肯定世上有神明,仍有少数人不承认他们的存在……在那些相信神明存在的人之中,有些相信他们的祖先神,有些则相信一些被创造出来以符合哲学系统的神明……所以甚至普通人也各有所执,有些人坚称只有一个神,其他人则认为有不止一个。甚至有些人如埃及人那样迷信,认为神明有的脸长,有的形如老鹰,或者如牛和鳄鱼,或者任何符合他们想像的形状[①]。

(一) 史前时代

　　不论是东方或西方,对于史前人类的宗教信仰的讨论总是必须有相当高的预设立场。在无文字的社会中,人们的宗教信仰只能由图像和其他物质遗存来推测;在古代文明社会中,由

---

　　① Sextus Empiricus, *Outlines of Pyrrhonism* Ⅲ. 218 - 238. 引自 Grant ed. , *Hellenistic Religions* , p. 100.

于有文字,对于该文明社会史前时代的宗教情况的推测就多了一些材料。然而正因为如此,学者可能会犯了以后来的宗教现象比附到史前时代的谬误。譬如在史前时代的埃及,死者的葬式常为头向西方[①]。由于在埃及宗教中西方为死者的归宿,因此这种葬式就被解释为当时已有西方为死后世界的观念[②]。然而我们也发现,其实史前时代埃及也有其他形式的墓葬,死者有不同的头向[③]。尤有甚者,在埃及宗教中,死者的归宿并不是只有西方一途[④]。因此在将死者的葬式与某种宗教信仰做联系时,必须得有较多的除了简单的头向之外的证据,才能有说服力。然而在讨论中国新石器时代的宗教信仰时,上举那种简单的以头向论证当时人相信西方为死者归宿的方式,仍然存在于学界。例如在西安半坡遗址墓葬中,死者的头向大多朝向西方,于是有学者认为这现象反映出当时人们相信西方为死后世界[⑤]。这种论点虽可在一些其他社会中找到例证[⑥],但在中国,至少在佛教传入中国之前,西方为死后世界的观念似乎并没有任何证据可言。何况在其他史前文化遗址中,死者头向有不同方向。我们最多也许可说,在每一个墓地中,葬式大致

① William C. Hayes, *Most Ancient Egypt* (Chicago: University of Chicago Press, 1965), pp. 119-120; Michael A. Hoffman, *Egypt Before the Pharaohs*(N. Y.: Dorset, 1979), pp. 110, 196.

② 埃及最重要的神祇奥塞利斯(Osiris)的称号为"西方众人之首",即为明确之指标。有关埃及的西方为死后世界的观念,可参见 Hermann Kees, *Totenglauben und Jenseitsvorstellungen der alten Ägypter* (Leipzig: C. J. Hinrichs Verlag, 1956), pp. 59ff.

③ Hoffman, *Egypt Before the Pharaohs*, p. 199.

④ Henri Frankfort, *Ancient Egyptian Religion* (N. Y.: Harper & Row, 1961), pp. 105-123.

⑤ 中国科学院考古研究所、陕西省西安半坡博物馆,《西安半坡》(北京:文物,1963),页 219。

⑥ E. Bendann, *Death Customs*(N. Y.: Knopf, 1930), pp. 201ff.

有一定的方向，然而是否可由头向推测当时人的死后世界观念，则是必须慎重考虑的①。无论如何，后世所谓"葬于北方，北首，三代之达礼也"②的观念在此时尚未出现。

若葬式或头向不能提供有关史前时代中国人的宗教的确切消息，随葬品或许可以提供某些线索。随葬品的使用一般被认为是当时人具有某种死后世界或灵魂信仰的证据，然而这项推论唯一可以成立的理由只是一种假设，即：人们在墓葬中放置随葬品，是因为他们相信人死后仍然以某种形式存在，而不是基于任何其他的原因。这种假设虽无法被证明，学者们仍然常常不假思索地根据此假设而做一些进一步的推论。例如在半坡仰韶文化中常出现的瓮棺葬，在瓮底常有一小孔。学者对这种现象的解释是，当时人相信人死之后的灵魂可以由此孔出入③。其实小孔的存在并不能证明灵魂存在。这种解释显示出，学者在先假设当时人有灵魂的观念之后，将小孔的存在与灵魂观念做一个简单的因果关联；这最多只能说是学者一厢情愿的想法。又如在人骨上所见到的"涂朱"现象，被解释为当时人相信经由此法可以借着血红的颜色使死者的灵魂附依骨上而再生④。不过即使我们承认此时有灵魂或者死后世界的观念，此观念之内容也无法为人所知，更遑论它是否在不同人群中有不同的面貌。

---

① 金则恭，《仰韶文化的埋葬制度》，《考古学集刊》，4（1981）：248—251。又见蒲慕州，《论中国古代墓葬形制》，《台湾大学文史哲学报》，37（1989）：235—279。

② 《礼记注疏》，9：16。

③ 《西安半坡》，页220。

④ 譬如《考古》，1959，11：585；1961，4：175；雷中庆，《史前葬俗的特征与灵魂信仰的演变》，《世界宗教研究》，1982，3：133—142。这种习俗在世界上各地都有发现，见M. Eliade, *A History of Religious Ideas*, Vol. 2 (Chicago: University of Chicago Press, 1984), pp. 9-10; Seton Lloyd, *The Archaeology of Mesopotamia* (London: Thames & Hudson, 1984), pp. 46-47.

在仰韶时代的陶器上所见到的鱼和鸟的装饰图案则提供了另一类可供讨论的材料①。基于原始艺术基本上少为纯粹装饰的假设,有些学者认为鱼和鸟的主题代表了当时人宗教中的"图腾"②。实际上,虽然鱼在中国后世的文学中有象征生殖、性爱的意义③,但是在神话传说中并没有成为一种有明显重要性的图腾动物。至于鸟,则稍有不同。譬如凤鸟,在古代神话中有相当重要的地位。玄鸟,则是传说中商人的始祖④。然而如果我们考虑到,在仰韶时

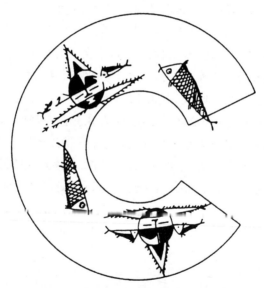

图一:人面鱼纹,《西安半坡》,图128

---

① 《西安半坡》,页181—185;《考古》,1962,6:318—329。

② 《考古》,1962,6:326。参见刘云辉,《仰韶文化鱼纹人面鱼纹二十说述评》,《文博》,1990,4:64—75。

③ 闻一多,《说鱼》,《神话与诗》(台北:蓝灯,1975),页117—138。

④ 有关玄鸟神话的讨论,见孙作云,《飞廉考——中国古代鸟族之研究》,《国立华北编译馆馆刊》,2,3(1943):3,6.1—6.29;2,4(1943):7.1—7.22;《中国(转下页注)

代无数的陶器上,实际上是以几何图案占绝大多数,那些少数几件有鱼鸟或者那著名的"人面鱼"的图案的陶器,是否能够用来作为一种广泛存在于当时社会中的信仰的象征①? 如果我们认为这些图案代表的是某些工匠所进行的一些新的尝试,也许会更为合理。总之,如果仅仅是给图案贴上一个"图腾"的标笺,并不能使人对此时的宗教信仰有更多的认识。

在新石器时代末期的良渚和大汶口文化遗址中,有一些玉器和陶器上均刻画有鸟或"太阳鸟"的图案。由于这些图案的主题鲜明,有些学者认为它们是东夷文化中鸟崇拜的证据,与春秋时代以后的文献和图像资料可以相互印证②。另一个相似的例子是辽宁新石器红山文化中所见到的龙形图像。一些学者认为,由图像和字形的相似来看,红山文化中的龙形和商代的龙有相当密切的关系③。另一个有趣的例子是近年在濮阳西水坡墓葬遗址所发现的用蚌壳排成的龙虎形图案④。由墓葬的规模看来,死者应该具有

(接上页注)古代鸟氏族诸酋长考》,《中国学报》,3:3(1945):18—36;《说丹朱——中国古代鸟氏族之研究》,《历史与考古》,1(1946):76—95。Jordan Paper, "The Feng in Protohistoric Chinese Religion," in *History of Religions* 26(1986):213-235. Paper 讨论的主要是周代的铜器纹饰。

①　参见 Louisa G. F. Huber, "The tradition of Chinese Neolithic pottery," in *BMFEA* 53(1981):1-150. 此文罗列了各种新石器时代陶器纹饰,足资参考。另可参见 Kwang-chih Chang, *The Archaeology of Ancient China*, 4th. ed. (New Haven: Yale University Press, 1986), pp. 127-129.

②　Wu Hung, "Bird Motifs in Eastern Yi Art," in *Orientations*, 16, 10:30-41;关于此问题的总检讨,见邓淑苹,《中国新石器时代玉器上的神秘符号》,《故宫学术季刊》,10, 3(1993):1—50。

③　辽宁省文物考古研究所,《辽宁牛河梁红山文化"女神庙"与积石冢群发掘简报》,《文物》,1986, 8:1—17。最近的讨论见 Elizabeth Childs-Johnson, "Jades of the Hongshan Culture: the Dragon and Fertility Cult Worship" in *Arts Asiatiques* 46 (1992):82-95;又参见 Jordan Paper, "The meaning of the 'T'ao-t'ieh'," in *History of Religions* 18(1978):18-41, esp. 28-30.

④　濮阳市文物管理委员会及濮阳市博物馆文物队,《濮阳西水坡遗址试掘简报》,《中原文物》,1988, 1:1—6。

相当高的社会地位,那么在墓葬旁所发现的龙虎图案应该具有某种象征性或宗教性的意义。与红山文化的龙形相比,濮阳的龙形更接近后代传统的有足和爪的龙。不论是红山和濮阳的龙形图案,都与该社会中有权力者有密切的关系。如果我们可以认为这两种龙代表的是相类的观念,则我们可说后世中国的龙信仰在此时已经存在了①。但和上面的例子一样,这无论如何仍仅是一项推测,因为在时空的差距上,良渚、西水坡和红山文化与殷商和春秋时代仍然有相当大的距离。

关于濮阳的龙虎图案,张光直认为是巫者做法事时所借以升天与神明交通的神兽,而这种观念可以与后世道教中的龙虎鹿三跷相通②。因此他认为中国新石器时代社会已经有一种萨满信仰(shamanism)③,这萨满信仰也表现在一些其他的证据上,如青海柳湾出土的阴阳同体像④,所谓的"X光骨骼像"⑤,秦安大地湾被认是"巫者行葬仪"的地画⑥,乃至于所谓的"人面鱼纹"等等,都是

---

① 有关龙的崇拜,参见 M. Loewe, "The Cult of the Dragon and the Invocation for Rain," in G. Le Blanc & S. Blader eds., *Chinese Ideas about Nature and Society* (Hong Kong: Hong Kong U. Press, 1987), pp. 195－213.

② 张光直,《濮阳三跷与中国古代美术上的人兽母题》,《中国青铜时代(二集)》(北京:三联,1990),页 95—101。

③ 张光直,《连续与破裂——一个文明起源新说草稿》,《中国青铜时代(二集)》,页 131—143,提到 Furst 的理论,认为在旧石器时代的亚美大陆上可能已有了萨满教。见 Peter T. Furst, "Hallucinogens and the Shamanic Origins of Religions," in P. T. Furst ed., *Flesh of the Gods* (New York: Praeger, 1972), pp. 261－278. 有关萨满教的讨论,见 M. Eliade, *Shamanism: Archaic Techniques of Ecstasy* (New York: Pantheon, 1951); I. M. Lewis, *Ecstatic Religion* (Harmondsworth: Penguin, 1971).

④ 青海省文物管理处考古队、中国社会科学院考古研究所编,《青海柳湾》(北京:文物,1984),p. 116,彩版 2。

⑤ J. G. Andersson, "Researches into the prehistory of the Chinese," *BMFEA* 15(1943): 241, pl. 182.1.

⑥ 李仰松,《秦安大地湾遗址仰韶晚期地画研究》,《考古》,1986,11: 1000—1004。

这萨满信仰在不同方面的表现①。与此相关的是，他认为良渚文化出土的大量玉琮也是巫者——统治者所用来沟通天人的法器②。

此外，红山文化东山嘴遗址以及稍早的滦平后台子遗址中又有所谓的"女神"泥塑像、石雕像和"祭坛"，看来似乎是某种宗教崇拜的遗迹③。不少学者有鉴于这类雕塑像的形式（孕妇）与其他古文明中的"母神崇拜"的"母神像"（mother goddess）相似，遂认为它们是当时人们有"生殖崇拜"的证据。在陕西桔县狮子滩遗址所发现的一些史前岩画，则被解释为"农业生殖崇拜"的表现④。对于这类的解释，我们虽不能说完全不能成立，但必须认识到它们只是一种有待进一步验证的假说。譬如狮子滩岩画中所谓的"农业生殖崇拜"的景像，有一些线条人形以及黑点，但它们是否就可以被认为是"生殖崇拜"，则仍有疑问。这种推论，其实是建立在两重假设之上：一是研究者认为岩画代表的是一种史前崇拜仪式的景像，一是岩画中的黑点代表谷物。若这双重假设不能成立，则其为农业生殖崇拜的理论也就不能成立。

即使我们认为以上所提到的各种材料都可以是中国史前时代宗教信仰的证据，我们并无法分辨此时社会中不同社群的信仰是否有所不同。新石器时代末期的墓葬有所谓"贫富不均"的现象⑤，这可以说明当时社会阶级分化的情况。但是这种现象是否

---

① 张光直，《仰韶文化的巫觋资料》《史语所集刊》，64，3(1993)：611—625。

② 张光直，《谈琮及其在中国古代史上的意义》，《中国青铜时代(二集)》，页67—80；K. C. Chang, "An Essay on Cong," in *Orientations* 20, 6(1989): 37-43.

③ 孙守道、郭大顺，《牛河梁红山文化女神头像的发现与研究》《文物》，1986，8：18—24；汤池，《试论滦平后台子出土的石雕女神像》，《文物》，1994，3：46—51；王震中，《东山嘴原始祭坛与中国古代的社崇拜》，《世界宗教研究》，1988，4：82—91。

④ 叶茂林，《陕西桔县狮子滩遗址岩画辨疑》，《考古》，1992，5：431—433。

⑤ 如陶寺遗址中，109座墓葬只有17座有随葬品，见《山西襄汾县陶寺遗址发掘简报》，《考古》，1980，1：13ff.；青海柳湾墓地中，在已发掘的564座墓葬(转下页注)

也意味着某种宗教信仰上的差别，就很难说了。我们大概只能说，不论厚葬或薄葬，既然墓葬的形制相似，厚薄之差只在于表现死者生前社会地位或财富的多寡，那么所反映出来的信仰形态应该是同质性的。譬如，不少墓地中墓葬方向大致有一定的方位，这种情况也许可以表示当时人相信死者死后有一共同的归宿，或者有共同的来源②，则同一墓地中虽有贫富不等之墓葬，然而墓葬方向却相同之事实，多少也说明了此时社会中的宗教信仰是相当同质性的，尚无因社会阶层的分化而产生的不同。新石器时代虽有不少文化中心区，各区所表现的情况基本上是相近似的。

值得注意的是，在此时，宗教信仰虽可能是同质性的，然而由于社会阶层的分化以及财富和权力逐渐集中在少数人手里，也意味着宗教性权力的集中。如良渚遗址墓葬中所见大量的玉器，显然是伴随着社会中重要的政治或宗教性人物。于是我们可以说，同质性的宗教信仰开始分化为两个层次，也就是权威性人物及其社群圈内人们的宗教与一般人的宗教信仰。有权威者开始建构愈来愈复杂的仪节与饰品，以配合其身份。这些宗教仪节与饰品所代表的信仰虽然与较早时的宗教信仰没有根本的不同，但由于其华丽的外观，成为整个社会的焦点，也成为现代研究者所常讨论的对象。至于一般人的宗教信仰，既无可观之处，遂成为一股暗流，直到更晚期有关的材料增加后，才开始呈现其面貌③。

（接上页注）中，可以算得上厚葬的墓大约只有五分之一，见青海省文物管理处考古队、中国科学院考古研究所青海队，《青海乐都柳湾原始社会墓地反映出的主要问题》，《考古》，1976，6：365ff，而大汶口墓地也有极端贫富不均的情况。见《大汶口》（北京：文物，1974）。

②　蒲慕州，《论中国古代墓葬形制》，页 252—253；E. Bendann, *Death Customs* (N. Y.：Knopf, 1930), pp. 211ff.

③　近年来讨论中国古代宗教，尤其史前宗教者，多喜引用图腾崇拜、母系社会、泛灵信仰等等成说，以后世之神话传说比附理论，其所得之结果基本上不出"以宗教史之材料以证社会进化之法则"之大原则。例如余敦康，《中国原始宗教的演变》，（转下页注）

(二) 商代之宗教信仰

(1) 考古证据

　　作为中国历史时代的第一个王朝,商代的文化和历史已有许多中外学者研究。商人的宗教也是重点之一,这当然与现存商代文献——甲骨文——的性质有密切关系。一般认为,商人的宗教信仰是以自然崇拜和祖先崇拜为主,其源头当在史前时代。商人信仰一个"帝",为宇宙万物之主宰,王室先祖及山、岳、风、水、雷、雨等自然神祇则为其辅佐,为人世间福祉之所系[①]。商人的这种宗教信仰给予商王的政治权威极大的心理和意识形态上的支持[②],而商王之

(接上页注)《世界宗教研究》,1981,4:94—100;王友三,《我国原始自发宗教与早期人为宗教浅议》,《南京大学学报》,1981,1:50—55;周星,《中国古代岩画中所见的原始宗教》,《世界宗教研究》,1984,1:113—122;李锦山,《史前灵石崇拜初论》,《世界宗教研究》,1987,4:98—113;万九河,《中国古代的宗教》,《东北师大学报》,1987,1:33—40;章虹宇,《原始巫神(鬼)与神话之神的比较研究》,《世界宗教研究》,1988,4:102—113;杨丽珍,《原始祭祀与神话史诗》,《世界宗教研究》1988,4:126—133;林牧,《中国图腾略论》,《世界宗教研究》,1989,4:44—57;刘式今,《考古遗迹中原始宗教述评》,《世界宗教研究》,1991,3:118—126。

　　① 有关的论述极多,可参见陈梦家,《殷墟卜辞综述》(北京:科学出版社,1956),页561—604;胡厚宣,《殷卜辞中的上帝和王帝》,《历史研究》,1959,9:23—50;1959,10:89—110;Chang Tsung-tung, *Der Kult der Shang-Dynastie im Spiegel der Orakelinschrifte: Eine paläographische Studie zur Religion im archaischen China*, (Wiesbaden: Otto Harrasowitz, 1970);池田末利,《中国古代宗教史研究》(东京:东海大学,1981),页25—63;伊藤道治,《卜辞に见える祖灵观念について》,《东方学报》(京都),26(1956):1—35。伊藤认为商人的祖灵观念有五个发展阶段,分别与甲骨卜辞的五期相对应:从对自然神灵的重视一直发展到祖先神灵至高无上的地位建立为止。这理论过于强调卜辞中一些微小的变化,却没有注意到,整个所谓的甲骨文五期只是在安阳地区商代后期的历史,对于整个商代宗教发展而言,由这一小段历史中发掘出这样完整的"发展过程",说服力不大。最近甚至有学者根本怀疑商代有所谓的至高无上的"上帝",见 Robert Eno, "Was there a High God Ti in Shang Religion?" in *Early China* 15(1990): 1-26.

　　② Keightley, "The Religious Commitment: Shang Theology and the Genesis of Chinese Political Culture," *History of Religions* 18(1978): 211-225.

所以能够有力地控制人民,则与他们独占了宗教和政权有重大关系。根据一类说法,商王其实是群巫之长,拥有特别的技能(占卜)以及青铜礼器和玉琮等为宗教祭祀所需的工具。他们可以经由占卜、乐舞等仪式,借神物之力量而与神明交通。同时青铜礼器上的动物纹样代表的乃是巫者做法时借以升天的神兽。前面曾提到的濮阳西水坡龙虎图案也在同样的理论中,被认为是巫者通天的交通工具,所谓的龙虎鹿三跻①。

不过在商代的动物遗骸中,虎和鹿并非祭祀所常用的牺牲②,而我们当然也很难期望能发现龙的骨骸。这自然并不表示当时人就没有三跻的观念,因为在战国时代仍有一些图像资料,如人骑龙者,可以显示类似三跻的观念的确可能存在于社会之中③。

另一类的论点,则认为商王虽为政治和宗教的首领,但有别于做法的萨满。由甲骨文中材料看来,商王的占卜活动并不会有如萨满那样作法进入恍惚状态而"升天"的情况④。而从古代天象之学的发展及性质来看,我们也应该重视一个新的看法,即古代王者

---

① 陈梦家,《商代的神话与巫术》,《燕京学报》,20(1936): 535。又见张光直,《商代的巫与巫术》;《谈"琮"及其在中国古史上的意义》;《濮阳三跻与中国古代美术上的人兽母题》;《中国古代艺术与政治》等文,均收入《中国青铜时代》二集。又 Kwang-chih Chang, "Shang Shamans," in Willard Peterson ed. , *Power of Culture* (Princeton: Princeton University Press, 1993), pp. 10 - 36; idem, *Art, Myth, and Ritual*, pp. 56ff. 类似的说法,见 Eichhorn, *Die Religion Chinas*, pp. 35 - 70.

② 石璋如,《河南安阳小屯殷墓中的动物遗骸》,《台湾大学文史哲学报》,5(1953):1—14,小屯殷墓中的动物遗骸包括狗、牛、猪、马、羊、鸡等。商人虽猎虎,但似乎不用来祭祀,见陈梦家,《殷墟卜辞综述》,页 552—556;张秉权,《甲骨文与甲骨学》,页 389—404。

③ 张光直,《濮阳三跻与中国古代美术上的人兽母题》,页 93—94。

④ David Keightley, "Royal Shamanism in the Shang: Archaic Vestige or Central Reality?" paper presented at the Workshop on Divination and Portent Interpretation in Ancient China, Berkeley, June 20 - July 1, 1983. Tsung-Tung Chang, *Der Kult der Shang-Dynastie*, pp. 263 - 264,认为巫不是商代祖先崇拜中最决定性的人物。关于巫的讨论,近来有李零,《先秦两汉文字材料中的巫》,《中国方术续考》(北京:(转下页注)

图二：饕餮纹，李济，《殷墟出土青铜鼎形器之研究》，图 37

之所以被认为能"通天"，除了可能是借着通天的法术之外，也很可能是由于他们能掌握"天文"——即观天象而知人事①。后世政府中（以《周礼》为代表）天文官职占很重要的地位，正是这一传统的延续。

关于商代青铜器上的动物纹样，特别是一些常见的"非实有动

（接上页注）东方出版社，2000），页 41—79；Lothar von Falkenhausen，"Reflections on the Political Role of Spirit Mediums in Early China: the Wm Officials in the Zhon Li," in *Early China* 20（1995）：279－300；饶宗颐，《历史家对萨满主义应重新作反思与检讨——"巫"的新认识》，《中华文化的过去现在与未来》（北京：中华书局，1992），页 396—412。

①　参见江晓原，《天学真原》（辽宁教育出版社，1991），第三章，《天学与王权》。

物"的图样,如饕餮纹、夔纹、肥遗、龙纹等等,其义意到底为何,一直是学者讨论的对象。除了以纹饰风格本身的变化为讨论重点之外①,以这些纹饰所代表的宗教意义为主要关注点的,目前仍然没有一种公认的解释。除了认为它是巫师作法通天的工具之外,也有学者认为它原是战士头盔上的猛兽面纹,象征王的权威;转移到青铜器上,成为商王在祭祀活动中向祖先呈现祭品的力量,甚至代表商王自己②。又有人以为饕餮纹可能为祖先崇拜中具有神灵之鬼头面具之象征③。当然,也有学者对这种解释不尽赞同,因为虽然面具本身可能具有某些宗教功能,有人甚至以为是巫师作法的工具④,但我们其实没有很坚强的证据可以说饕餮纹是从头盔或面具演变而来的。李学勤就认为饕餮纹和良渚玉器上的兽面有相当密切的关系⑤。甚至"饕餮"这词本身以及相关的神话是否应该等同于青铜器上的动物纹饰,并且用以解释其意义,也是相当可议的问题⑥。

---

① 如 B. Karlgren, "Yin and Chou in Chinese Bronzes," *BMFEA* 8(1936): 9 - 156, "New Studies on Chinese Bronzes," *BMFEA* 9(1937): 1 - 168;张光直,《商周青铜器形装饰花纹与铭文综合研究初步报告》,《民族学研究所集刊》00(1970)页 239—315; Max Loehr, *Ritual Vessels of Bronze Age China*(N. Y.: The Asia Society, 1968);林巳奈夫,《所谓饕餮文表现的是什么?》,收入樋口隆康编,《日本考古学者——中国考古学研究论文集》(香港:东方,1990),页 133—202。

② Jordan Paper, "The Meaning of the 'T'ao-t'ieh'," in *History of Religions* 18 (1978): 18 - 37. 有关头盔在萨满教中的重要性,参见 M. Eliade, *Shamanism*(N. Y.: Bollingen Foundation, 1964), pp. 167 - 168.

③ Childs-Johnson, E. "The Ghost Head Mask and Metamorphic Shang Imagery" *Early China* 20(1995): 79 - 92.

④ 刘士莪、黄尚明,《商周面具初探》,《考古与文物》,1993, 6: 70—74。

⑤ Li Xueqin, "Lian gzhu Culture and the Shang Dynasty Taotie Motif," in Roderick Whitefield ed., *The Problem of Meaning in Early Chinese Ritual Bronzes*, pp. 56 - 66.

⑥ 参见 Wang Tao, "A Textual Investigation on the Taotie," in Whitfield, *The Problem of Meaning*, pp. 102 - 118.

　　然而无论如何,所谓饕餮纹在商代已经成为一种广为应用的装饰纹样,不仅是出现在青铜礼器上而已,而青铜礼器本身亦并非商王的专属器具,它们分布的范围远超出商王国中心区①。因而不论饕餮纹本身所具有的原始宗教或象征意义为何,都没有理由认为它在任何地方都必定具有实际的宗教仪式效力。在许多情况下,比较合理的解释也许是:这些动物纹样只是表现器物拥有者的地位的一种传统的标记而已。从另一方面来说,如果我们认为这些动物纹样仅仅是传统的装饰花纹,而不具任何宗教意义,又似乎过于极端②。

　　类似的情况也可以在古代埃及宗教中看到。在古埃及的神庙壁画中,通常画着在神庙中所举行的各种祭典仪式③。但是若我们认为每一幅画在墙上的仪式都必然代表实际上在庙中举行的祭典,则并不正确。因为有足够的证据显示,许多仪式浮雕其实只具

---

　　① 　Virginia C. Kane, "The Independent Bronze Industries in the South of China Contemporary with the Shang and Western Chou Dynasties," in *Archives of Asian Art* 28(1974 - 1975): 77 - 107; K. C. Chang, *Shang Civilization*, pp. 39 - 60; Robert W. Bagley, "Sacrificial pits of the Shang period at Sanxingdui in Guanghan county, Sichuan Province," in *Arts Asiatiques* 43 (1988): 78ff. ; idem, "A Shang City in Sichuan Province," in *Orientations* 21(1990, Nov.): 52 - 67;山东省博物馆,《山东益都苏埠屯第一号奴隶殉葬墓》,《文物》,1972,8: 17—30。

　　② 　Max Loehr, *Ritual Vessels of Bronze Age China*, p. 13:"... the ornaments on Shang bronzes ... cannot have had any ascertainable meaning — religious, cosmological, or mythological — meanings, at any rate, of an established literary kind. (商代铜器上的装饰……不可能有任何可确知的,不论是宗教的、宇宙论的,或者神话的意义,至少,任何已经为人所知的文学类的意义)" 最近有关动物纹饰的讨论,见 Roderick Whitefield ed. , *The Problem of Meaning in Early Chinese Ritual Bronzes*. 主要的意见仍然分为两种,一种认为饕餮纹为装饰母题 (Robert W. Bagley, Jessica Rawson),一种认为它是宗教的象征符号,为了解商代宗教的钥匙(Sarah Allen)。

　　③ 　M. Alliot, *Le cult d'Horus à Edfou*, 2 vols. (Cairo: Institut Français d'Archéologie Orientale, 1949 - 1954); D. Arnold, *Wandrelief und Raumfunktion in Ägyptischen Tempeln des Neuen Reiches* (Munich: 1962); A. R. David, *Religious Rituals at Abydos* (Warminster: Aris & Phillips, 1973).

有装饰作用。虽然如此,我们却也不能否认这些装饰具有一定的宗教和象征性意义①。

　　如果我们认为青铜礼器及其上的动物纹样基本上为商代统治者的宗教仪节及其权威的表现,我们要问的是,如果这些动物纹饰有巫术上的功能,是否也就因而有应用上的限制? 如不具有巫术身份的一般人民,是否就不能拥有以这类纹饰为装饰的器物? 从目前考古发掘的材料来看,在比较粗劣的,出于平民墓中的陶器上,极少发现所谓的饕餮纹②。在比较高级的,属于贵族所用的白陶上,则有与青铜器上纹饰相近的装饰③。因而我们可以说,饕餮纹基本上是一种属于上层阶级人士所拥有的标记。那么,如果说动物纹饰所包含的宗教意义基本上只存在于上层阶级的意识形态中,与平民的信仰无关,是否合理? 目前似乎没有足够的证据来肯定或否定这个论点。不过这并不表示我们不能做一些推测。若我们承认青铜器的制作乃是出于工匠之手,而且青铜器在宗教仪式中的重要性乃根基于一种社会公认的有关仪式和象征标记的意义,那么我们就没有坚强的理由不认为一般平民与统治阶层分享了类似的宗教观念。

(2) 文献证据

　　现存商代的原始文献主要为甲骨文,讨论商人宗教信仰,自当

---

① 譬如有关神庙中装饰浮雕的讨论,可参见 J. Osing, *Der Tempel Sethos' I in Gurna* (Mainz: Phillip von Zabern, 1977), Excurse I, pp. 65ff. 又见 Mu-chou Poo, *Wine and Wine-Offering in the Religion of Ancient Egypt* (London: Kegan Raul International, 1995), chapter Ⅲ.

② W. Hochstadter, "Pottery and Stoneware of Shang, Chou and Han," *BMFEA* 24 (1952): 81-108, esp. pp. 88-90. William Watson, *Early Civilization in China* (London: Thames and Hudson, 1966), p. 56, Ill. 38. (粗制陶碗上有简单的饕餮纹)

③ 《郑州二里冈》,页 25;《殷墟发掘报告》,页 128.

以甲骨文中所见为主①。卜骨的使用是早期社会中的一种习俗，在龙山文化中期即已有例子②。商代占卜用甲骨非王室者虽不多，但至少证明占卜并非王室的专利，也就是说，一般人也可以与王室有相同的交接神明和祖宗的方法。就这一点而言，商人社会中的宗教行为可说是同一结构的。但是由于王室以外使用甲骨占卜者一般均无刻辞，我们对于非王室人民的宗教信仰的实际内容并无法得知③。而商王既能借宗教仪式而控制人民，自然也表示人民能够接受其宗教之权威，所以若认为商王室及统治阶层之宗教也可以代表至少相当程度当时一般人民之信仰，应为合理之推测。

甲骨文中所见商人信仰的基本结构是对于超自然世界，或者说"人外力量"的相信，对于人与"人外"力量之间交通之可能性的肯定。这些"人外"力量在卜辞中所见者，为祖先、上帝、神祇（如风雨、山川、地祇等）。这些力量的性质，除了祖先为人变成的之外，其他风雨、山川、地祇等基本上可以被描述为"功能性"的——有些为单一功能，有些则为多重功能，如雨神主降雨、风神主风等④。

———————————

① 有关此方面之讨论甚夥，重要的著述如陈梦家，《殷墟卜辞综述》第十七章《宗教》（北京：科学出版社，1956）；同氏，《商代的神话与巫术》，《燕京学报》，20(1936)：535。

② 陈梦家，《殷墟卜辞综述》，页20ff.；张秉权，《甲骨文与甲骨学》，页31ff. 最近在河南淅川仰韶遗址发现有卜骨，见《淅川下王岗》（北京：文物，1989），页200；又最早的卜骨可能出于内蒙古的富河文化。从比较的观点讨论占卜，有李学勤，《甲骨占卜的比较研究》，《比较考古学随笔》（香港：中华，1991），页139—150；李零，《早期卜筮的新发现》，《中国方术考》（北京：东方出版社，2000），页232—298。

③ 陈梦家，《殷墟卜辞综述》，页39。有关"非王卜辞"的问题，学者有甚多讨论，至少，目前在周原所出文王时期甲骨相对于殷王朝而言，可说是"非王卜辞"。参见李瑾，《论非王卜辞与中国古代社会之差异》，《华中师院学报》，1984，6：57—68。朱天顺，《中国古代宗教初探》（上海：上海人民出版社，1982）中多处论及商人之宗教，不过他也并没有谈到所谓一般人的宗教信仰的问题。

④ 陈梦家，《殷墟卜辞综述》，页573—577。不过这些自然神灵本身是否被认为是具有拟人的性质，并不十分清楚。参见 Sarah Allan, "Shang Foundation of Modern Chinese Folk Religion," in S. Allan & A. P. Cohen eds., *Legend*, *Lore and Religion in China* (San Francesco: Chinese Materials Center, 1979), pp. 1 - 21。

但除此之外很难看出他们是否还具有其他性格。

至于先祖及神明所在之处到底何在？商人是否有所谓"祖先、神祇属于超自然界"，或"祖先、神祇为超越的存在"之类的观念？这是很难确定的。张光直认为，"在商人的世界观里，神的世界与祖先的世界之间的差别，几乎微到不足道的程度"①。不仅如此，从商人占卜之频繁，所问问题范围之广的事实来看，我们也可说，对于商人而言，活人、祖先、神祇都生活在同一个世界之中，彼此有密切的关系，商人可以随时借卜问而与祖先和神明往来。人、祖、神生活在同一世界中，对他们而言，是一个无可否认的事实，至少，没有证据可以显示商人对于祖先、神明的存在性和可交通性有过任何怀疑。所以，祖、神是否"超自然"对商人而言应是不相干的。当然，卜辞之所以能成立是因为商人相信和祖先、神明交通的可能性，而我们并不确定商人在不占卜之时是否有其他的想法。

而人与这些力量的往来，主要是表现在对于日常生活所遇到的各种事情的卜问之中。这种关系的性质可以说是一种"相互给予"（拉丁文作 *do ut des* = I give so that you give）式的：人与这些力量的往来主要建立在人的献祭和神明的赐福这样的交换基础之上。从甲骨文献看来，这关系并不涉及情感或道德的因素，譬如说，人并不会询问某件灾难的发生是否与人的道德行为有关系。当然，我们也应该考虑到，甲骨文的性质是实际的记录，并不一定会表现比较个人性的感觉或道德意识。

卜问之术之所以能成立，应当有其信仰的基础，分析而言，有以下几项假设：

---

① 见张光直，《商周神话与美术中所见人与动物关系之演变》，《中国青铜时代》（台北：联经出版公司，1983），页 346。

（一）人的命运和人外的世界有某种不可分的关系；

（二）这些关系可以借着一些实体（自然现象、天文地理）和抽象（数字、时间）的"事物"而显现；

（三）因而人的命运是可以预知的；

（四）并且人可以借着预知命运或预知未来而设法趋吉避凶，也就是改变命运；

（五）占卜术就是预知命运和未来的一种方法。

这些环环相扣的假设之所以能够成立，显然在根本上是出于人的信念，相信人的命运和人外的世界有某种不可分的关系。人们相信鬼神祖灵的存在，其基本信念也是人的命运是受到鬼神及祖灵的控制，因而人与人之外的世界和力量有必然的关系。我们可以看出，这种信念就是相信人的生命不是孑然独立于世上，而是一个整体（包括人与鬼神、天地万物、日月星辰等）的一部分。这种信念的源头显然是在史前时代，譬如在史前时代的遗址中已经有卜骨出现，而卜骨是人们向神明求问，因而有某种形式的宗教信仰的证据。由于现有的占卜材料都是从王室的角度出发，因而其内容有许多方面可以说是政府的或官方的问题，譬如征伐、祭典等。但即使如此，也还能反映出当时一般人生活中重要的活动，如祈雨、收成、占梦等。无论如何，甲骨文材料只能代表商人的信仰的一部分，而商人除此之外尚有哪些宗教活动，就不得而知了[①]。

（三）周代之宗教信仰

青铜器上动物纹饰的变化，由商代到战国，根据张光直的说法，"其主要的表现是老的饕餮纹样之因袭化与新的写实性的兽纹

---

① David. N. Keightley, *Sources of Shang History*, pp. 132, 135.

的出现,都呈示一种人对于这类神异动物的新的态度,一种不复能称为敬畏的新态度"①。这是说巫觋文化在战国时代已经没落。其原因除了周初以来人文精神的发展②,也由于周王室对"天"的观念的转变。

周原甲骨文中所见周初之宗教信仰形态基本上与商代相同③,但是周代金文以及流传后世之周初文献却显现出一种不同的面貌。商王室所信仰的上帝或帝的主要性格为一自然之天,似乎亦不为殷人所信仰的诸神祇中最重要的一员④,但是周人在克商之后,为了要给周人代商的事实得到政治上的合法性与宗教上的合理性,逐渐将天或上帝的地位,提升到一个具有道德判断意志的对人间世事的最高仲裁者,因而有所谓"天命靡常"的说法,上帝不再是无目的地降灾赐福,而是有选择地,有目的地施行其大能力⑤。这种道德

---

① 张光直,《商周神话与美术中所见人与动物关系之演变》,《中国青铜时代》,页 334。

② 徐复观,《中国人性论史先秦篇》第二章《周初宗教中人文精神的跃动》(台北:商务印书馆,1969)。

③ 王宇信,《周原甲骨探论》;陈全方,《周原与周文化》(上海:上海人民出版社,1988),页 101—157。

④ 参见陈梦家,《殷墟卜辞综述》,页 580;晁福林,《论殷代神权》,《中国社会科学》,1990,1:99—112。

⑤ 有关的论述极多,兹举其中较著者,如傅斯年,《性命古训辨正》(台北:"中央研究院",1993年重印),中卷,页 9—19;徐复观,《中国人性论史先秦篇》第二章,《周初宗教中人文精神的跃动》,页 16。徐氏认为傅氏主张周人以殷人之祖先神为自己的祖先神是不正确的说法,周人在代商之前原本就承认殷人之天帝。"周初的天、帝、天命等观念,都是属于殷文化的系统"(页 19)。不过周人将此受之于殷人的宗教也作了一番转化。这转化基本上也就是将天命合理化,"成为人们可以通过自己的行为加以了解、把握,并作为人类合理行为的最后保障"(页 24)。实际上徐说与傅说并没有太大相冲突之处,傅氏的意思是说周人借用了商代即有的上帝的观念,因而上帝不能再有祖宗神的性格,于是转化为一普遍的上帝。参见许倬云,《西周史》(台北:联经,1984),页 99。池田末利,《释帝、天》,《续释帝、天——殷末周初宗教制度》收入《中国古代宗教史研究》(一)。H. G. Greel, *The Origins of Statecraft in China* (Chicago: University of Chicago Press, 1970), pp. 493-506. (黄俊杰译,《天神的源流》,《大陆杂志》,45,4:226—233)认为周人的天指的是祖先神的总称,而殷人没有天这个神祇。

性的天、上帝、天命的观念,在《诗经》的《皇矣》、《荡》、《文王》等篇中屡次出现,在《尚书》的《大诰》、《康诰》、《酒诰》等一般认为是周初文献中也经常出现。兹举两例以概其余:

> 惟上帝不常,作善降之百祥,作不善降之百殃。①
> 惟天无亲,克敬惟亲,民罔常怀,怀于有仁,鬼神无常享,享于克诚。②

而周代金文中,也有赏善惩恶的上帝的观念,如史墙盘中"上帝降懿德"即是③。然而上面所论周人的天帝观只能说是周王室及其统治集团所公开宣扬的信条,所谓的道德性的天命实际上仍是以政治行为为主要考虑,而所谓的"人文精神"也应该只是就政治层面的自觉而言④。而且这中间的理性因素,与其毫无保留地被说成是"周人"宗教的特征,不如说是表现了周统治阶层的政治哲学。我们对于周代一般百姓的宗教生活或观念又有何了解?

周代一般百姓的宗教生活,可以分为与农业活动周期有关的宗教活动以及各种个别的信仰或观念两方面来看。《诗经·豳风·七月》一诗,描述农民一年四季中生活与工作的情况,其中明显提到与农作有关的宗教活动之处有以下的句子:

> 四之日其蚤,献羔祭韭,九月肃霜,十月涤场,朋酒斯飨,曰杀羔羊,跻彼公堂,称彼兕觥,万寿无疆。⑤

这是说在二月(即四之日)早朝之时以羔羊与韭菜献祭,而到了十

---

① 《尚书正义》,8:115《伊训》。

② 《尚书正义》,8:118—119《太甲下》。

③ 参见李学勤,《论史墙盘及其意义》,《考古学报》,1978,2:149—158。

④ H. Creel, *The Origins of Statecraft in China* (Chicago: University of Chicago Press, 1970), pp. 94‑100;徐复观,前引书,页20—35,强调"敬"的观念。不过他所说的敬或者"人文精神"其实主要仍是政治性的观念。

⑤ 《毛诗注疏》,8a:22。

月农事完毕之后,再度宰杀羔羊,以酒向豳公祝寿。诗中对于十月的丰收节庆虽没有直接提到祭典活动,但由于二月与十月的祭典正好是春秋二季的农耕周期的首尾,有祭典活动应该是正常的。问题是,祭祀的对象为何? 诗中亦无说明。法国汉学家葛兰耐曾经用《月令》中的材料相较,《仲春纪》中说:"是月也,玄鸟至,至之日,以太牢祀于高禖。"①他认为高禖即《周礼》中的媒氏:"媒氏……中春之月,令会男女,于是时也,奔者不禁。"②若我们承认《月令》及《周礼》中至少保存一部分古代的习俗,与农业生活相关的部分应该是可信度较高的部分。如此,《七月》诗中二月的祭祀有可能是与"合男女"的高禖祭典有关③。葛兰耐的理论有其合理之处,如二月的庆典可能与庆祝春天来临有关。但他同时又认为高禖乃是一种"自由性交"的狂欢节,则似乎并无坚强的理由④。

"媒氏"一职仅出现于《周礼》中,在其他先秦及汉代文献中不见。相关的例子为《月令》中的"高禖"或《汉书》中的"大媒"⑤。这三个名词是否为同一官职,尚未有定论。《月令》有关"高禖"的记载可以被认为是一种求子的仪式,是天子在高禖庙前祈求他所"御"的妃子能够得子,佩弓矢是得男的象征性法术。但若要说弓矢象征"性行为"(不论是天子或高禖神),则又太过⑥。

至于《周礼》所说的"令会男女,奔者不禁",是否能释为官方所

---

① 《吕氏春秋》(台北:中华书局,1972),2:1a。

② 《周礼注疏》,14:15—16。

③ Granet, *Festivals and Songs in Ancient China*, pp. 155 - 166;198 - 202.《吕氏春秋》,2:1a;《周礼注疏》,14:15—16。

④ Granet, *Festivals and Songs in Ancient China*, pp. 126 - 133;200 - 206;221;张铭远译,《中国古代的祭礼和歌谣》,页 153—154。陈梦家,《高禖郊社祖庙通考》,《清华学报》,12,3(1937):445—472,认为高禖基本上与祖先崇拜相同,是一种生殖崇拜。又见本书第六章之讨论。

⑤ 《汉书》,51;99B/2b. Granet, *Festivals and Songs in Ancient China*, pp. 155 - 166.

⑥ Bodde, *Festivals*, p. 260.

鼓励的一种"性的狂欢节"？主要的关键，是对"奔"字的解释。
"奔"可以有"私奔"之义，引申为发生性关系，但《周礼》本文只是被
动地承认"奔者不禁"，也就是如果青年男女私订终身，并不会被禁
止。郑注说"权许之"，也是同样的意思。葛兰耐将此句解释为一
种官方主动的"狂欢节"，则显然引申过度。我认为，《周礼》此段文
字，若真的反映出某些历史事实，最多只能说是在春天时有一段日
子，人们（可能只是乡里父老而非政府）让青年男女有比较自由的
交往，让他们有自由选择婚姻的机会，但实在很难有可能是一种
"性的狂欢节"。要假设当时的中国社会有这样的一种节日或习
俗，如葛兰耐所主张，则必须对周代中国社会的性质有许多根本的
假设，如男女社交的习俗与道德观念，男女之间对性的态度，尤其
是整个社会对性与婚姻的主张等等，有更详细的了解和解释，而不
仅仅是引述近代西南少数民族的习俗来证明古代中原亦有相类的
习俗。

　　以上所论，我认为若以为《诗经》所提到的在春天举行的庆典
是高禖，而高禖又是"性狂欢节"，这样的推论，是极不可靠的。

　　至于十月的祭典，《孟冬纪》说："是月也，大饮，蒸天子，乃祈来
年于天宗；大割，祠于公社及门闾，飨先祖五祀，劳农夫以休息之。"[1]
则诗中十月的节庆应该是向"天"祈丰年，并且庆收成，劳农夫的节
日。当然，《仲春纪》中另有"其祀户，祭先脾"，《孟冬纪》也有"其祀
行，祭先肾"的记载，也是与春秋二季的行事有关的祭典[2]。

　　此外，值得注意的是，诗中所见农民生活中的宗教活动在一方

---

　　① 　《吕氏春秋》，10：2a。

　　② 　Granet 在《中国古代的祭礼与歌谣》以及 *The Religion of the Chinese People*
二书中均强调《诗经》中的情诗为春秋两季农民社会中狂欢节庆时男女双方的即兴对唱
歌曲。春季的狂欢节中，男女互订婚约，为一符合天时运行的行为，秋季的节庆则为成
婚，收成的祭典。这说法虽然过于运用其社会学的想像力，并且过分强调"性（转下页注）

面虽与农作周期有明显的关系,在另一方面,这些祭典并不是农民的专利,应该说是农民和贵族都遵守着相同的宗教活动。在以农业为主要生计的时代,这是自然的结果。

除了以岁时行事为主的宗教活动之外,我们也可以在《诗经》中看到一部分民间信仰的个别现象,如卜筮:"尔卜尔筮,体无咎言。"②这是以卜筮决定婚事的例子。

在甲骨文中占重要地位的占梦,在此时也是一般人关切的:

> 下莞上簟,乃安斯寝。乃寝乃兴,乃占我梦。吉梦维何?维熊维罴,维虺维蛇,大人占之。维熊维罴,男子之祥。维虺维蛇,女子之祥。③

此处求解梦的人尚是属于"君子"阶层的人,但其为了筑新居而颂祷祈福,乃至于求占吉梦,则显露出此种占梦活动在日常生活中随机而行的性质。又如《小雅·祈父之什·无羊》:

> 牧人乃梦,众维鱼矣,旐维旟矣。大人占之,众维鱼矣,实维丰年,旐维旟矣,室家溱溱。④

诗中所提到的牧者,应该可以算是"半民"。当然,此诗仍然有可能是借着对牧人之梦的解释来祝福牧人的主人的。但是将牧者的梦及其解释作为诗中重要的结束句,则表现出"占梦"作为民间信仰

(接上页注)的仪式",但有关农民生活中与收成相关的祭典行为却应该是可以成立的。有关对 Granet 理论的批评,又可参见松本雅明,《周代庶民祭礼における神》,《东洋学报》38,3(1956):1—35;特别是页7—8。又见同氏,《古代祭礼の复原について》,《西日本史学创刊号》(1949);《古代祭礼における季节のリズについて》,《东洋学报》33,1(1951):1—24;33,2(1951):37—45;《周代における婚姻の季节について》,《东方宗教》,3(1953):15—31;4(1954):123—126。

　②　《毛诗注疏》,3/3:3a,《国风·卫·氓》。
　③　《毛诗注疏》,11/2:8—9,《小雅·祈父之什·斯干》。
　④　《毛诗注疏》,11/2:13。

的一环,是相当广泛为人所接受的,并不只限于某一社会阶层①。在陕西沣西地区西周居住遗址中有卜骨出土,显示当时一般人生活中仍然有以骨占卜之习俗②,亦可以为一佐证。至于考古遗址不出易朽的筮草,则是自然之理。《周礼》中有卜梦之官,也反映出古代社会占中梦为一重要的大事③。

　　在此也许我们应该讨论古代文献中最困难的一部,即《周易》。《易》的卦辞和爻辞基本上是古代筮占的记录④。实际上,近年来学者已经证明,至少在殷代甲骨文中已经有易卦的资料,故筮法的传统至少是与卜法同时并存的⑤。当这些记录被收集起来后,经过整理,成为适合知识分子的口味的作品。不过从这些文辞中,我们仍然可以看出当初人们在日常生活中所占卜的事项。譬如有关为官的:"乾九二:见龙在田,利见大人。"有关婚姻的:"屯六四:乘马班如,求婚媾、往吉、无不利。"有关征伐的:"谦六五:利用侵伐,无不利。"有关渡河的:"谦初六:君子用涉大川、吉。"甚至有关饲养牲口的:"离:亨、利贞。畜牝牛吉。"⑥这些占卜所检视的项目,

<hr>

　　①　关于中国古代梦的讨论,参见 Roberto K. Ong, *The Interpretation of Dreams in Ancient China* (Bochum: Studienverlag Brockmeyer, 1985); Rudolf G. Wagner, "Imperial Dreams in China," in Carolyn T. Brown ed., *Psycho-Sinology: The Universe of Dreams in Chinese Culture* (Washington D. C.: Woodrow Wilson International Center for Scholars, 1988), pp. 11 - 24.

　　②　《沣西发掘报告》(北京:文物,1962),页 96。

　　③　《周礼注疏》,24:13"〔太卜〕掌三梦之法";25:1,"占梦掌其岁时,观天地之会,辨阴阳之气,以日月星辰占六梦之吉凶"。参见傅正谷,《论诗经中的占梦诗与古代占梦制度》,《中州学刊》,1988,1:94—97。

　　④　有关易卦的起源与数字的关系,参见徐锡台,《数与〈周易〉关系的探讨》,《周易纵横录》(湖北人民出版社,1982),页 197—222。

　　⑤　饶宗颐,《殷代易卦及有关占卜诸问题》,《文史》,20 辑,页 1—13。李零,《早期卜筮的新发现》,《中国方术考》(北京:东方出版社,2000),页 232—298;同氏,《跳出周易看周易》,《中国方术续考》(北京:东方出版社,2000),页 306—320。

　　⑥　以上爻辞和卦辞,可方便参考高亨,《周易古经今注》(重订本)(北京:中华,1984),页 46—109。

譬如说方位、时间、自然现象、人的行为等等，与其他文献中所呈现的情况是相似的①。这些都显示出，虽然《易》和一些类似的卜筮书如《连山》、《归藏》等在周代或春秋战国时代已经流行在知识分子之间，它们原为一般人日常生活卜筮的记录。

至于对于天象与人事之间的关联性的兴趣，在《诗经》也有反映，如《小雅·祈父之什·十月之交》：

> 日月告凶，不用其行。四国无政，不用其良。彼月而食，则维其常。此日而食，于何不臧？②

这是以日月之食为凶兆的观念，在商代甲骨文中当然早已有先例，但没有在诗中所见到的道德性因素③。这观念在此后的中国社会中一直流行，下文将有所讨论。

当时人对于先祖的祭祀，在宗室之前，并且有用尸的习俗，在《国风·召南·采蘋》中也可以看出："于以奠之？宗室牖下。谁其尸之？有齐季女。"④以上这些都可说是与统治阶层从殷商时代以来即有的信仰活动具有相同的形式。

巫者在民间的活动在诗中亦有反映，如《陈风·东门之枌》："东门之枌，宛丘之栩，子仲之子，婆娑其下。"⑤根据《汉书·地理志》的说法，这是描写女巫的作法⑥。

以上这些宗教性的活动可能自商代以来就如此，它们自然可以代表周人宗教的一部分，包括贵族和农民两者。比较可能为农民生活中所特有的信仰，是对于"田祖"——保护农作的神祇的信

---

① 高亨，《周易古经今注》，页 60、61、65、66、74。
② 《毛诗注疏》，12/2：5。
③ 陈梦家，《殷墟卜辞综述》，页 237—249。
④ 《毛诗注疏》，1/4：4—5。
⑤ 《毛诗注疏》，7/1：5。
⑥ 《汉书》，28：1653。

仰:《小雅·大田》:"田祖有神,秉畀炎火。"①田祖为农业生殖之神,当时是否也有人丁生殖之神? 周代考古发掘出土有多件陶或石制的男性生殖器,即所谓的"且"(祖)②。这"且"很可能代表一种生殖崇拜,或者祖先崇拜,学者已早有论述③。但生殖器本身与生殖之神间有何关系,则仍然是没有解决的问题。

至于鬼怪的存在,似乎也在当时人民的观念之中:《小雅·何人斯》:"出此三物,以诅尔斯。为鬼为蜮,则不可得。"④所谓的三物乃是鸡、犬、豕,为当时人祝诅时之誓物。诗作者说,对方若为鬼或者狐狸精,则无法对付了。即使这只是譬喻,"鬼"、"蜮"字样的出现已足以显示其观念在当时的流行。

此外,平民和统治阶层一样,也有对于天、神的信仰,如《小雅·鹿鸣之什·天保》:"天保定尔,亦孔之固……神之吊矣,诒尔多福。"⑤或者《小雅·节南山》:"昊天不佣,降此鞠(凶),昊天不惠,降此大戾。"⑥或者《小雅·祈父之什·雨无正》:"浩浩昊天,不骏其德。降丧饥馑,斩伐四国。昊天疾威,弗虑弗图,舍彼有罪,既伏其辜。若此无罪,沦胥以铺"⑦等诗。当然,我们并没有绝对的证据证明上面这些诗所反映的都是普通百姓的而非上层阶级的观念。不过,不论诗作者的身份为何,如果说这些诗有可能反映出一般百姓的部分感觉,似乎并不为过。尤其值得注意的是,这些诗显现出一种一方面依赖天之赐福,一方面在灾难降临时又怀疑天之

① 《毛诗注疏》,14/1:15。

② 《沣西发掘报告》,页111。

③ 凌纯声,《中国古代神主与阴阳性器崇拜》,《民族学研究所集刊》,8(1959):1—46;B. Karlgren,"Some Fecundity Symbols in Ancient China," *BMFEA* 2(1930):1-66. 两者均认为性器崇拜为最原始的祖先崇拜的形或式,"祖"字的原形即男根。

④ 《毛诗注疏》,12/3:17。

⑤ 《毛诗注疏》,9/3:7—9。

⑥ 《毛诗注疏》,12/1:6。

⑦ 《毛诗注疏》,12/2:10。

公正性的心态。这种怀疑的心态似乎为民间信仰中一项重要的特质,是官方或王室所没有的,譬如代表统治阶层意识形态的《书经》或金文中就没有相似的概念。最可说明这种民间心态与官方信仰的差距的,是《诗经·秦风·黄鸟》:

> 交交黄鸟,止于棘,谁从穆公?子车奄息。维此奄息,百夫之特。临其穴,惴惴其栗。彼苍者天,歼我良人。如可赎兮,人百其身。[1]

这种为王室贵族所实行的殉葬之俗,应该有其宗教信仰上的根据,即人死之后有另一存在,故王者应有其侍从殉葬以服侍其于死后世界中。然而此诗却显示出,一般人民对于殉葬之俗似乎并不认同。不过这种怀疑的心态并不是在知识层面上根据理性的原则而发生的对死后世界或鬼神之存在的怀疑,而是在为了自身当前的福祉的考虑之下而有的表现:没有人死后又复活。进一步说,人们哀悼子车,可能并不是由于他们反对人殉,而是反对子车被选中为殉者。诗中最后一句似乎是表示,如果人选适当,人殉是可以被接受的。这种"有限的逻辑推论",为民间宗教心态的特色,到了战国时代末期就有更多的材料可资说明。当然,《黄鸟》一诗所讥的秦穆公以臣子殉葬之事,亦见于《左传》文公六年,可以说已经是春秋时代的事了。由西周到春秋,政治上虽有王室东迁的大变化,在宗教生活上的转变却只能是缓慢的。而殉葬之风一直到战国时代仍然不断,正可以作为一项证据[2]。

　　以上所论由商至西周时代民间信仰的情况,由于资料的限制,

---

　　① 《毛诗注疏》,6/4:6—7。
　　② 黄展岳,《我国古代的人殉和人牲》,《考古》,1974,3:153—163;同氏,《中国古代的人牲人殉》(北京:文物,1990),页154—225;顾德融,《中国古代人殉、人牲者的身份探析》,《中国史研究》,1982,2:112—123。

自然是十分不充分的。不过,我们仍然可以推测,周代,或至少西周时代民间信仰的内容可能可以上推至商代,主要是由于《诗经》所提供的消息于农业生产有密切关系。商代既已进入农业时代,一般人民的宗教生活与农业生产有密切关系应该是自然的。商至西周时代,这民间信仰的主要轮廓与上层社会的宗教基本上是并行不悖的。到了西周晚期,民间信仰中出现了一种新的因素,开始对旧有宗教中某些现象发生怀疑,就是天意是否公正。当然,这种怀疑是否影响到人的其他宗教信仰活动,是很难估计的。不论如何,它显示出一般人的宗教心态之一斑:对于个人的福祉而言,天意不一定是如人所愿的。另一方面,统治阶层自西周以来也经历了宗教上的变动,即道德性天命和天的思想的发展。这变化在起初也许是为了要为西周代商找到合理化的政权基础,但后来逐渐的发展,则造成统治阶层宗教的分裂。东周以后的发展显示,统治者及其朝廷仍然继续保守自商代以来的官方宗教体系,即祖先崇拜和自然神灵崇拜。而新的道德性天命思想则为逐渐形成的知识阶层所接受而继续发展。春秋战国时代,剧烈的社会经济及政治上的变动促使各种思想学派的发展,但民间信仰的格调基本上没有太大的变化。不过,我们也可以看见,春秋战国时代的大变动促使官方宗教、知识分子的宗教,以及民间信仰各自发展出明显的特性,这正是下面要继续探究的。

第三章

春秋战国时代之民间信仰

如果牛和马或者狮子有手可画图，而且可以像人一样创作艺术，马就会将神明的形状绘成马，牛绘成牛，如同他们各自的形象一般。[①]

春秋时代，周王室力量虽不断减弱，但不论是王室或诸侯，国家岁时祭典的进行仍循商及西周时代的传统，与农业生产有密切的关系，如《左传》桓公五年所记，"凡祀，启蛰而郊，龙见而雩，始杀而尝，闭蛰而烝，过则书。"这就是相对于春、夏、秋、冬四季的主要祭典，而当祭祀不以常时，《春秋》则书之[②]。这种情况与《月令》中所描述的情况基本相同而简略。而一套完整的国家祭典仪式在《礼记》的一段记载中尚可见其大略：

> 燔柴于泰坛，祭天也；瘗埋于泰折，祭地也；用骍犊，埋少牢于泰昭，祭时也；相近于坎坛，祭寒暑也。王宫祭日也，夜明

---

① Xenophanes, "on the true god."引自 W. H. Auden ed., *The Portable Greek Reader* (New York: Viking, 1948), pp. 68 - 69.

② 参见杨伯峻，《春秋左传注》(北京：中华书局，1983)，页 106—107。

祭月也，幽宗祭星也，雩宗祭水旱也，四坎坛祭四方也。山林川谷丘陵能出云为风雨见怪物，皆曰神，有天下者祭百神，诸侯在其地则祭之，亡其地则不祭。①

所谓的天地日月四方四季山川百神，基本上可以说是体现了周代官方宗教的主要崇拜对象，其性质则可说是属于"自然神灵"的范围。《周礼·春官宗伯》中所记载的各种宗教官员的职掌，虽不能确定是否为周代所曾有，也许多少可以代表春秋战国时代的部分情况，在此暂不讨论。由于文献逐渐丰富，民间信仰的实际内容也开始浮现出来。这并不是说，文献中的现象是在此时代之前所没有的，但是此一时期文献的内容之丰富，已经大大地增加了从其中提炼出有关民间信仰的资料的几率。同时，我们也要特别强调，此处所谓的"民间信仰"，即在一般人生活中不时出现的一些对于超自然现象的观念以及应付的方法，这些不必都是农人、平民所特有的。以下就以妖怪、鬼神、占卜、祝诅、巫术、魂魄及死后世界等为中心，来探讨此一时代的民间信仰形态。

由于本章所采用的文献材料以先秦诸子及《左传》《国语》为主，在此不能详论这些文献的性质，但可以略陈笔者试图遵循的原则和态度。当采用文献时，我们必须认识到，文献记载可以就字面意义来了解，也可以被视为是作者表达其思想的工具。研究者必须随时检讨他解读文献时所采取的角度。例如在使用《左传》中的材料时，应该要考虑到，其中所记载的人物对话很可能是作者的编造。因而当引用人物的话语以作为其思想或意见的代表时，必须有一但书，即这些话可能是作者根据一些事后的记载或者他对当时情状的了解和想像而"重建"的结果，并不等于"事实"。当处理与信仰有关

① 《礼记注疏》，46：3—4。

的材料时，研究者又必须认识到，宗教经验和鬼神信仰，对现代人而言也许是无稽，但对古人而言却是实际的生活经验，而这经验是一历史的事实，必须予以承认。历史研究者的任务因而有两重：一方面他应向读者解释古人所经验到的宗教信仰的内容，另一方面也需要厘清这些记载是经由何种途径，在何种情况之下而得以保存。至少，他不能无条件地相信，或要求他的读者相信材料中的记载，也不能简单地认为它们是古代作者用来伸张己意的工具①。

（一）妖、怪

民间信仰的一个特征就是世间有精怪之物的观念，所谓"山林川谷丘陵能出云为风雨见怪物皆曰神"。这些神明不止是有天下者所祭，也是一般百姓所崇信的。《左传》庄公十四年记载：

> 初，内蛇与外蛇斗于郑南门中，内蛇死。六年而厉公入。
> 公闻之，问于申繻曰，犹有妖乎？对曰，人之所忌，其气燄以取之。妖由人兴也。人无衅焉，妖不自作。人弃常，则妖兴。故有妖。②

在这件事中，内蛇代表的是僭占郑公地位的人，外蛇代表的是厉公。外蛇的胜利象征厉公的胜利，由外返国。这故事之所以在厉公返国前六年就为人所注意，显示人们认为它具有某种预兆的意义，虽然当时人也许不明白其意义为何。当厉公返国之后，这故事就被举出，成为厉公返国的先兆，显然也是作为他返国之事为合于

---

① 有关《左传》是否可靠之史料的讨论，近来有 Yuri Pines, "Intellectual Change in the Chunqiu Period: The Reliablitity of the Speeches in the Zuo zhuan as Sources of Chunqiu Intellectual History," *Early China* 22(1997): 100 – 116.

② 《春秋左传正义》，9：8。

"天意"的证据。鲁庄公在听到这件事后的问话，以为蛇的相斗为一种"妖"，是把"预兆"和"妖祥"视为同一类事物。申繻的话虽可以说是由一个理性的角度来分析妖怪出现的原因，但是由此一事件被记载下来以及需要被解释的事实看来，显示出当时人心中普遍相信，妖怪的存在是一个事实。一般人相信此事，因为他们不会没有原因地特别注意到蛇斗的事，并且又记录下来，或在民间流传开来，在多年之后还为庄公所闻。庄公自己似乎有些怀疑，虽然他很可能已经准备相信此事为一种妖祥。申繻虽然在这件事上不认为有妖祥，但并不否认妖祥的存在。所谓的"妖"不但可以由人而兴，更可以由各种"物"而生，如动物就可以为妖。《左传》作者显然是同情申繻的立场，如果他没有编造申繻的话以及蛇斗的故事的话。至于他自己是否相信蛇斗为一种预兆，是另一个问题。此例可以让我们看到，一种信仰的持有者的成分其实是相当复杂的，其中可以包括百姓、知识分子以及统治者。

　　相似的例子，又如《左传》文公十六年："有蛇自泉宫出，入于国，如先君之数，秋八月末，声姜薨，毁泉台。"杜注："鲁人以为蛇妖所出而姜薨，故坏之。"①蛇的出现被认为是某种不吉的象征。此外如《左传》昭公二十五年："有鸜鹆来巢，书所无也。师己曰，异哉，吾闻文成之世，童谣有之，曰，鸜之鹆之，公出辱之，……今鹮鸟鹆来巢，其将及乎。"②鸜鹆的来巢，被解释为昭公出走的先兆③。

---

　　①　《春秋左传正义》，20：2。
　　②　《春秋左传正义》，51：15。
　　③　以童谣为兆是古代民间传统，尤其是以童谣为政治情势的讽喻或预言，在后世有很多例子。参见杜文澜，《古谣谚》（台北：新文丰，1986），页27、29、49、56、66、74、79。讨论可参见 J. Riegel, "The Songs of Possessed Children: A Survey of *T'ung Yao* in Chou and Han Dynasty Sources," paper presented at the Workshop on Divination and Portent Interpretation in Ancient China, Berkeley, June 20 - July 1, 1983.

这些都是以物之异常行为为征兆的例子。

此外,对于异常自然现象的出现,当时人也认为代表某种意义,构成某种预兆,特别是与人事有关的变动。这是和阴阳五行观念相同的思想模式,即天象(或生物自然现象)与人事之间有某种神秘的关系(见本书第五章的讨论)。明显的例子如《左传》昭公十七年:

> 冬,有星孛于大辰,西及汉。申须曰:"彗所以除旧有新也。天事恒象,今除于火,火出必布焉,诸侯其有火灾乎?"梓慎曰:"往年吾见之,是其征也。"①

又如昭公二十六年,齐国有彗星出现,齐侯想举行祭祀仪式以除灾,为晏子所反对:

> 无益也,只取诬焉。天道不谄,不贰其命,若之何禳之。且天之有彗也,以除秽也。君无秽德,又何禳焉,若德之秽,禳之何损。

这些故事显示当时人常以天象印证人事。晏子的话代表了一些知识分子所具有的比较理性而具人文精神的态度。不过他应该是少数。至于申须与梓慎代表的,是那些相信天象可以为人事变动的预兆的大多数人。事实上,一直到东周时,周王朝廷的卜官仍然被诸侯认为是最有权威的天象解释者。列国有关天象的问题常会被送到周廷去求解释②。

自然的灾害也可能被认为是一种预兆,如《国语·周语》:

> 幽王二年,西周三川皆震,伯阳父曰:周将亡矣。夫天地

---

① 《春秋左传正义》,48:9—10。
② 《春秋左传正义》,58:3。

之气，不失其序，若过其序，民之乱也。阳伏而不能出，阴迫而不能蒸，于是有地震。①

这些异常的自然现象都被认为是对于人事现象的反映。伯阳父的话表面上似乎是西周末年时知识分子借自然灾变以讽刺政治，不过，若严格地就文献时代的考量而言，这段话应该主要反映的是春秋时代的观念。然而地震之事之所以受到作者的重视而给予解释，正反映出当时流行的宗教心态。这些都是一些有关自然现象与人事之关联的观念的表现。但是春秋时代也有一些比较具有实证态度的知识分子。《左传》僖公十六年：

> 陨石于宋五，陨星也。六鹢退飞，过宋都，风也。周内史叔兴聘于宋，宋襄公问焉，曰："是何祥也？吉凶焉在？"对曰："今兹鲁大丧，明年齐有乱，君将得诸侯而不终。"退而告人曰："君失问。是阴阳之事，非吉凶所生也。吉凶由人，吾不敢逆君故也。"②

叔兴的话与晏子相近，是表现出当时一些知识分子的态度，认为自然现象（即阴阳之事）和人事的吉凶无关，但是他在表面上仍然不得不解释一番，而不敢或不愿表示自己真正的意见，因为宋襄公及其朝廷中大多数人都相信天象预兆。可见即使在当时，一些人对兆象的"解释"其实是言不由衷的杜撰之词。宋襄公的态度，却仍然是根源于以天象配人事的思维方式。这种思维方式很难说是只有上层社会才具有的。前举有关鹳鹆的童谣，我们虽然不知是否师己或《左传》作者的杜撰，但《左传》

---

① 《国语·周语上》（台北：中华书局，1970），1：10。又见于《左传》昭公二十三年，《春秋左传正义》，50：24。

② 《春秋左传正义》，14：14—16。

既然郑重地引用,应该可以说明相似的思维方式是广泛流行在当时社会之中。另一方面,将叔兴的话"记录"下来,显然是对宋襄公采取一种批判的态度。

在另一例中,《左传》昭公十九年记载:

> 郑大水,龙斗于门之外洧渊,国人请为禜焉。子产弗许,曰:"我斗,龙不我觌也。龙斗,我独何觌焉?禳之,则彼其室也。吾无求于龙,龙亦无求于我。"乃止也。①

子产显然是站在一种比较理性的立场来处理国人对龙崇拜的信仰活动。他虽然并没有宣称龙是不存在的东西,也相信魂魄鬼神,乃至于禳祠的效果②,但他认为在当时的情况之下祭龙是不合宜的举动,因为龙并没有侵犯人的活动。由这些例子,我们也可以觉察到,在春秋时代,一些知识分子,如申繻、晏子、子产等人,逐渐地在宗教文化上与统治阶层乃至一般百姓的观念有了分歧,开始向理性和世俗的方向发展。孔子及其弟子无疑也在此趋势中。这当然不是说这些知识分子是完全"非宗教"、"无信仰"的,以子产为例,他之所以拒绝为龙举行祭祀,并非表示他不相信龙存在,或者祭祀无用,而只是其举不合宜。另一方面,上层统治阶级与一般民众的信仰心态可能还有较多相同似之处。而所谓的"民间信仰"其实应该也包括了统治阶层人士所关心的一些问题。总之,对于自然现象的信仰一直在社会中发展,到了汉代,更有灾异谶纬之说,将兆象的解释覆以阴阳五行之学的外衣,成为一种民间信仰与智识学说的混合物。这一点在下文中将再论及。

---

① 《春秋左传正义》,48:25。
② 《春秋左传正义》,48:18。

（二）占卜

以占卜决事，是自远古以来即流传下来的信仰习俗。这是人主动地以某种方法去探求未来之事，因此与前面所说的人被动地观察天象妖怪而预测未来，在性质上是有所不同的。但是两者之间仍然有其基本相同的假设，即人有可能借某种方式或媒介而与鬼神交通，并且得到有关未来的消息。

商代，占卜似并不为统治阶层的专利。不过我们可以推测，在王室所举行的占卜所关心的问题可能与民间或个人占卜所关心的问题不同。这情形在西周时代已经可以略知一二，到了春秋战国时代，民间卜筮的材料更为丰富。《左传》中有关卜筮的事例甚多①，其所占卜的事项包括婚姻②、生子③、战争④、祭祀⑤、疾病⑥、迁都⑦等等。这些事项当然有许多是与当时统治阶级的切身利害或政治生命有关的，但其中也有不少例子可以看出卜筮者的身份与卜筮的目的都是比较私人性质的。如：陈公子完奔齐，桓公与饮酒乐，欲继之以夜。陈公子辞曰："臣卜其昼，未卜其夜，不敢。"⑧即使陈公子完的话只是一种托辞，却也显示出当时人在宴会前也可以先占卜一番。有时甚至连买妾不知姓氏时都可以一

---

①　根据梁钊韬，《中国古代巫术——宗教的起源和发展》（中山大学出版社，1989），页128—133，至少有三十六次记载是以卜或筮决事的，梦占除外。

②　庄公二十二年，僖公四年、十五年，襄二十五年。

③　庄公二十二年，闵公二年，僖公四年、十七年，昭公五年、七年、三十二年。

④　僖公十五年、十九年、二十五年，宣公十二年，成公十六年，襄公十年、十三年、十八年，昭公十年、十二年、十七年，定公九年，哀公六年。

⑤　僖公十九年、三十一年，襄公七年、十一年。

⑥　文公十八年，昭公元年。

⑦　僖公三十一年，文公十三年。

⑧　庄公二十二年，《春秋左传正义》，9：23。

卜：“故志曰，买妾不知其姓，则卜之。”①这些都可以说明卜筮在当时社会中的广泛流行。《左传》作者一再地记载卜筮的事项，而且基本上所卜的事都灵验，显示他本人对卜筮之道是相当信服的。这也显示他虽然在对鬼神所具有的道德基础上有比较理性的态度，毕竟其心态仍未脱离鬼神信仰的大环境。

近年考古发掘得到更多战国时代的卜筮资料。在包山楚墓所出土的竹简中，我们可以发现当时有职业卜者为不同身份及地位的顾客服务。一般而言，只有身份较高者可以用筮和龟两者，身份低者只能用筮草。这也说明了为何我们极少有关于一般百姓的卜筮资料②。

到了战国晚期，有更多知识分子批评卜筮、巫术，如荀子说：

> 雩雨何也，曰无何也，犹不雩而雨也。日月食而救之，天旱而雩，卜筮然后决大事，非以为得求也，以文之也。故君子以为文，而百姓以为神。以为文则吉，以为神则凶也。③

荀子此话点出“君子以为文，百姓以为神”，也就是说在知识分子而言，卜筮、雩雨等都是象征性的仪式，“非以为得求也”，但是一般百姓却相信这些活动真的可以招致神明。韩非子则根本反对卜筮：“用时日，事鬼神，信卜筮而好祭祀者，可亡也。”④又说：“今巫祝之祝人曰：‘使若千秋万岁！’千秋万岁之声聒耳，而一日之寿无征于人，此人所以简巫祝也。”⑤《吕氏春秋》也采取实用的观点，认为卜筮之道无实效：

---

① 昭公元年。又见《礼记·曲礼上》。
② 见彭浩，《包山二号楚墓卜筮和祈祷竹简的初步研究》，《包山楚墓》（北京：文物，1991），页 555—563。
③ 《荀子集解·天论》，11：211。
④ 《韩非子集解·亡征》，5：78。
⑤ 《韩非子集解·显学》，19：356。

> 今世上卜筮祷祠，故疾病愈来，譬之若射者，射而不中，反
> 修于招，何益于中？夫以汤止沸，沸愈不止，去其火则止矣，故
> 巫医毒药逐除治之，故古之人贱之也，为其末也。①

《吕氏春秋》作者的言论虽在反对当世的习俗，却也提供我们一种
反面的证据，让我们知道其实一般百姓对卜祝的信仰是不容易改
变的。所谓的"古之人"不但可能不"贱之"，还可能是信仰者。

虽然知识分子批评卜筮，但连荀子也不得不承认，在一个理想
的政府中，卜者仍然有其功能，所谓：

> 禁淫声……大师之事也；修堤梁……司空之事也；相高
> 下……治田之事也；修火宪……虞师之事也；顺州里……乡师
> 之事也；论百工……工师之事也；相阴阳，占祲兆，钻龟陈卦，
> 主攘择五卜，知其吉凶妖祥，伛巫跛击之事也。②

儒家经典《礼记》中也认为卜筮有其正面的意义，可以规范百姓的
行事：

> 龟为卜，筴为筮，卜筮者，先圣王之所以使民信时日，敬鬼
> 神，畏法令也，所以使民决嫌疑，定犹与也。故曰疑而筮之则
> 弗非也，日而行事则必践之。③

这种论点企图将卜筮的活动纳入政治和历史的架构中。这虽然是
代表了一类儒家的想法，无疑也反映出官方的态度：利用一些既
有的社会习俗和信仰，来建立一套用以达成理想和谐的社会的理
论基础。这一点可以由《周礼》中所记载的大批的卜官、巫者、祝官
等得到印证。《周礼》中这些官职若不能完全反映周代的现实，至

---

① 《吕氏春秋·尽数》，3：5a。
② 《荀子集解·王制》，5：107—108。
③ 《礼记注疏》，3：18b—19a。

少仍可以显示这些人物并没有被统治阶级所排斥。前引《左传》中各种卜筮的记载亦为明证。

（三）祝诅、巫术

西周以来，巫者在政治上的影响力虽已渐减，各种巫术和巫者仍然广泛存在于社会中，前文已有说明。巫术、祝诅之法也是人主动地行某种仪式而求得到一些特定的效果。这些效果的达成不一定要靠鬼神的帮助，而是人对于事物的本质具有某些特别的观念，即 Frazer 所说的"交感巫术"（Sympathetic Magic）中的"相似律"（Law of Similarity）以及"接触律"（Law of Contact）①。Frazer 其他有关宗教之理论虽早已为学者所批评，但有关巫术的原则的观察却是可以站得住的。以下可以用实例说明。

《左传》中有以巫术祝诅的例子："郑伯使卒出豭行出犬鸡以诅射颍考叔者。"②此处所行的祝诅之术，可能是以杀动物之行为而作为对付敌人的方法，即所谓交感巫术——杀动物即杀敌人——之应用。以"卒"及"行"来执行巫术，显示出这种巫术可以在一般人之间实施，即行巫术不是上层社会的专利。《左传》作者虽不赞同这种祝诅巫术，但并没有否定它的有效性。《战国策》中所记载的宋王射天笞地的故事，也是祝诅巫术的例子③。这些例子同时也显示，巫术的施行不一定要靠巫者，只要用正确的方法，任何人

---

① Frazer 有关巫术原理的理论见其所著 *The Golden Bough*，早为学界所熟知，故此处不多介绍。参见梁钊韬，《中国古代巫术——宗教的起源和发展》（中山大学出版社，1989），页 8—17。

② 《春秋左传正义》，4：24。

③ 《战国策·燕策》，30：9b（台北：中华，四部备要本）；《吕氏春秋·过理》，23：7b。有关射箭巫术的讨论，见 Jeffrey K. Riegel, "Early Chinese Target Magic," in *Journal of Chinese Religion* 10(1982)：1 - 18。

均可以行巫术。

巫的功能除了积极的诅咒敌人之外，也可以消极地被除不祥：

> 楚人使公亲襚，公患之，穆叔曰："被殡而襚则布币也。"乃使巫以桃茢先被殡，楚人弗禁，既而悔之。二月癸卯，齐人葬庄公于北郭。①

此例不仅让我们看到巫者作法的方式，也显示当时一般人相信在葬礼时可能有恶鬼存在，必须予以被除。在战国楚墓中，常有所谓的镇墓兽出土。这种镇墓兽的功能可能是逐除恶灵以保护死者②，与以桃茢被殡的仪式可能是同一类活动的不同表现。《左传》也提到其他的巫术，如昭公十六年所记载的伐木以求雨："郑大旱，使屠击、祝款、竖柎，有事于桑山。斩其木，不雨。"③或者被襀以除火灾等④。有的时候，巫者本身也有可能成为巫术的工具。《左传》僖公二十一年：

> 夏，大旱，公欲焚巫、尪，臧文仲曰："……巫尪何为？天欲杀之，则如无生，若能为旱，焚之滋甚。"公从之，是岁也，饥而不害。⑤

《礼记·檀弓下》也记载：

> 岁旱，穆公召县子而问然。曰："天久不雨，吾欲暴尪而奚若？"曰："天则不雨，而暴人之疾子，虐，毋乃不可与？""然则，

---

① 《春秋左传正义》，39：3—4。

② 有关镇墓兽的形象和意义、功能，至今尚未有定论。但从其形象的两项重要特征，即鹿角和长舌，以及其在墓葬中之位置在头箱等因素来看，它作为保护坟墓和死者的功能大致应该是可以肯定的，虽然一些细节的问题仍待解决。见邱东联，《镇墓兽辨考》，《江汉考古》，1994，2：54—59。

③ 《春秋左传正义》，47：22。

④ 《春秋左传正义》，48：18。

⑤ 《春秋左传正义》，14：27。

> 吾欲暴巫而奚若?"曰:"天则不雨,而望之愚妇人,于以求之,
> 毋乃已疏乎?"①

《吕氏春秋》更有一著名的故事:

> 天大旱,五年不收。汤乃以身祷于桑林曰:"余一人有罪,
> 无及万夫,万夫有罪,在余一人。无以一人之不敏,使上帝鬼
> 神伤民之命。"于是剪其发,鄌其手,以身为牺牲,用祈福于上
> 帝。民乃甚说,雨乃大至。②

以上三段记载均为有关"焚巫、暴巫"的习俗。此种习俗可以说自
商代即可见其痕迹,其根源当为早期社会中求雨的巫术③。前两
段故事中反对焚巫的人所持的理由并非直接反对天有降灾的能
力,而是站在人道的立场,认为焚巫或暴巫的行为不会为天所欣
赏。这都是比较理性的态度,也可说是当时知识分子的观念与传
统宗教习俗不同的表现。而《吕氏春秋》所记载的故事虽是有关汤
的传说,但是所表现出的基本概念是,上帝会从道德的眼光来判断
汤的行为,也就是说上帝的本质是道德性的。这种观念应该也是
周代以后才产生的。

(四) 鬼神

(1) 性质与作为

商代及西周时代的材料虽可肯定当时人相信鬼神的存在,也

---

① 《礼记注疏》,10:32。
② 《吕氏春秋·顺民》,9:3—4。亦见《太平御览》卷83。
③ 陈梦家,《殷墟卜辞综述》,页602—603。同氏,《商代的神话与巫术》,《燕京学
报》,20,(1936):532—576。

可以得知鬼神的能力,但不能告诉我们更进一步的消息,如鬼神具有何种性质? 何种形象? 或者说,鬼神是一种什么样的东西? 这当然不是说当时人没有关于这方面的想法,只是文献不足征之故。《礼记》中有一段借孔子之口而表达的观念:

> 子曰:"鬼神之为德,其盛矣乎! 视之而弗见,听之而弗闻,体物而不可遗,使天下之人齐明盛服以承祭祀,洋洋乎如在其上,如在其左右。"①

这段话可以代表儒家思想中的鬼神观,认为鬼神是人所无法以感官去接触的一种抽象性存在。这种观念与流行在一般人间的鬼神观之间显然有相当大的差距。一般鬼神观的特点之一,就是鬼神是具体可知的一种存在。譬如鬼神也有和人相同的饮食的需要,这其实是相当原始的观念,也是一切献祭活动的基本假设。《墨子》中有一段话说:"执无鬼而学祭礼,是犹无客而学客礼也,是犹无鱼而为鱼罟也。"②可以说是把民间信仰中鬼神为具体存在的观念用比较明确的语言表达出来。不过墨子是战国末期的人物,春秋时代如何?《左传》宣公五年记载:

> 初,楚司马子良生子越椒。子文曰:"必杀之。是子也,熊虎之状而豺狼之声,弗杀,必灭若敖氏矣。谚曰,狼子野心,是乃狼也,其可畜乎?"子良不可。子文以为大戚。及将死,聚其族曰:"椒也知政,乃速行矣,无及于难。"且泣曰:"鬼犹求食,若敖氏之鬼不其馁而。"③

令尹子文的话:"鬼犹求食,若敖氏之鬼不其馁而。"是在无意之间所

---

① 《礼记注疏·中庸》,52:12。
② 《墨子间诂》下册,《公孟》第四十八,12:276。
③ 《春秋左传正义》,21:21。

说出，即所谓的"无心史料"，因为它不是为了讨论鬼神的问题而谈到鬼神之事，应该可以作为一种可靠的证据，说明鬼神有具体的存在与需求的观念是普遍而深入人心的。《左传》作者所以记载此事，不只是为了记述若敖氏的衰落，也是为了要解释为何衰落：就是因为子良不相信他的儿子的异象，因而若敖氏的衰落的根本原因是他不相信民间信仰的传统。那么这是否是《左传》作者的编造？若是编造的，又有何作用？至少，由故事本身看来，作者要让人信服地描述若敖氏的衰落，应该不会引用一些不流行的观念来作为佐证。这也就是说，不论这故事是否真实，它都可以被认为是不止代表了《左传》作者的观念，也代表了相当广泛的社会人群的想法。

在当时人的观念中，人们不但可以向神明占卜求问，神明也会主动地与人接触，把他们的意思告诉人们。《左传》庄公三十二年记载：

> 秋，七月，有神降于莘。惠王问诸内史过曰："是何故也？"对曰："国之将兴，神明降之，监其德也。将亡，神又降之，观其恶也。故有得神以兴，亦有以亡，虞夏商周皆有之。"王曰："若之何？"对曰："以其物享焉，其至之日，亦其物也。"王从之。内史过往闻虢请命，反曰："虢必亡矣，而听于神。"神居莘六月，虢公使祝应宗区史嚚享焉，神赐之土田。史嚚曰："虢其亡乎，吾闻之，国将兴听于民，将亡听于神，神聪明正直而壹者也，依人而行。虢多凉德，其何土之能得。"[1]

这段记载中的"神降于莘"到底是怎么一回事？根据《国语·周语》中对于此事的记载，内史过说：

> 昔夏之兴也，融降于崇山，其亡也，回禄信于聆隧；商之兴

---

[1]　《春秋左传正义》，10：21—22。《国语·周语上》，1：11—12，有更详细的记载。

也,梼杌次于丕山,其亡也,夷羊在牧;周之兴也,鸑鷟鸣于岐
山,其衰也,杜伯射王于鄗,是皆明神之志者也。王曰,今是何
神也,对曰……其丹朱之神乎。①

因而所谓"神"的形象,有可能是某种"神兽",也有可能是祝融、回
禄、丹朱之神。降于莘之神,到底是何种形象? 我们无从得知。从
内史过说的"以其物享焉,其至之日,亦其物也"看来,当时人也并
不清楚那是何方神明,因而只能以其所至之日而以相当的祭品祭
服祭之。在这件事上,值得注意的问题是,既然这神在地上逗留了
六个月之久,并且又应允给虢公土地,那么这神的形象为何? 他是
经由什么媒介把他的旨意传给人们的? 六个月之后,他又去了何
处?《左传》和《国语》作者并没有着墨。于是我们要问的是,这事
迹由《左传》作者记载下来,其目的何在? 由文义而言,这段记载的
目的显然是要说明为国者若不行善政,是神所不能祐的。然则《左
传》作者本身是否相信这故事? 由《左传》中其他地方所表现出的
一些理性的态度来看(如上面所举的内蛇与外蛇斗以及六鹢退飞
等事),《左传》作者本身可能并不会相信此事为真,然而他之所以
仍然如此记载,应该是想借着在一般人之间所流行的宗教心态来
达到宣扬他的政治道德的目的。因此我们可以推测此段故事所显
现出的宗教史上的意义,至少在《左传》成书的时代,当时人对于神
明可以下降至人间,可以在人间停留一段相当的时间,并且还可以
与人相交通,是深信不疑的②。同时,某些神明的形象为何,也是
不清楚的。至少,从这故事看来,当时并没有一个所谓官方认可的
神明形象或其所代表的意义,人们必须靠太史过这样有学问、有背

①　《国语·周语上》,1: 11—12。
②　《左传》中记载的"怪、力、乱、神"的事不少,但这是否代表《左传》作者本人的信
仰,则又是另一回事。

景的人来作解释。

神明不但可以与人相交通,还可以积极地去影响人事,《墨子》中记载:

> 昔者齐庄君之时,有所谓王里国,中里徼者,此二子者,讼三年,而狱不断,齐君若兼杀之,恐不辜;若兼释之,恐失有罪,乃使之(二)人共一羊,盟齐之神社。二子许诺,于是泏洫,撲羊而漉其血,读王里国之辞,既已终矣,读中里徼之辞,未半也,羊起而触之,折其脚,祧神之,而槁之,殪之盟所。①

此段故事是所谓"神判"的例子,以羊具有某种神性,并作为是非的裁判,在古代典籍中时有记载,可说具有相当强的民间传说信仰的性格②。然而其中以盟于神社的方式为神判之法,仍然是借用当时官方宗教的既有制度。《墨子》又记载:

> 昔者郑穆公,当昼日中处乎庙,有神入门而左,鸟身,素服三绝,面状正方。郑穆公见之,乃恐惧,奔。神曰:"无惧,帝享女明德,使予锡女寿,十年有九,使若国家蕃昌,子孙茂,毋失郑。"穆公再拜稽首曰:"敢问神名。"曰:"予为句芒。"③

这也是神明可以直接与人交通的观念的表现。

(2) 面貌与形象

鬼神既然被认为是有具体的存在,自然应该具有某种形象。

---

① 《墨子间诂·明鬼下》,8:144—145。
② 如许慎,《说文》:"解廌,兽也。似山羊,一角,古者决讼,令触不直。"王充,《论衡·是应》:"儒者说云:觟𧣾者,一角之羊也。性知有罪,皋陶治狱,其罪疑者,令羊触之,有罪则触,无罪则不触。"(刘盼遂,《论衡集解》,17:358。)《续汉书·舆服志》:"獬豸,神羊,能别曲直。"注引《异物志》:"东北荒中有兽名獬豸,一角,性忠,见人斗,则触不直者;闻人论,则咋不正者。"(页3667)
③ 《墨子间诂·明鬼下》,8:141—142。

墨子说："古之今之为鬼，非他也。有天鬼，亦有山水鬼神者，亦有人死而为鬼者。"①如杜伯等原为人的鬼，自然具有人形。前引"神降于莘"的故事中则透露，神明可以具有动物的形象。同时，人死后化为动物鬼亦有可能，如《左传》庄公八年记载的公子彭生的化为"大豕"②。在《楚辞·大招》中，西方的神怪是"豕首纵目，被发鬤只。长爪踞牙，诶笑狂只"，显然也是一只野猪的形象。不过其他如"回禄"、"祝融"、"丹朱"之神的形象到底如何，并不清楚。《韩非子》中有一段故事，代表一种比较怀疑的态度：

> 客有为齐王画者，齐王问曰："画孰最难者？"曰："犬马最难。""孰易者？"曰："鬼魅最易。"夫犬马，人所知也，旦暮罄于前，不可类之，故难；鬼魅，无形者，不罄于前，故易之也。③

也就是因为鬼魅的形象不易知，人们的想像力就可以随意骋驰，从以下数例中可以看出：

> 晋侯梦大厉，被发及地，搏膺而踊，曰："杀余孙，不义，余得请于帝矣。"坏大门及寝门而入，公惧，入于室，又坏户。公觉召桑田巫，巫言如梦，公曰："何如？"曰："不食新矣。"④

> 虢公梦在庙有神，人面白毛虎爪，执钺立于西阿，公惧而走，神曰："无走。帝命曰，使晋袭于尔门。"公拜稽首。觉，召史嚣占之，对曰："如君之言，则蓐收也，天之刑神也。"⑤

> 韩宣子曰："寡君之疾久矣。上下神祇，无不遍谕，而无

---

① 《墨子间诂·明鬼下》，8：153。
② 《春秋左传正义》，8：17。
③ 《韩非子集解·外储说左上》，11：202。
④ 《春秋左传正义》，26：29。
⑤ 《国语·晋语》，8：4b—5a。

除。今梦黄熊入于寝门,不知人鬼乎,抑厉鬼邪?"①

上面前三段故事都是人在梦中见鬼神,得梦之后,梦者都是要巫者或卜者之类的人为之解梦,这解梦的传统可以上溯至商代②。又如前引郑穆公的故事则是白日见神。在这些故事中对鬼或神的面貌的描述似乎暗示着当时人心中所有的集体意识:鬼和神之间的差别不大,他们的面貌多半令人生惧,具有怪物或者半人半兽的形象,然而又不是完全出于人的想像之外。《韩非子》中有一故事,则透露出鬼有人形的观念:

> 燕人李季好远出,其妻私有通于士,季突至,士在内中,妻患之。其室妇曰:"令公子裸而解发,直出门,吾属伴不见也。"于是公子从其计,疾走出门,季曰:"是何人也?"家室皆曰无有。季曰:"吾见鬼乎?"妇人曰:"然!""为之奈何?"曰:"取五牲之矢,浴之。"季曰:"诺!"乃浴以矢。一曰浴以兰汤。③

当然,人们之所以会有见神鬼的梦和故事,正反映出他们心中以及当时社会中都普遍的有鬼神存在之观念。墨子论鬼神存在,就是如此主张:

> 子墨子曰:"是与天下之所以察知有与无之道者,必以众之耳目之实知有与亡为仪者也,请惑闻之见之,则必以为有,莫闻莫见,则必以为无,若是,何不尝入一乡一里而问之。自古以及今,生民以来者,亦有尝见鬼神之物,闻鬼神之声,则鬼神何谓无乎?若莫闻莫见,则鬼神可谓有乎?今执无鬼者言曰:'夫天下之为闻见鬼神之物者,不可胜计也,亦孰为闻见

---

① 《国语·晋语》,14:11。
② 胡厚宣,《殷人占梦考》。
③ 《韩非子集解·内储说下六微》,10:182—183。

　　鬼神有无之物哉。'子墨子言曰：'若以众之所同见，与众之所同闻，则若昔者杜伯是也。'"①

而这些鬼神的观念和儒家所说的鬼神的面貌似乎又有所不同。儒家的鬼神，是一种事实上离人世比较远的存在，他们的面貌到底如何？是儒者没有考虑，或者不愿考虑的，所谓"视之而弗见，听之而弗闻"。前面所举故事中那些有关鬼神面貌的描述，如"被发及地搏膺而踊"，"人面白毛虎爪执钺"，"鸟身，素服三绝，面状正方"，"黄熊"等，显然应该是一种比较原始的流传在民间的观念。《荀子》中有一段记载，也可以显示出战国时代人们轻信鬼神的态度：

　　　夏首之南有人焉，曰涓蜀梁，其为人也愚而善畏，明月而宵行，俯见其影，以为伏鬼也，仰视其发，以为立魅也，背而走，比至其家，失气而死，岂不哀哉！凡人之有鬼也，必以其感忽之间疑玄之时正之，此人之所以无有而有无之时也，而已以正事故伤于湿而击鼓鼓痹，则必有敝鼓丧豚之费矣，而未有俞疾之福也。故虽不在夏首之南，则无以异矣！②

　　至于考古材料所呈现的有关鬼神形象的证据，前面已经提到，在战国楚墓中常有所谓"镇墓兽"的出土，其形状为一种复合式的想像的产物。在战国早期的曾侯乙墓漆棺上，绘有奇怪形状的鬼怪之物。由这些怪物所在的位置判断，它们可能也具有保护死者的作用③。在著名的长沙子弹库楚帛书上，也有十二个神明的形象。

---

　　①　《墨子间诂·明鬼下》，8：139。

　　②　《荀子集解·解蔽》，15：270。

　　③　湖北省博物馆，《曾侯乙墓》(北京：文物，1989)，上册，页28—45。有关镇墓兽及其他相关的楚文物艺术，参见邱东联，《镇墓兽辨考》，《江汉考古》，1994，2：54—59 (检讨各家说法并主张镇墓兽为巫觋形象)；Colin Mackenzie, "Meaning and style in the Art of China," in R. Whitfield, *The Problem of Meaning in Early Chinese Ritual Bronzes*, pp. 119–149.

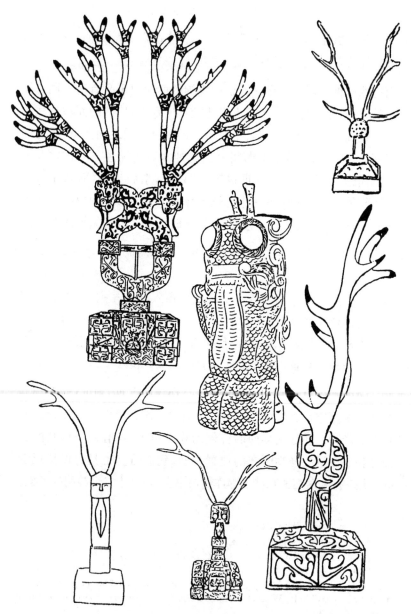

图三：镇墓兽，《江汉考古》，1983，3：65

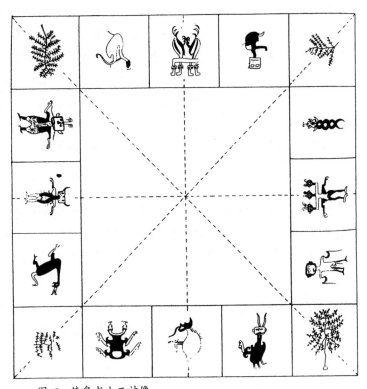

图四：楚帛书十二神像

李零，《中国方术考》（北京：人民中国出版社，1993），页 170

这十二神到底是什么神,学者虽有不同意见,但至少非常具体地让我们看到战国时代人们心目中的鬼神到底是何形象①。这种鬼神的面貌与战国末期或秦代的《日书》中所表现出来的鬼神的面貌相似,也与《山海经》中的神怪可相比拟,应该可以说明《左传》中这些鬼神观应属于民间信仰的一部分。他们的数目在传统文献中所见不多,然而由下章将讨论的睡虎地秦简《日书·诘》篇中,我们可以知道实际上鬼神的数目在一时一地可以是相当繁多的②。

(3) 与人之关系

人之所求于神明者,不外乎降福去灾。而神明用何种尺度来决定应否降福? 周初以来所谓的道德性的天命的发展,到了春秋时代,似乎已经在知识分子之间产生了相当广泛的影响。《左传》中有一段记载:

> (赵)婴梦天使谓己:"祭余,余福女。"使问诸士贞伯。贞伯曰:"不识也。"既而告其人曰,"神福仁而祸淫,淫而无罚,福也。祭其得亡乎?"③

所谓"祭余,余福女"正是与西方宗教史家谈古代人神关系时常提到的 *do ut des* (I give so that you give) 具有相同的意思,神人之间的关系为相互给予的互惠行为。而贞伯所说的"神福仁而祸淫"则将神所具有的道德裁判的意义带入了原本单纯的互惠关系之

---

① 十二神的形象可见饶宗颐、曾宪通,《楚帛书》(香港: 中华,1985),图版 1—7。有关的讨论亦可参见同书页 152—210;林巳奈夫,《长沙出土楚帛书の十二神の由来》,《东方学报》(京都),42,(1971): 1—63;同氏,"The Twelve gods of the Chan-kuo period silk manuscript excavated at Ch'ang-sha," in N. Barnard & D. Fraser eds., *Early Chinese Art and Its Possible Influence in the Pacific Basin*, *vol. I: Ch'u and the Silk Manuscript* (New York: Intercultural Arts Press, 1972), pp. 123 - 186.

② 详见下节。又《云梦睡虎地秦墓》(北京: 文物,1976)。

③ 成公五年,《春秋左传正义》,26: 8。

中。其他的知识分子甚至有"民，神之主也"①或者"国将兴听于
民，将亡听于神"的说法。这两种不同的观念后来也正是民间信仰
与知识分子的宗教思想之间的分别之一。但是在春秋时代，显然
以"祭余，余福女"为神人关系的观念仍然是流行在上层社会之间。
这也就是本文所主张的所谓"民间信仰"其实也应该包括上层社会
中某些成分之故。《左传》中另一个例子可以说明这一点。僖公二
十八年：

> 初，楚子玉自为琼弁玉缨，未之服也。先战，梦河神谓己
> 曰："畀余，余赐女孟诸之麋。"弗致也。大心与子西使荣黄谏，
> 弗听荣。季曰："死而利国犹或为之，况琼玉乎。是粪土也而
> 可以济师，将何爱焉。"弗听。出告二子曰，非神败令尹，令尹
> 其不勤民，实自败也。②

不论大心与子西二人是否真相信河神的托梦，此例至少显示出当
时人以为的神人关系是"相互赠予"式的。而即使是孔门弟子也不
能排除向神祇求告的心理，《论语》中记载：

> 子疾病。子路请祷，子曰：有诸？子路对曰，有之。诔
> 曰，祷尔于上下神祇。子曰，丘之祷久矣。③

以明鬼为主要诉求的墨子，在论祭祀之义时也说：

> 故古者圣王，明天鬼之所欲，而避天鬼之所憎，以求兴天
> 下之害，是以率天下之万民，齐戒沐浴，洁为酒醴粢盛，以祭祀
> 天鬼。其事鬼神也，酒醴粢盛，不敢不蠲洁，牺牲不敢不腯肥，
> 珪璧币帛，不敢不中度量，春秋祭祀，不敢失时几，听狱不敢不

---

① 桓公六年，《春秋左传正义》，6：18。
② 《春秋左传正义》，16：26—27。
③ 《论语集注·述而》，4：31。

中,分财不敢不均,居处不敢怠慢,曰其为正长若此。是故上
者天鬼有厚乎其为正长也,下者万民有便利乎其为政长也,天
鬼之所深厚而能强从事焉,则天鬼之福可得也,万民之所便
利,而能强从事焉,则万民之亲可得也。①

他所说的古代圣王是否真有这些观念,认为人之事鬼神就是要明
白鬼神的需要,我们不必论断,但是他所说的天鬼所"深厚"的事,
前一半为物质的祭品,后一半则为政治道德上的正直行为,可以说
是结合了古代宗教中有关人神关系主要的两种观念。墨子本人的
思想原本就接近朴实的一般百姓,他之所以如此理论,应该不是他
自己发明的想法,而可能有当代流行的观念为基础。

　　由上举文献中鬼神的面貌、性质、作为以及人神关系来看,我
们可以知道,到了战国末期,流行在民间的观念和一般知识分子所
持有的观念已经相当不同了。这知识分子的观念又与上层统治阶
级的态度不尽相同。

(五) 魂魄、鬼神与死后世界之关系

　　与鬼神观念关系密切的,就是人的魂魄与鬼神的关系,以及死
后世界的问题。人死之后有某种形式的存在,是一切宗教信仰的
基本前提。这死后的存在状态到底为何? 在没有文字记载的时
代,我们很难得知②。商代甲骨文中似无与后世灵魂或魂魄相通
之词,然而这并不能说是商代或更早的时代中人们没有灵魂的观
念。商代王室祖先死后可以"宾于帝",而"先王先公"又可以保祐
后人,显见商人相信人死后有另一种存在。这种存在也不限于王

---

①　《墨子间诂・尚同中》,3: 50。
②　参见蒲慕州,《论中国古代墓葬制度》。

室成员。由殉葬的事实可以知道,若商人不相信臣仆奴隶死后也有某种存在,就没有理由以人殉葬。当然,并没有任何商代的文字材料可以告诉我们一般商代百姓是否也相信人死之后可以继续以某种形式存在,但我们似乎也没有理由怀疑这一点。

周代金文中常有"严""翼"之词,如宗周钟:"丕显祖考先王,其严在上。"番生簋:"丕显皇考穆穆克哲厥德,严在上。"虢叔旅钟:"皇考严在上,翼在下。"等等。或者如《诗·小雅·六月》:"薄伐狁,以奏肤功,有严有翼,共武之服。"①据池田末利的研究,此"严翼"也就是相当于"魂魄"的观念②。而"魂魄"的字样最早出现在《左传》中,其中以昭公七年子产的话最著名:

> 人始化曰魄,既生魄,阳曰魂。用物精多,则魂魄强,是以有精爽,至于神明。匹夫匹妇强死,其魂魄概能冯依于人,以为淫厉。③

魂与魄两者是否人死之后的两种存在状态？ 其差别又到底何在？一直是学者讨论而无确定答案的问题④。根据子产的话,普通百姓在死后也可以有魂魄,所以魂魄是两种可以在人死后存在的"灵"。魄的性质为阴,魂的性质为阳。而且两者都可以依附在活人身上以造成困扰。这可能是为何它们被视为是恶鬼的原因。所以鬼的观念是和魂魄分不开的。同时,"魂魄强"的就可以"至于神明",因此魂魄和神明在本质上是相同的,而魂魄之能够凭依于人

---

① 《毛诗正义》,10/2：4。

② 池田末利,《中国古代宗教史研究〈一〉制度　思想》,《魂魄考》,页 199—215（东京：东海大学出版会,1981）。

③ 《春秋左传正义》,44：13—14。

④ Yü Ying-shih, "'Oh Soul, Come Back!' A study in the Changing Conceptions of the Soul and Afterlife in Pre-Buddhist China," *Harvard Journal of Asiatic Studies* 47, 2(1987)：363 - 395.

以为淫厉,也就和神明之能够降灾降祸一样。在子产的话中,魂魄两者的差别似乎并不太大。《韩非子》有一段话,认为魂魄是可以被鬼作祟而逐走的:

> 凡所谓祟者,魂魄去而精神乱,精神乱则无德,鬼不祟人则魂魄不去,魂魄不去则精神不乱,精神不乱之谓有德,上盛蓄积而鬼不乱其精神,则德尽在于民矣。①

这里魂魄似乎是人活着的时候的精神主宰,同时也看不出"魂"与"魄"两者之间有何明显的差别。当然,韩非子此言的重点在最后两句话"上盛蓄积而鬼不乱其精神,则德尽在于民矣",是对为政者的讽谏,所论鬼神魂魄的事,是否代表韩非本人的观念,不无可疑。因为韩非在书中其他地方所表现的不信卜筮、不事鬼神的态度是与他整体学说的精神比较配合的。但是他为了强化其论点,引用当时流行的魂魄观念,则是可以理解的事。

至于"魂魄"与"鬼"又有何差别? 前文已经提到,《墨子》说:"古之今之为鬼,非他也,有天鬼,亦有山水鬼神者,亦有人死而为鬼者。"人死为鬼的观念,其起源不可考,但既然也是人死之后的存在,与魂魄自然有密切的关系。不论如何,从个人的观点来看,魂魄是个人的"鬼",而"鬼神"则是个人以外的,如先王先公的魂魄。

至于人死之后去何处,在商周以王室为中心的宗教系统中,先王先公是"在帝左右",也就是到"天上"与上帝会合。一般人是否也能上天? 我们没有材料可以说明。以殉葬的习俗来推测,当时人应该相信一般人死后仍然得以继续追随先王。如果不能追随于天上,至少也能追随于地下。东周金文中亦有死后事先王于地下

---

① 《韩非子集解》,6:104。

的说法①。这追随于地下的观念到了汉代以后是相当普遍的。

在春秋时代，人死之后去地下的黄泉，似乎是一相当普遍的观念。最常为人所引述的，就是《左传》隐公元年"郑庄公掘地见母"的故事。郑庄公在发誓不见他的母亲时，有"不及黄泉，无相见也"的话。此处所谓的"黄泉"，一般都解释为"死后世界"②，但这到底是怎样的一个世界，则没有足够的文献可以说明。如果从当时墓葬形式来看，先秦时代以竖穴土坑墓为主的葬法，在平原地区，如果向下挖掘到一定的深度，往往会有地下水涌出，所以"黄泉"一词很可能最初只是指在挖掘墓室时所涌出的地下水，后来才逐渐成为墓穴的喻称，并不一定可以都引申为"死后世界"。譬如说《孟子·滕文公下》中有云："蚓上食槁壤，下饮黄泉。"③我们很难将此处的黄泉二字解为死后世界。《左传》郑庄公故事中，颍考叔的建议："若阙地及泉，隧而相见，其谁曰不然。"正可以说明，即使在当时，人们也可以接受黄泉之义可以仅仅以字面的，或原始的意义（阙地所及之泉）来了解。至少，在先秦时代，"黄泉"尚没有"冥府"的意味④。也有学者以为黄泉与"黄河"以及一切代表"生命之水"的泉源有关，象征神话中的乐园⑤。这说法的问题是，"乐园"的概念内涵到底为何，其实并无清楚的界定，而中国古代信仰中的死后世界是否为一乐园，亦为可疑之点。

到了战国时代，死后世界的观念有所谓的"幽都"。《楚辞·招

---

① 张政烺，《哀成叔鼎释文》，《古文字研究》，5(1981)：27—33。

② 余英时，《中国古代死后世界观的演变》，《中国思想传统的现代诠释》（台北：联经出版公司，1987），页 123—143；陈梦家，《卜辞综述》，页 561—603。M. Loewe, *Chinese Ideas of Life and Death* (London: Allen & Unwin, 1982), pp. 25 - 37。

③ 《孟子注疏》（十三经注疏本），6 下：8。

④ 详细的讨论，见江头广，《黄泉について》，《池田末利博士古稀记念东洋学论集》（广岛，1980），页 109—126。参见蒲慕州，《墓葬与生死》，页 206—207。

⑤ 中钵雅量，《古代神话における乐园——黄泉を中心として》，《东方学》，58(1979)：42—56。

魂》中有"幽都"和"土伯",分别指死后世界和其中的统治者:"魂兮归来,君无下此幽都些。土伯九约,其角觺觺些。"看来这个死后世界为一极为恐怖的地方,应该不是人所乐意前往之处。这也可以作为前面所提到以死后世界为乐园的理论的反证。那么人的魂魄是否能上天下地?《招魂》中"魂兮归来,君无上天些……魂兮归来,君无下此幽都些"①的文句,以及《礼记·檀弓》中吴季札所谓"骨肉归复于土,命也。若魂气则无不之也"②的说法都说明,至少到了战国时代,人们以为魂是可以上天入地,无所不之的。墨家讽刺儒家的招魂仪式,说"其亲死,列尸弗敛:登堂窥井,挑鼠穴,探涤器,而求其人矣"③。这虽是夸张的说法,也反映出当时人以为死者的灵魂是可以无所不在的。

　　近年在甘肃天水放马滩出土了一批材料,为战国末年有关死后世界及魂魄的观念提供了新的证据。在一号秦墓中出土的《墓主记》中,记载了一个名叫"丹"的人的死后复活的故事④。这故事显示当时社会中已经流行着人死有可能复活的观念,同时人的命运是可以由司命之神所控制,由司命决定是否让人复活,不牵涉到更高层次的天帝。丹的复活就是由于他的主人认为他罪不应死,遂向司命祷告乞命。同时,在故事中也可看出当时人以为人死为鬼后,仍有衣食的需要和好恶。不过,由于此故事中死者自墓穴中被挖出,对于死后世界的情况没有着墨,我们只能假设死者在死后一直是住在墓中。这故事在中国古代文献中是相当特殊的,因为

　　① 《楚辞·招魂》,见朱熹,《楚辞集注》(上海:上海古籍出版社,1979),页136。
　　② 《礼记注疏》,10:19。
　　③ 孙诒让,《墨子间诂》,9:178。
　　④ 何双全,《天水放马滩秦简综述》,《文物》,1989,2:23—31;李学勤,《放马滩简中的志怪故事》,《文物》,1990,4:43—47;D. Harper, "Resurrection in Warring States Popular Religion," in *Taoist Resources* 5,2(1994):13-28。

类似的故事只有在魏晋南北朝志怪小说中才有所保存。现在可以由此新材料说明，相信人死可以复活以及相关的鬼魂观念应该是在民间有其长远的源头。至于《礼记·郊特牲》中所说"魂气归于天，形魄归于地"①，则似乎是儒者将古代观念予以系统化整理之后而得到的结果。总之，"黄泉"及"幽都"的观念到了汉代之后终于发展成为民间信仰中主要的死后世界，最后并与佛教带入的地狱观念相结合，成为中国民间信仰重要的观念。在第七章中，我们会继续探讨死后世界的问题②。

　　总结文献中所显现出的自商周以来中国宗教信仰的发展，我们看到商代的材料，除了仪节的繁简之外，尚不能分辨上层社会与平民社会所具有的宗教信仰有何基本不同之处，这主要是由于文献的限制。西周时代，在上层社会，除了沿袭殷商以来的上帝和鬼神观之外，也开始发生了所谓道德性的天命观，把神的意志以人世道德的规范加以解释。这原本是由于周统治阶层为了将其代商的政治革命合理化而产生的观念，但后来也逐渐为知识分子所接受，下及于春秋战国时代。而西周时一般人的信仰生活主要是以农业周期为根据，这基本上是与统治阶层一致的，但是有一些证据显示在西周末期，一般人开始产生了与上层阶级相异的信仰态度。所以我们也许可以说，**在殷商时代尚可称为同质性的宗教信仰到了西周之后产生了分裂，这分裂又包括两方面：一方面是原来上阶层之中的分裂，这就是道德性天命观的出现；另一方面的分裂则是上下阶层之间的分裂，就是原来上下阶层所共同分享的宗教信仰，开始在不同阶层中产生了差别；对于殉葬的态度的差别即为一例。**

---

　　①　《礼记注疏》，26：21。
　　②　见 Laurence G. Thompson，"On the Prehistory of Hell in China," in *Journal of Chinese Religion*，17(1989)：27-41.

以道德性天命为发展方向的宗教思想在春秋战国时代逐渐成为知识阶层的主要共识，虽然各思想流派的重点各有不同，这知识阶层的观念和统治阶层有了分别，主要也是因为知识阶层在此一时期逐渐形成为一个比较明显的社会阶层①。另一方面，以鬼神信仰为主的宗教态度则仍然流行在统治阶层和一般百姓之间，不同的是，统治阶层的信仰以政治为主要关切，而一般人民的信仰则以切身的福祉为重心，知识分子则对两者均有所批评。当然，必须强调的是，我们在此所做的这些上与下、统治与被统治的分别只是为了显示古代社会中不同社会群体的宗教意识的不同偏重方向而立的方便之别。实际上，从后世的例子看来，官方宗教中可能含有民间信仰的因素，知识分子也不见得能完全不受民间传统的影响。本章所用的传统史料及新出考古资料虽然可以让我们对先秦时代民间信仰的形态和性质有一些初步的了解，但若没有新文献材料，此一初步了解终不免只是停留在初步的阶段而已。所幸我们的确有了一些新材料，就是近年出土的云梦睡虎地秦简《日书》以及其他类似的材料。这《日书》是传递由古代相传下来的民间信仰给一般百姓的媒介，而古代相传下来的信仰内容经过《日书》的辑结，重新成为一种更有组织的强化民间信仰的工具，而日后由国家每年颁布的历书，则是政府借此种能深入民间的作品宣扬其意识形态的工具。下一章我们就以《日书》和《山海经》为中心来讨论战国末年的民间信仰。

---

① 参见余英时，《古代知识阶层的兴起与发展》，《中国知识阶层史论古代篇》（台北：联经出版公司，1980），页1—108。

第四章

《日书》与《山海经》所见
战国末年之民间信仰

有一天,上帝的众子来侍立在耶和华面前,撒但也来在其中。

耶和华问撒但说,你从哪里来?

撒但说,我从地上走来走去,往返而来①。

(一)《日书》中之鬼神世界

　　前两章所论商周至春秋战国时代之民间信仰,基本上以传统古典文献中所提供之材料为讨论之基础。显而易见的是,这类材料主要是所谓上层社会及知识阶层的产物。他们的目的当然主要不在于描述当时一般人民的信仰生活,但是从这些材料中尚可以窥见民间信仰的一鳞半爪,也透露出在传统诸子百家精彩的理性思维之外,沉默的大多数人民的日常生活,却是浸淫在鬼神世界之中,而若不是有新的材料出现,这民间信仰世界的内容只能是人们

① 《旧约圣经》,《约伯记》,1:6。

臆测而无法具体描绘的。这新的材料就是所谓的《日书》①。《墨子》中有下面一段故事：

> 子墨子北之齐，遇日者，日者曰："帝以今日杀黑龙于北方，而先生之色黑，不可以北。"子墨子不听，遂北，至淄水不遂，而反焉。日者曰："我谓先生不可以北。"子墨子曰："南之人不得北，北之人不得南，其色有黑者，有白者，何故怕不遂也。且帝以甲乙杀青龙于东方，以丙丁杀赤龙于南方，以庚辛杀白龙于西方，以壬癸杀黑龙于北方。若用子之言，则是禁天下之行者也，是围心而虚天下也，子之言不可用也。"②

墨子所遇见的"日者"是专门预测时日吉凶的人物。韩非子所说的"用时日"就是相信不同的时日各有不同的吉凶性质，"日者"则是提供这类消息的人。《史记》中有《日者列传》，也正是记述这类人物的活动。"日者"预测时日吉凶时所使用的参考资料，就是所谓的《日书》。1975 年在湖北云梦睡虎地秦代墓葬中出土一批竹简，其中有两种分别包含了各种专门记载时日吉凶的短文，而从其中最后一简上书有《日书》字样判断，这两种作品应该就是"日者"所使用的资料③。1989 年，在甘肃天水放马滩地方又出土了另外两套秦代的《日书》，到目前为止，考古出土秦汉时代的《日书》已经有十种④。根据这几套《日书》，我们可以对战国末年乃至秦汉帝国早期的民间信仰有比较深入的了解。由于我在另文中对于睡虎地

---

① 蒲慕州，《睡虎地秦简日书的世界》，《历史语言研究所集刊》，62，4：623—675。
② 《墨子间诂·贵义》，12：270—271。
③ 《云梦睡虎地秦墓》（北京：文物出版社，1981）。本文引简文以此书编号为准。又最新出版之释文见《睡虎地秦墓竹简》（北京：文物出版社，1990）。参见蒲慕州，《睡虎地秦简日书的世界》。
④ 何双全，《天水放马滩秦简综述》，《文物》，1989，2：23—31；秦简整理小组，《天水放马滩秦简甲种〈日书〉释文》，《秦汉简牍论文集》（甘肃人民出版社，1989），（转下页注）

《日书》的内容结构及相互歧异之处已经有所讨论①,此处仅简介其重点,以为讨论之基础。以下我们以《睡甲》、《睡乙》、《放甲》、《放乙》来分别指称睡虎地及放马滩的《日书》。

《日书》是由许多单篇的文字所组成的作品,这些单篇的文字在性质上可大致分为两类:一是一般性的列举时日吉凶的文字,一是专就某一种问题或事物而论其吉凶的文字。一般性列举时日吉凶的篇目,如《除》、《秦除》、《稷辰》等,是将每个月中的日子都分别依其所属的地支归为一类日子,每一类的日子都有共同的吉凶之象,如《除》篇中,十一月逢子日为"结日",丑日为"阳日";而在十二月时,则是丑日为"结日",寅日为"阳日"等等,所有属"结日"的日子都是"作事不成,以祭阘,生子毋弟,有弟必死,以寄人,寄人必夺主室"(《睡甲》简731)。而所有属"阳日"的日子都是"百事顺成,邦郡得年,小夫四成以蔡(祭)上下群神,乡(飨)之乃盈志"。由于每一地支与一类日子相对应,因此一年之中的日子总共只有十二种。《秦除》的结构基本上与《除》相同;《稷辰》的原则基本相同,但总共只分八类日子。又如《玄戈》、《岁》、《星》等篇,则是以星座的方位为吉凶的指标。

以上这类的篇目,由于是普遍性对全年每一天所可能发生的各类事件的凶吉所做的报道,并不专指一事,可以说是有关时日吉凶的大原则,可能因此而在不同的《日书》中均被放在前面。接着这些大原则而来的,就是关于一件件个别事物的篇章。这些篇章大都有名目,如《病》、《祠父母》、《祠行》、《人、马、牛、羊、猪、犬、鸡、

(接上页注) 页 1—6;何双全,《天水放马滩秦简甲种〈日书〉考述》,《秦汉简牍论文集》,页7—28;李零,《中国方术考》第三章《楚帛书与日书:古日者之说》(北京:东方出版社,2000);陈松长,《香港中文大学文物馆藏简牍》(香港:中文大学,2001),页 6—8;湖北省荆州市周梁玉桥遗址博物馆编,《关沮秦汉墓简牍》(北京:中华书局,2001),页104—126。

　　① 见蒲慕州,《睡虎地秦简日书的世界》。

金钱、蚕》、《啬》、《室忌》、《土忌》、《作事》、《毁弃》、《直室门》、《行》、《归行》、《到室》、《禹须臾》、《生子》、《人字》、《作女子》、《吏》、《娶妻》、《梦》、《诘》、《盗者》、《衣》、《门》、《田忌》、《五種忌》、《反枳》、《马》等等。这些篇目并不是在每一种《日书》中都有出现,目前以《睡甲》的本子包括的篇章为最多,在此我们不拟一一加以讨论。不过,从这些篇目的名称,也可以大致知道当时人日常生活中一般所关心的事情,以及信仰活动在生活中所参与的程度。值得注意的是,这些不同篇章之中有关类似事物的吉凶的预测,即使是在同一种本子中,也可能会彼此互相矛盾,说明此类作品并不具有一贯的体系①。

《日书》的各个篇章显示,不论是家庭或社会中的各类人际关系,如夫妻关系、朋友、上下等等,以至于日常生活的衣、食、住、行、育、乐、生老病死,以及农工商业等,都可以是日者预测的对象②。虽然《日书》并不见得包括当时人生活中一切可能发生的问题,但即使是现有的这些项目,也至少可以让我们对《日书》所反映出的当时人的信仰生活有一基本的了解,因此它可说是一部当时人信仰生活的手册。这信仰的第一个特征,就是世间有无数的鬼怪为害于人,人又可以用各种方法来避免受到这些鬼神的侵害。

上章中我们曾谈到春秋战国时代人们所具有的鬼神观念,在那儿所见到的鬼神,其实只能说是民间信仰中的鬼神的一小部分而已。而《日书》中所见的鬼神,有许多可以说是专司一事的"职能(鬼)神",这反映出当时人所具有的一种接近"万物有灵"的心态。譬如《睡甲·诘》篇中详尽地列举了数十种恶鬼的名字以及它们的

---

① 蒲慕州,《睡虎地秦简日书的世界》。
② 有关《日书》中所反映出的社会政治及经济问题,以及信仰在这些方面所发生的作用,亦请参见蒲慕州,《睡虎地秦简日书的世界》。

来源①。这些鬼怪，有的源于动物，如"神狗"："犬恒夜入人室，执丈夫，戏女子，不可得也，是神狗伪为鬼。"有的则为大蛇，"神虫"："鬼恒从男女，见它人而去，是神虫伪为人。"②这些怪物名中虽有"神"字，由简文中可以清楚的知道，它们其实是被视为鬼怪之物，"神狗"、"神虫"之"神"字乃形容词。

此外，有的鬼怪可能源于植物，如"棘鬼"："一宅中毋故而室人皆疫，或死或病，是：棘鬼在焉。"③古人相信某些植物具有神秘的力量，对桃木的观念即为一显著的例子④。棘既有除灾去不祥的功用，则化为鬼物作怪，亦相当自然可解。

也有的鬼怪源于无生物，如"丘鬼"："人毋故鬼昔其宫，是：丘鬼，取故丘之土以为伪人犬，置藕上，五步一人一犬。"又有的是源于自然现象，如"天火"："天火燔人宫不可御，以白沙救之则止矣。""雷"："雷焚人不可止，以人火乡之则已矣。""云气"："云气袭人之宫，以人火乡之则止矣。""寒风"："寒风入人室，独也，它人莫为，洒以沙则已矣。""票风"："票风入人宫而有取焉。"等等⑤。

当然，《日书》中有时也有只以"鬼"称之者，如"人行而鬼当道以立，解发，奋以过之，则已矣"。至于人死为鬼，在《疾》篇中已经有死后的父母、王父、王母为鬼作祟的例子，《诘》篇中亦有"幼殇"、"不辜之鬼"、"饿鬼"等，为一些死于非命之冤魂怨鬼⑥。

值得注意的是，这些出现在《日书》中的鬼神基本上和人的关

---

① 详见饶宗颐、曾宪通，《云梦秦简〈日书〉研究》（香港：中文大学，1982），分类索引，页11。

② 见简848反—847反；简862反。

③ 简859反—858反。

④ 《左传》中亦有"桃弧棘矢，以除其灾"的说法。讨论可参见 Derk Bodde, *Festivals in Classical China* (Princeton：Princeton U. Press，1975)，pp. 127 - 138.

⑤ 分别见简867反—866反；简855反；简854反；简852反；简838反；简839反。

⑥ 见简850反；简797—806；简846反；简844反；简834反。

系似乎并不友善。由《日书》的角度来看,人在日常生活中所遭遇的各种问题,有许多都是无缘无故(毋故)受到鬼怪的侵扰所造成的。如:"人毋故鬼攻之不已。""人毋故而心悲也。""一宅中毋故而室人皆疫,或死或病,是:棘鬼在焉。""一宅之中毋故室人皆疫多眚(梦)米死,是:字鬼狸焉。""人毋故一室人皆疫或死或病,丈夫女子隋须羸发黄目,是:人生为鬼。"①事实上,《日书》中的鬼神并非人们在伦理道德上的依据或者仲裁者,至少,我们看不出鬼神的作为与人的道德行为有任何义理上的关联,而人与这些鬼神之间的关系也是建立在相互给予的原则之上。而所谓的"神"和"鬼",其实本质上可能并无大差别,除了有"状(犬)神"这种似乎不登大雅之堂的小神明之外,也有"大神":"大神,其所不可凥也,善害人,以犬矢为完,操以凥(过)之,见其神以投之,不害人矣。""上神":"人若鸟兽及六畜恒行人宫,是上神,相好下乐入男女未入宫者,击鼓奋铎噪之则不来矣"等,不过他们的作为却是可以与一般的"鬼"相提并论,而且也可以用与驱鬼相似的办法逐走。在另外一段简文中说:"鬼恒胃人:'鼠(予)我而女。'不可辞,是上神下取妻,击以苇则死矣。弗御,五来,女子死矣。"可以看出,这里的"鬼"其实就是"上神"②。

　　至于所谓的"大神"、"上神"到底是否有较一般的"小鬼"为大的能力或权威? 从简文中他们所行的事与所受到的待遇来看,似乎不然。当然,《日书》中还有一些其他的神明,如《睡甲·行》篇中提到"赤啻":"凡是日赤啻(帝)恒以开临下民而降其英(殃)",又有"天":"壬申会癸酉,天以坏高山,不可取妇";有"上皇":"毋以子卜筮,害于上皇";有"上帝":"鬼恒从人女与居,曰,上帝子下游,欲

---

　　①　见简869反;简829;简859反;简856反;简852反。
　　②　见简859反;简869反—868反;简865反—863反;简857反—856反。

去，自浴以犬矢，击以苇，则死矣。"也有单称之为"神"者："正月不可垣，神以治室。"①此处的"赤帝"、"天"、"上皇"、"上帝"、"神"等似乎具有比较高的地位、较大的能力，如"开临下民而降其英"、"坏高山"等，因而可能较为人所尊重，而且至少在简文中他们不在被人驱赶的对象中。不过必须注意的是，这些高级神明的作为在本质上和《诘》篇中所见那些害人的小鬼并无差别。这也是为何前面所举的"上神"又被称为"鬼"之故。因此，《日书》中的"神"和"鬼"、"夭（妖）"等的差别不是属性，而是能力。如《诘》篇中的那种鬼神，能力是特定的、有限的，而"赤帝"、"上帝"等则有较高的地位和能力。

　　这些鬼神的性质很明显地告诉我们，《日书》使用者基本上愿意相信，除了自己与其他活人之外，任何东西都是有可能成为某种鬼神的。而这"芸芸众鬼"当即是《日书》中其他篇章中提到祀祠时祭拜的一部分对象，如《睡甲·星》中的"鬼祠"，《除》中的"祭上下群神"等等。比较令人惊讶的是，这些鬼神有的居然可以被人"治死"，如"人毋故而鬼惑之，是攸鬼，善戏人，以桑心为丈，鬼来而击之，畏死矣"，或"击以苇则死矣"②。这些例子，显示出当时人将所谓的鬼神视为一种实体，可以为人所见，且为人用一些实际的物件所逐、所杀。因而我们很难说在《日书》使用者的心目中的鬼神是所谓"超自然"的存在。可以说，这种有关鬼神世界的概念的另一特征是，人的世界与鬼神的世界是密不可分的。譬如天上大神明如赤帝者，也有"临日"，会下到民间来降殃，"上帝子"也会"下游"于人间，因而在人们的心中，神明彼此之间有高下之分，就如同人世间的统治者与被统治者的分别，而鬼神又可以随时到人间来活

① 　见简857；简749反；简830；简858反；简748反。
② 　见简819；简732；简864反—863反；简858反、857反。

动。活人虽不能进入鬼神的世界,但鬼神却是在活人的世界中活动的。

这种人鬼杂处,而鬼神性质又相同的观念其实并不是《日书》特有的。大抵在先秦文献中,鬼神并称为常事。《礼记》中一段文字尤其能显出"神"字之普遍意义:"山林川谷丘陵能出云为风雨见怪物,皆曰神。"①而《韩非子》中也有一段文字:"以道莅天下,其鬼不神。治世之民,不与鬼神相害也。故曰,非其鬼不神也,其神不伤人也。鬼祟(也)疾人,之谓鬼伤人,人逐除之,之谓人伤鬼也。"②由此可以看出,"神"字可以作为形容"鬼"的性质之用,而"非其鬼不神也,其神不伤人也"则又显示"鬼"与"神"的观念可以互换。

有的时候,文献中所谓的"神"其实应该解为"鬼怪",如《周礼》中记载应付"水虫之神"的方法:"壶涿氏掌除水虫,以炮土之鼓驱之,以焚石投之。若欲杀其神,则以牡橭午贯象齿而沉之,则其神死,渊为陵。"③此处对于"水虫之神"的态度和处理的方法与《日书》中所见驱逐恶鬼的方法极为类似。尤其可注意的是,这"水虫之神"也是可以被杀死的。如果说《周礼》所反映的属于上层知识分子的政治及社会背景,那么此处的记载表示这种背景与民间文化之间是有其交会之处的。《韩非子》中亦有一故事记载当时人认为人见鬼之后,应以狗矢浴之,以去不祥④。这与《日书》中所见的一些逐除恶鬼之法如出一辙。《周礼》与《韩非子》所记载的民间信仰习俗,相对于《日书》所显示的情况,可说只是冰山之一角而已。

---

① 《礼记注疏》,46:4。
② 王先慎,《韩非子集解・解老》,6:105。
③ 《周礼注疏》,37:7。
④ 《韩非子集解・内储说下六微》,10:182。

(二)《日书》所呈现之世界观

对于鬼神的态度,当然是人的世界观的反映。《日书》中鬼神的性质既已如上所论,对我们了解当时人生活中的宗教面有重要的帮助。如果说宗教信仰的主题是为人寻求一个与超自然或人外的力量沟通的办法,并且设法为人的存在寻求福祉,《日书》中的材料已经让我们得知当时人对于这些力量到底有什么样的信仰,而从人们如何去接受并且设法在这些力量之间求得一套生存之道,我们可以探讨是什么样的一种宗教心态或世界观在背后支持着这样的宗教信仰①。

首先,从整个《日书》的性质而言,它不是一部书,而是一些个别篇章的汇集,因而它本身并无系统可言。不过这些个别的篇章所根据的却是同一套世界观。这世界观就是,世间一切事物的吉凶都与时日的进行有相对应的关系,而这对应关系是人可以得知的。《日书》中的各个篇章,就是各种为了要掌握这对应关系而建构出来的法则。基本上,人只要循着这些法则而行,就可以避凶趋吉。笔者在另文中曾以"机械性的宇宙观"称之,又认为此宇宙观基本上是非道德性的,此处不复赘言②。然而这种非道德性的信仰形态也并不一定会要否定一般的社会伦理。主要的原因是,人是否要完全遵守《日书》中的规则,是一个没有一定答案的问题。而《日书》所显现出的世界观是否就能代表《日书》使用者的世界观?我们一旦考虑到这一点,就不能不有所保留。譬如说,鬼神的作为在《日书》中似乎没有任何道德上的参考价值,但这不表示其

① 参见蒲慕州,《睡虎地秦简日书的世界》。
② 蒲慕州,《睡虎地秦简日书的世界》;参见江晓原,《天学真原》(辽宁教育出版社,1991),第四章,有关历书的性质之源流之讨论。

使用者本身是活在一个没有道德规范的世界之中。当人遇到《日书》没有说明的问题时——而这些问题当不在少数，他仍然必须要靠一套道德和价值观来作为行事的依据。

（三）《日书》使用者之社会阶层与文化背景

前文屡次提到，《日书》反映出当时的民间信仰。现在的问题是，我们根据什么而有此判断？这里牵涉的有两方面的问题：一是《日书》使用者的社会阶层，一是《日书》内容的性质是否合于我们在第一章中所说的"民间文化"的定义。在另文中，笔者曾主张《日书》使用者主要是当时社会的中下阶层人士，其主要理由为，《日书》所触及之问题很少超越一般中下阶层所关心的事物①。当然，《日书》所关心的一些问题，如婚嫁、生子、疾病、死葬等等，并非社会中下阶层的专有问题，而其中一些项目，如军事方面的问题，也有可能为上层统治阶级所关切。但整体而言，《日书》的内容所适用的社会阶层仍以中下阶层为主。在此应该注意的是，《日书》的"使用者"与"保有者"是有分别的。即使在战国社会，我们也不能假定当时中下阶层有普遍的识字能力。保有《日书》之类的作品，并且用它来替一般人民（即使用者）预测吉凶，是日者之流的职事。为了要适应较多数人的日常生活所需，《日书》中若包括了除一般中下阶层人民日常生活之外的材料或问题，是不足为奇的。而在睡虎地《日书》的例子中，拥有《日书》的墓主人喜为秦政府中的一名小地方官，他之所以会有《日书》，可能是为了要了解所辖地区的民俗②，但也有可能是为了替辖区内人民或者自己解决一些

---

① 蒲慕州，《睡虎地秦简日书的世界》。
② 如工藤元男，《睡虎地秦墓竹简日书について》，《史滴》，7（1986）：（转下页注）

择日的问题。关沮秦汉墓出土《日书》，其墓主据研究为一较睡虎地墓主喜地位更低一级的负责赋税收缴工作的小吏[①]，其与地方基层社会的接解应更为直接，应无可疑。这也说明，日者虽为一种职能，但依《日书》之类的作品而择日却不一定是日者的专利。无论如何，《日书》的使用者的整体社会背景不会超越当时一般中下阶层。最明显的证据，就是其中的非道德性的鬼神观念。这是和西周以来在上层统治社会中逐渐发展出来的道德性的天命观和神明有赏善罚恶的能力的鬼神观是有差别的。

其次，我们在讨论"民间文化"的意义时，曾经认为，决定某些文化因素是否可被称为"民间"的或者"通俗"的，其标准不在于持有此文化因素的人是属于哪一阶层，而在于此文化因素是如何被持有者所解释和应用（见第一章）。从这一观点来看，如果以《日书》与《礼记·月令》相比，又可以看出，在两者均有相似的宇宙观，又均为人们日常行事的原则的情况之下[②]，《日书》的使用者以自身的福祉为主要关切的对象，而《月令》的使用者所关切的问题则是国家社会的福祉。这种差别说明了《日书》使用者的社会阶层的非统治者的性格，及其为民间社会一分子的面貌。而《日书》的保有者或使用者即使有可能为社会较上层阶级的分子，其使用《日书》的事实足以说明他们的宗教生活至少在此一方面是属于民间信仰的范围之内的。

与此相关的问题是《日书》的文化背景。由于《睡甲、乙》出于秦代墓中，不少学者遂主张其为"秦文化"的产物，到了《放甲、乙》出现之后，又有人以为《放甲、乙》才是"秦文化"的代表，而《睡甲、

（接上页注）15—39；通《日书》者与执法之官吏在秦汉时代往往两者集于一身，说见林剑鸣，《日书与秦汉时代的吏治》，《新史学》，2，2：31—51。

① 湖北省荆州市周梁玉桥遗址博物馆编，《关沮秦汉墓简牍》，页158。

② 参见蒲慕州，《睡虎地秦简日书的世界》。

乙》则是楚文化的产物①。然而这些主张都没有足够的证据。主要的原因，一方面固然是因为《放甲》的材料甚少，而《放乙》目前尚未发表，因而学者尚无法做比较深入的比较，但另一方面也是由于学者们多半没有注意到《日书》所反映的社会阶层性格，或者一般所谓的"秦文化"或"楚文化"之间的差别到底为何？"秦民间文化"与"楚民间文化"之间又是否有所不同？或甚至基本相同？这些都是乏人讨论的问题。前引《史记·日者列传》中说："齐、楚、秦、赵为日者，各有所用。"一方面说明了日者在各地都存在的事实，另一方面也点出各地方的日者有其特色。但此特色到底为何，我们并不清楚。笔者目前的看法是，战国晚期，秦楚齐鲁等传统上以为有分别的"文化圈"的实质意义为何，是尚待仔细定义、分析的问题，但《日书》所代表的文化形态很可能是广泛流行在战国末年的各地区，也就是说，《日书》代表的是当时中国社会中一种普遍的"民间文化"或"通俗文化"，而不专为某一地区的文化。这主张的根据，是因为即使由目前可见到的各种《日书》版本来判断，其中择日主题的相同之处远大于不同之处，而其所根据的基本原则又完全相同，因而我们可以认为这些《日书》都是同一文化阶层的产物。另一根据是，到 2002 年为止，已知的秦汉时代《日书》至少有十批，其分布地区遍及今日湖北、安徽、河北、甘肃等地，可见《日书》的使用范围相当广泛，决不是一种地方文化。由传世资料来看，也可知道日者、卜者等人物从春秋以来就已经广泛地分布到各地之中，他们的存在，也说明了有一个依靠他们服务的社会阶层的存在。各地日者之术或《日书》纵有内容细节的不同，所谓"各有所用"，也无碍

---

① 如何双全，《天水放马滩秦简甲种〈日书〉考述》，《秦汉简牍论文集》，页 7—28；林剑鸣，《〈睡〉简与〈放〉简〈日书〉比较研究》，《文博》，1993，5：15—20。讨论见蒲慕州，《睡虎地秦简日书的世界》。

于其使用者共同享有此种民间文化,成为一个同质性的社会阶层的事实。如果在秦于政治上统一六国之前,各地民间文化已经融为一体,显然有利于统一的工作,而对于大一统帝国的形成和维系,民间文化的统一无疑具有相当重要的作用。但是此一作用迄未为讨论秦汉帝国形成及发展之史家所注意。

(四)《山海经》所显现之信仰形态

关于古代的宗教与神话,另有一重要的资料,就是《山海经》。《山海经》的确切成书年代虽不可知,但学者一般认为其中材料至少有部分应是战国时代的[①]。有关《山海经》一书中所包含的古代神话,前人已有相当多的研究,并非本书重点。我们应注意的,是如何分别作品的写作目的和作品的实际内容。作品的内容可能保存了古代的神话传说或历史,是值得研究的问题。但对我们来说更值得注意的是,这件作品到底是为谁而作? 又是为何而作? 其所显现出的民间信仰之形态为何? 那么,应如何讨论此信仰形态? 一、可讨论其中鬼神的形象,二、可讨论鬼神的性质和能力,

---

① 《山海经》可能是最有争议性的有关中国古代历史和宗教的文献。不但其作者和时代不清楚,其内容的性质也没有一个能完全为所有学者所接受的看法。从《汉书艺文志》以下到《四库全书》,此书或被分类为卜筮之书,或地理书,或者小说之流。现代学者甚至给它一些现代化的分类名:"百科全书"、"民族志",甚至"科学史"。参见中国山海经学术讨论会编,《山海经新探》(成都:四川社会科学院,1986)。基本上,学者一般认为其中最早的材料不会早于战国时代。相关的讨论见玄珠,《中国神话研究 ABC》(上海:世界书局,1929),页 39—56;郑德坤,《山海经及其神话》,《史学年报》,1,4(1932):127—151;袁珂,《山海经写作的时地及篇目考》,《神话论文集》(台北:汉京,1987 重印),页 1—23。又袁珂,《中国神话史》(上海文艺出版社,1988),页 17—20。Riccardo Fracasso,"Teratoscopy or Divination by Monster:Being a Study of the Wu-tsang shan-ching,"《汉学研究》,1,2(1983):657—700,提供了基本研究书目和有关作品年代的讨论;小南一郎,《"山海经"の现况の课题》,《中国——社会の文化》,2(1986):220—226,为研究现况的检讨。

三、可讨论人与鬼神之关系，最后，可以讨论其世界观。

（1）神明之形象

　　《山海经》中记载了许多神灵、怪兽。先论被称为"神"者。这些神明的形象的基本特征就是混合形（hybrid），混合的方式是将人或各种鸟兽的形象以不同的方式组合，于是就有了"鸟身而龙首"①、"龙身而鸟首"②、"龙身而人面"③、"人面而马身"、"人面牛身"④、"虎身而九尾，人面而虎爪"⑤、"羊身人面"⑥、"状如人而二首"⑦。最为人所知的是西王母："其状如人，豹尾虎齿而善啸，蓬发戴胜"⑧等等，不能一一列举。这些"神"的形象之所以如此，与其说是由于人们具有丰富的想像力，毋宁应说是人们在缺乏更为令人惊怪的想像力之后，以一种机械化的方式建构出来的。当然，其中也有一些比较特殊的形状，如"其状如黄囊，赤如丹火，六足四翼，浑敦无面目，是识歌舞，实为帝江也"⑨，但这是较不常见的。值得注意的是，龙的形象也被用来作为此种"排列组合"的元素，可以知道当时人是将龙视为一种"普通"的动物。以龙在古代中国神话传说中的重要地位而言，这种用龙的形象为构成怪神的元素的事实，似乎显示这些怪神的形象并没有比较古老的源头，而可能是后来的创造。

　　值得注意的是，与《山海经》中其他部分相较，《五藏山经》中所

---

① 袁珂，《山海经校注》（台北：洪氏出版社景印，1981），页8。
② 袁珂，《山海经校注》，页15。
③ 袁珂，《山海经校注》，页15。
④ 袁珂，《山海经校注》，页38。
⑤ 袁珂，《山海经校注》，页47。
⑥ 袁珂，《山海经校注》，页58。
⑦ 袁珂，《山海经校注》，页136。
⑧ 袁珂，《山海经校注》，页50。
⑨ 袁珂，《山海经校注》，页55。

见各山神明的形象有一特色，即经中对它们的描述是"集体式"的，没有所谓个别的特征，似乎有将它们视为同一"族类"，如同异地远民一般。如《南山经》中说："凡南次三经之首，自天虞之山以至南禺之山，凡一十四山，六千五百三十里。其神皆龙身而人面，其祠皆一白狗祈，糈用稌。"①若依文义，则此十四山的神都有相同的形象。其他诸山经的描述与此基本上相同。如果以此与《海外经》相比，可以明显地看出《海外经》中的四方神是各有其特殊的形象："南方祝融，兽身人面，乘两龙……西方蓐收，左耳有蛇，乘两龙……北方禺强，人面鸟身，珥两青蛇，践两青蛇……东方句芒，鸟身人面，乘两龙。"在《山海经》其他地方所提到的"神"，如英招："其状马身而人面，虎文而鸟翼，徇于四海，其音如榴。"②泰逢："其状如人而虎尾。"③也都各有特征。

　　如果拿这些"神"的形象来与《山海经》中的各种怪兽相比，可以看见那些怪兽的形象有许多要比"神"的形象更为"复杂"，如"其状如虎、而白身犬首，马尾彘鬣"④，"有鸟焉，其状如蛇，而四翼、六目、三足"⑤，"其状如马，而羊目、四角、牛尾"⑥。然而其形象的构成原则是相同的，即取不同已知动物的一部分拼凑为一个新的形象⑦。另一种建构怪形象的方式是同一个体的肢体的移位和增减，如"有人三身"⑧，"为人一手一足，反(膝)，曲足居上"⑨，"其为

①　袁珂，《山海经校注》，页 19。
②　袁珂，《山海经校注》，页 45。
③　袁珂，《山海经校注》，页 128。
④　袁珂，《山海经校注》，页 82。
⑤　袁珂，《山海经校注》，页 89。
⑥　袁珂，《山海经校注》，页 110。
⑦　《山海经》中的动物有的可能为实有动物，自不在讨论范围之内。
⑧　袁珂，《山海经校注》，页 367。
⑨　袁珂，《山海经校注》，页 232。

人折颈被发，无一手"①等，则是同一"拼凑"原则的扩大应用②。这些怪物在经中常被称为"兽"，因而它们的地位应该与那些被称为"神"的不同，虽然在形象上两者相去不远。

这种混合式的神怪形象其实不是《山海经》所特有。在《国语》中，蓐收的形象就是"人面白毛虎爪"③。而句芒的形象在《墨子》中是"鸟身，素服三绝，面状正方"④。不过这蓐收的面貌与《山海经》中"左耳有蛇，乘两龙"⑤有所不同。然而在不同地区或不同时代中，同一神明的形象有转变，是相当自然的事。上章曾提到在长沙楚帛书上有十二神的形象，也是具有复合的形态，其中有一些似乎可以在《山海经》及其他古籍中找到相应的神明⑥，此外，《山海经》中的神怪又有与战国楚墓中的镇墓兽⑦，以及曾侯乙墓木棺上人物相似的形象等⑧。其他资料，如《左传》、《楚辞》中的描述，乃至于汉代的图像资料如马王堆漆棺画像⑨，以及画像砖石上的各种怪物神兽⑩，均可以说明，《山海经》中有关神兽形象的想像不是一人一时一地的创造，而应有其民间信仰的背景，此背景即为战国时代的中国，并且我们也不能否认可能有更早的源头。

因此我们可以说，上面所讨论到的复合式神兽形象表现的是

---

① 袁珂，《山海经校注》，页314。

② 这种将偏远地区的人、物想像为各种奇形怪状，然而又必须以当时人已有的知识为基础，应是人类社会中的通象。欧洲在地理大发现时代尚有与《山海经》中所描绘的奇民相似的作品。

③ 《国语·晋语二》，8：4b—5a。

④ 《墨子间诂·明鬼下》，18：141。

⑤ 袁珂，《山海经校注》，页227。

⑥ 见林巳奈夫，《长沙出土楚帛书十二神的由来》，《东方学报》(京都)，42(1971)：1—63。

⑦ 参见陈跃均、阮文清，《镇墓兽略考》，《江汉考古》，1983，3：63—67。镇墓兽的形象基本上也是由各种动物的部分拼凑出来的。

⑧ 《随县曾侯乙墓》(北京：文物出版社，1980)，图四。

⑨ 马王堆一号墓漆棺上的神兽形象，参见《考古》，1963，4：249。

⑩ 林巳奈夫，《汉代鬼神の世界》，《汉代の神神》，页127—217。

战国以来人们对神灵精怪的想像的结果。人们依照一种机械式的排列组合的方法,利用已知动物的部分来想像一种怪异的神兽形象,可能是相当自然的趋势。而当这种组合的例子愈来愈多后,又自然会有重复的组合方式,如《东山经》:"其神状皆人身龙首"①,而在《中山经》中,计蒙的形象也是人身而龙首②。看来人们要由有限的动物形象中创造出新的组合,在想像力上仍然受到一些限制。

上面的讨论并不是说《山海经》中的每一种复合式怪神都必然是人的想像,而没有任何事实根据。譬如有一种"状如羊而四角"的怪兽,出现在《西山经》、《北山经》,而类似的则有四角的牛、马、鹿等怪兽③。据说与在现代西藏高原上一种四角羊相似,说明《山海经》中的描述或有其实际观察的基础④。既然《山海经》中的一些植物和地区是可以被证实为真实的存在,那么一些怪兽若原来可能是古人所曾遇到的异方殊物,也是可以理解的。

(2) 神明之性质和能力

在整部《山海经》中,除了两处有鬼字出现, 为"鬼草"⑤、 为"鬼国"⑥,并没有谈到"鬼神"之鬼。那么,那些神的性质为何?所为何事? 在《山经》中,经文的叙述形式一般为"其神状……其祠之礼……",因而"神"的性质和能力均不明显,许多甚至连他们的名字都不知道。例外的是西王母:"是司天之厉及五残。"在《海经》

---

① 袁珂,《山海经校注》,页105。

② 袁珂,《山海经校注》,页153。

③ 分别见袁珂,《山海经校注》,页47、85、77、110、124。

④ 萧兵,《山海经——四方民俗文化的交汇》,《山海经新探》,页125—137,特别是页127。

⑤ 袁珂,《山海经校注》,页120。

⑥ 袁珂,《山海经校注》,页311。

中,许多神是神话中的角色,因而有关他们的描述是以神话的片段的方式出现。如果是没有明显神话背景,如"朝阳之谷,神曰天吴,是为水伯"①,"雷泽中有雷神,龙身而人头,鼓其腹"②,"有神,人面兽身"③,那么相关的描述除了其名字如"雷神"、"水伯"尚能使人知道其职司之外,对于他们的性格和作为的描述也和《山经》同样付诸阙如。因而《山海经》中的神基本上可以分为两类,一是与古代神话有关系的,一是看不出有直接关系的。与神话有关系的神明,其被收入经中,一方面可能是为了神话故事本身的趣味,但更可能的原因是用以作为对于某些现象的解释。而那些与神话没有直接关联的神明之所以出现,除了可能与某些尚未被辨识出来的神话有关,也和《山海经》的性质有关。这性质,有些学者认为是一种"旅行指南"④,因而经文(主要是《山经》)的写法是在描述了神的形状之后,接着就告诉读者如何祭祀此神,主要就是要让人在旅行时得到平安。至于此神的性质为何,倒是次要的事。

一般而言,《山海经》中所提到的神明是"中性"的:它们对人既没有恶意,也无所谓特别的善意。事实上,以"神"来通称所有的灵物而不使用"鬼",也表示这些灵物基本上是不主动犯人的。当然,有一些神兽是具有预兆的性质,如"见则其邑大旱"、"见则天下大穰"、"见则风雨水为败"等⑤,但整体而言它们是被动的:它们不会主动地去为害于人。同时,这些神兽的一个通性是,它们都是地区性的,因而其力量也不会超出其范围之外。在《山海经》中,我们

---

① 袁珂,《山海经校注》,页 256。
② 袁珂,《山海经校注》,页 329。
③ 袁珂,《山海经校注》,页 343。
④ 江绍原,《中国古代旅行的研究》(上海:商务印书馆,1937)。
⑤ 袁珂,《山海经校注》,页 43、45、113。参见 Fracasso, "Teratoscopy or Divination by Monsters," pp. 678–680。

看不见如《日书》中的上皇、上帝。而所提到的黄帝，也是在追溯某一神明的祖谱的情况之下出现的①。此外，值得注意的是，在人与神灵的关系方面，《山海经》中的神明与《日书》中所见的神明有一根本的不同之处：《山海经》中的神灵不是那种人们在日常生活中会遇见的、对人的生活有直接影响的神灵。

有时《山海经》中所描述的"神"似乎与其他的怪兽没有什么差别，从描述中看不出有何"神圣"、"高贵"等通常与"神"相关的特质。有些"神"看来似乎比一些怪兽还要奇诡。《海外经》中有一段文字："有神焉，人首蛇身，长如辕，左右有首，衣紫衣，冠旃冠，名曰延维，人主得而飨食之，伯天下。"②这些描述延维的方法与《山海经》其他地方描述一些会带来灾难的怪兽的方式是相似的。而此神居然可以被人主得而食之，其神力似乎相当有限。

若我们将焦点集中在对"神"的描述上而来看这些神与人之间的关系，我们将不会得到太多消息。在《山经》中，"神"主要是山的保护者，它们与人的关系是由正确的祭祀方法所决定而限制。我们不知道如果人不遵守这些祭祀方法时会有什么样的后果。至于在《海经》中所提到的"神"，它们到底会以什么样的方式来参与人间世事？甚或是否会参与？也是难有可讨论的凭据。总之，在人与神的关系中，我们在经文中看不出除了"相互给予"的原则之外，还有什么其他的观念。这种情况，可以说明其反映出的宗教心态与所谓的"民间信仰"是相合的。这一判断，可以由比较《山海经》所呈现出的信仰形态与战国末年其他民间信仰相关材料而得到。

① 徐中舒、唐嘉弘，《山海经和黄帝》，《山海经新探》，页93—101。
② 袁珂，《山海经校注》，页456。

（五）《山海经》与《日书》之关系

我们很难说《山海经》是否包含一个宗教信仰系统，但是可以讨论经文中所反映出的一些可能在战国时代流行的民间信仰。譬如《睡》简中有《行》、《行行祠》等篇，是为了出外旅行，祀祭神明择吉日而设①，如果与《山经》配合，则我们可以说，这两件作品，一为出发前之一般性准备，一则为针对在旅行中遇到某一山某一地的神明时应如何祭祀而设的手册。这又与《左传》宣公三年王孙满所描述的夏鼎有相似的功能："昔夏之方有德也，远方图物，贡金九牧，铸鼎象物，百物而为之备，使民知神奸，故民入川泽山林，不逢不若，螭魅罔两，莫能逢之。"②由此看来，若说《日书》与《山海经》的材料属于同一信仰习俗的范围，应该是合理的。至于《海经》中的神明的另一特色是，经文一般不提祭祀之法。这似乎表示《海经》所记载的是较《山经》更远的地方的事物，是读者不太可能去到的地方，因而也就没有必要知道祭祀的方法和路程的远近。无论如何，我们可以比较有把握的是，《山海经》所预设的读者对经中神怪的主要兴趣不在那些神话故事，而是在辨认它们的形象和祭祀之法，这些需要在经文中都已具备。上面的讨论，就是针对我们在前文提出的"为谁而作，为何而作"的问题而发的。当然，一个目前仍无法解决的问题是，《山海经》中的地名和山名的真实性有许多仍无法被证实，因而我们尚不能说，就目前我们所见到的本文而

---

① 讨论见工藤元男，《埋もれていた行神——主として秦简"日书"による》，《东洋文化研究所纪要》，106（1988）：163—207。

② 关于这一段文字的意义，有不少学者讨论，参见 K. C. Chang, in *Art Myth and Ritual*, pp. 64ff. 张光直认为文中的"物"是巫者用来牺牲并通天的媒介。笔者则以为，除非我们能证明文中的"民"是"巫"，否则以传统的"怪物"来释"物"可能仍是比较合理的。

言,它是如《日书》一样的曾经真正在人们的日常生活中发生实际作用的作品。

然而,即使《山海经》中的一些神明有其民间信仰的根据,我们是否能够从而得知这信仰的特质?在《山海经》本身的材料中,很难有具体的线索可循。这主要是由于其中有关人神关系的材料完全限于如何献祭的技术面,而许多神明甚至连其职司为何均不知。然而若我们将其与《日书》相比较,也许可以有一些启示。就全部《山海经》所呈现的面貌而言,其所描述的远方怪兽和神明虽然具有各种奇形怪状,但是所描述的方法却是使用一种相当明确肯定的语气:某某地区,距离多少,有何神明,形状如何,应如何祭祀,又有何怪兽或奇珍异草,有何特性等等。可以说,经中的事物没有任何可让人疑惑之处。换言之,《山海经》所呈现出的世界观基本上和《日书》相似:在它所关心的世界中,一切事物都是固定不变、明确可知,又可以为一般人所掌握的。其中虽然有一些神话的片段,但是其目的主要不是在重述神话故事,而是在解释某些神话人物之所以出现在某一地方的原因。从这一点来说,作为一部地理手册,《山海经》的使用者的心态和《日书》是相似的。这可以说明《山海经》所反映出的宗教信仰乃属于民间信仰的范围之内,也可以进一步让我们明白民间信仰的特质。

此外,从经文中许多"神"所具有的低阶层地位看来,也与《日书》中的情况相似。这些神不但可以被驱逐,还可以被人所"杀"。这"杀神"的观念很可以显示当时人的宗教心态:为了要得到最大的福利,人们用一种"世俗性"的办法来处理"神圣世界"①。当人们需要安抚神灵时,他们就设法祭祀;如果他们有办法去驱逐不受

---

① 六朝志怪小说中多有擒鬼杀鬼神之故事,显然是同一心态的延续。可参见鲁迅,《古小说钩沉》(台北:唐山书店重印,1990),页200、265、293、300。

欢迎的神灵，就会设法去除。因而神灵的世界与俗世的差别似乎并不很大，所谓的"神"与"怪"的差异基本上只是其称谓而已。不论是神或怪，它们都仍然生活在这人世间的某一个地方。将《日书》和《山海经》合而观之，我们可以得到战国时代一般人在日常生活中，不论是居家生活或出门在外，心中所想像的神灵的形象，以及人应该如何处理人和这些神灵的关系以求福祉的一些方法。

　　总之，《日书》和《山海经》中有关鬼神的观念，基本上均为具体化、拟人化的，这些与西周以来以儒家知识分子为中心而发展出的比较抽象的"天"或"天命"的观念，有一定的距离。另一方面，对鬼神的信仰不只是所谓的一般人民的心态世界的一部分而已。在上章的讨论中，我们在文献中也看到不少所谓上层社会人士所持的鬼神观念，这鬼神观念基本上与《日书》和《山海经》中所见者相去不远，而分别《日书》与《山海经》中的鬼神观与上层社会的鬼神观的，并不是他们对鬼神的性质或能力有何不同的了解，而是所求于鬼神的福祉内容有所不同之故。当然，我们也应该注意，若没有知识阶层的参与，《日书》与《山海经》的出现是无法想像的事，它们若能够应用在一般人生活中，也与知识阶层脱不了关系。因此在战国末年，我们可以见到宗教信仰发展的三种层次。夹在上下层社会鬼神思想之间的，是知识分子的比较重理性的态度，然而所谓的知识阶层中，也有一部分因素是与民间信仰不完全相互排斥的。这三种层次到了大一统帝国成立之后又如何发展及相互影响，则是以下数章要继续讨论的问题。

第五章
秦汉帝国之官方宗教形态

> 恩尼尔的权威远布,话语神圣,
> 他的命令无可更动,永掌命运。
> 他发挥王权至于极点:
> 地上的神祇在他面前战栗匍伏,
> 天上的神祇在他面前俯首称臣①。

（一）秦帝国官方宗教之形成

司马迁在《封禅书》一开始时就说:"自古受命帝王,曷尝不封禅? 盖有无其应而用事者矣,未有睹符瑞见而不臻乎泰山者也。虽受命而功不至,至梁父矣而德不洽,洽矣而日有不暇给,是以即事用希……每世之隆,则封禅答焉,及衰而息。厥旷远者千有余

①　古苏美天神恩尼尔赞歌。S. N. Kramer, *The Sumerians* (Chicago: University of Chicago Press, 1960), p. 120.

载,近者数百载,故其仪阙然堙灭,其详不可得而记闻云。"①这说法很明显地点出,古代统治阶级的宗教活动与政治权威的建立是一体之两面。商代王室独占青铜器的制作,就是以控制宗教活动中的礼器而达到在政治上驾驭其子民的目的②。周代以天命为其取得政权的根据,虽然将道德标准带入其"信仰"之中,也不出统治者的宗教崇拜主要是以达到政治控制为主要目的这一范畴,而所谓的"有天下者祭百神,诸侯在其地则祭之,亡其地则不祭"③,很清楚地说明,"天子"与"诸侯"的政治权威与他们在宗教祭祀上的"职责"有一一对应的关系。封禅主要就是一种帝王向天下宣布其权威之"合法性"的政治——宗教活动。

秦始皇统一天下之后,在宗教政策上的第一项行动就是把五行思想正式引入帝国的宗教系统之中,以为秦代周之火德而为水德。这五德终始之说,据司马迁说,是"自齐威、宣之时,驺子之徒论著终始五德之运,及秦帝而齐人奏之,故始皇采用之"④。不过也有学者认为始皇采用驺衍的学说主要是由于《吕氏春秋》一派学者的介绍⑤。无论如何,这可说是古代官方宗教的理论基础的一项重大变化。得天下者除了要得到天命之外,还必须要符合代大下之德。当然,一代的德为何,是在已经得到天下之后才决定,基本上并不会影响得天下的事实。不过这五德相代的理论一旦被官方接受,遂开启了后代阴阳五行思想对官方宗教和政治理论的

① 《史记·封禅书》,28:1355。有关封禅的讨论,近来有李零,《秦汉礼仪中的宗教》,《中国方术续考》,页131—185。

② 说见张光直,《商代的巫与巫术》、《中国古代艺术与政治》等文,均收入《中国青铜时代》(二集)。

③ 《礼记注疏》,46:3—4。

④ 《史记》,28:1368—1369;《汉书·郊祀志上》,25上:1203—1204。

⑤ 徐复观,《吕氏春秋及其对汉代学术与政治的影响》,《两汉思想史》,卷二(台北:学生书局,1976),页5—8。

影响的大门。这也可以说是统治阶层吸收了知识分子的新理论，从而将一部分知识分子所代表的宗教思想纳入官方宗教的例子①。

秦始皇的另一项宗教政策，是统一规划天下所有祭祀之处的管理办法。始皇将当时的"天地名山大川鬼神"统一规定祭祀的时间，"春秋泮涸塞祷"，规定祭祀的内容："牲牛犊牢具珪币各异。"但是当时各地原有的各种信仰活动显然多到政府无法一一管辖的地步。因此又规定"郡县远方神祠者，民各自奉祠，不领于天子之祝官"②。在这样的规划之下，秦代官方宗教的体系就建立起来。在这体系中，政府所管辖的祭典，以首都咸阳所在地的雍四畤所祭的青黄赤白四帝最为尊贵，环绕着雍四畤的是"日、月、参、辰、南北斗、荧惑、太白、岁星、填星、辰星、二十八宿、风伯、雨师、四海、九臣、十四臣、诸布、诸严、诸逑之属，百有余庙"③。这些可说是天庭中主要护卫天帝的"臣僚"之属，也可说是天庭的中央政府组织。在地方，则有所谓的名山大川，可比作地方政府或诸侯，而一些因近咸阳而亦得祠的小川，则可比作近亲贵戚之属④。因而秦代官方宗教体系的建立，基本上反映了大一统政府的成立。值得注意的是，这宗教体系并不是一个固定不变的系统，尤其是其"下层"结构，到底在何处算是"官方"所应该管辖的下限，并不清楚。除了前面说的那些只是因为近咸阳而得以祠的小山川之外，最特别的例子是所谓的杜主之祠："雍、菅庙祠亦有杜主。杜主，故周之右将军，其在秦中最小鬼之神者也。各以岁时奉祠。"⑤这杜主之祠显

---

① 详见李汉三，《先秦两汉之阴阳五行学说》(台北：钟鼎文化出版公司，1967)。

② 《史记》，28：377；《汉书》，25 上：1209。

③ 《史记》，28：1375；《汉书》，25 上：1207。

④ 《史记》，28：1374；《汉书》，25 上：1206。

⑤ 《史记》，28：1375；《汉书》，25 上：1207。

然是源自春秋以来就流传在民间的"杜伯射宣王"的传说①,后来成为民间崇拜的对象,所谓"其在秦中最小鬼之神者也"。秦政府将这样一个民间信仰中的人物纳入官方祭祠的系统中,除了是因为其祠之地位近咸阳之外,似乎没有其他原因。这一点,显示出这一套官方宗教体系并没有一周密的定义,也就是因为如此,如下文所要谈的,汉代官方宗教与民间信仰之间所产生的混淆,基本上是由于官方宗教系统的下限范围不清之故。

（二）汉代官方宗教祭典之建立与民间信仰之混合

秦始皇的这两项宗教政策,基本上为汉高祖所承袭。史载:

> 二年,东击项籍而还入关,问:"故秦时上帝祠何帝也?"对曰:"四帝,有白、青、黄、赤帝之祠。"高祖曰:"吾闻天有五帝,而有四,何也?"莫知其说。于是高祖曰:"吾知之矣,乃待我而具五也。"乃立黑帝祠,命曰北畤。有司进祠,上不亲往。悉召故官,复置太祝、太宰,如其故仪礼。因令县为公社。下诏曰:"吾甚重祠而敬祭。上帝之祭及山川诸神当祠者,各以其时礼祠之如故。"②

他在入关之后立黑帝祠,就是要凑足五帝之数,又恢复了秦代的各种祭仪。而对于民间的祠祀活动则同样地比较任其自然:"高祖十年春,有司请令县常以春二月及腊祠社稷以羊豕,民里社各自财以祠,制曰,可。"③因此至少在县的阶层,宗教活动尚受到政府的规范,而县以下的地方里社则听任人民自行处理。

---

① 见第三章。
② 《史记》,28:1378。可参考李零,《秦汉祠畤通考》,《中国方术续考》,页187—203。
③ 《史记》,28:1380。

不过汉高祖也有一项创新的举动，就是在长安安置了各地的巫者，各有其祠祭的专业：

> 长安置祠祝官、女巫。其梁巫，祠天、地、天社、天水、房中、堂上之属；晋巫，祠五帝、东君、云中君、司命、巫社、巫祠、族人、先炊之属；秦巫，祠社主、巫保、族累之属；荆巫，祠堂下、巫先、司命、施糜之属；九天巫，祠九天：皆以岁时祠宫中。其河巫祠河于临晋，而南山巫祠南山秦中。秦中者，二世皇帝。各有时日。①

由"皆以岁时祠宫中"的记载看来，当时长安城内可说是充斥着大批的巫者。这对于日后长安地区社会有深远的影响②。同时，这种聚集各地巫者至中央的举动，一方面固然可以说是吸收民间传统入官方宗教，另一面却也使得官方宗教与民间宗教之间的界限变得模糊不清，由以下的一些发展，可以看出汉代宗教政策的两个基调：增添新祠典，容纳民间信仰。

文帝时，以赵人新垣平的一番望气之说③，立渭阳五帝庙，又因出长门若见五人于道北，遂因其直北立五帝坛④，都是统治者轻信或一时兴起而有的举动。而在新垣平言气神事被发觉为诈而遭诛之后，文帝虽"怠于改正朔服色神明之事"，似乎表示他不再轻信

① 《史记》，28：1378—1379。

② 有关巫者在汉代的活动，可参见林富士，《汉代的巫者》（台北：稻乡出版社，1999），又见下文有关巫蛊之祸的讨论。

③ 有关望气之术，参见 Ho Peng Yoke, *Li Qi and Shu; an Introduction to Science and Civilization in China* (Hong Kong: Hong Kong U. Press), pp. 146 - 147; Derk Bodde, "The Chinese Cosmic Magic Known as Watching for the Ethers," in C. Le Blanc and D. Borei eds., *Essays on Chinese Civilization* (Princeton: Princeton University Press, 1981), pp. 351 - 372; M. Loewe, "The Oracles of the Clouds and the Winds," *Bulletin of the School of Oriental and African Studies*, 51(1988): 500 - 520.

④ 《史记》，28：1382—1383。

神话,但是所立的渭阳五帝庙以及长门五帝坛并没有被废除,显示一些祭祀之所一旦成立之后,可能会由于主持的有司为了自身的利益,就有一直持续下去的希求。

汉武帝时,随时增加祭祀之祠更是常事。司马迁说:

> 今天子所兴祠,太一、后土、三年亲郊祠,建汉家封禅,五年一修封。薄忌太一及三一、冥羊、马行、赤星、五,宽舒之祠官以岁时致礼。凡六祠,皆太祝领之。至如八神诸神、明年、凡山他名祠,行过则祠,行去则已。方士所兴祠,各自主,其人终则已,祠官不主。他祠皆如故。①

在一些新兴的祭祠之中,有些曾经过朝廷中的讨论,如立后土祀,虽是武帝主动提出的主张,但是经有司与太史公、祠官宽舒等人讨论过之后始正式设立。但是有的时候,立祠的过程和理由就不够严谨,如仅因为亳人谬忌奏祠太一方,就为之立祠于长安,而后又随着一些人上奏而增饰其祀,使得太一之祠居然成为当时最重要的官方祭典:

> 亳人谬忌奏祠太一方,曰:"大神贵者太一,太一佐曰五帝。古者天子以春秋祭太一东南郊,用太牢,七日,为坛开八通之鬼道。"于是天子令太祝立其祠长安东南郊,常奉祠如忌方。其后人有上书,言"古者天子三年壹用太牢祠神三一:天一、地一、太一"。天子许之,令太祝领祠之于忌太一坛上,如其方。后人复有上书,言"古者天子常以春解祠,祠黄帝用一枭破镜;冥羊用羊祠;马行用一青牡马;太一、泽山君地长用牛;武夷君用干鱼;阴阳使者以一牛"。令祠官领之如其方,而

---

① 《史记》,28:1403。

祠于忌太一坛旁。①

在秦始皇议立帝号时,曾有人提出"古有天皇、有地皇、有泰皇,泰皇最贵"的说法,但是这三皇似乎在秦代并没有成为官方祭祀的对象②。武帝时提出的天一、地一、太一等三一应该就是三皇,还可说这三一的说法也并非突然出现的③。至于如求"神君"之事,则显然是由于武帝个人的好求神,而任意将一个原本与官方宗教无关的民间信仰中的人物,纳入官方宗教系统之中。这"神君"乃是"长陵女子,以子死,见神于先后宛若"④。武帝因为其母平原君曾往祭祠,因而将其祠祀置于上林苑中。此外,他又引进新近被征服的南越地区的巫祠:

> 是时既灭南越,越人勇之乃言"越人俗信鬼,而其祠皆见鬼,数有效。昔东瓯王敬鬼,寿至百六十岁。后世谩怠,故衰秏"。乃令越巫立越祝祠,安台无坛,亦祠天神上帝百鬼,而以鸡卜。上信之,越祠鸡卜始用焉。⑤

这种祭祀上驳杂的情况在武帝时达到极点。这当然与武帝本人的好鬼神、迷仙道有关。这种情况自然造成官方祭祀的混乱,因为有许多祠祀活动之存在的主要理由只是为了帮助皇帝达到成仙的目的,即使是祭天地的封禅大典,也不能例外。《史记》记载:

---

①　《史记》,28:1386。

②　《史记》,6:236。

③　说见顾颉刚,《秦汉的方士与儒生》(上海,1952),页24—25。而根据《汉书·郊祀志》,新垣平也可能在文帝时建议立太一之祠。讨论见王葆玹,《西汉国家宗教与黄老学派的宗教思想》,收入陈鼓应编,《道家文化研究》第二辑(上海:古籍出版社,1992),页193—208;又见李零,《太一崇拜的考古研究》、《三一考》,《中国方术续考》,页207—252。

④　《史记》,28:1384。

⑤　《史记》,12:478。亦见《封禅书》,28:1399—1400。

> 自得宝鼎,上与公卿诸生议封禅……齐人丁公年九十余,曰:"封禅者,合不死之名也……"天子既闻公孙卿及方士之言,黄帝以上封禅,皆致怪物、与神通,欲放黄帝以上接仙人蓬莱士,高世比德于九皇……。①

看来求仙的动机在武帝行封禅时是相当重要的因素。然而武帝并非唯一好鬼神的皇帝,宣帝时,类似的情况仍然不断:

> 时,南郡获白虎,献其皮牙爪,上为立祠。又以方士言,为随侯、剑宝、玉宝璧、周康王宝鼎立四祠于未央宫中。又祠太室山于即墨,三户山于下密,祠天封苑火井于鸿门。又立岁星、辰星、太白、荧惑、南斗祠于长安城旁。又祠参山八神于曲城,蓬山石社石鼓于临朐,之罘山于腄,成山于不夜,莱山于黄。成山祠日,莱山祠月。又祠四时于琅邪,蚩尤于寿良。京师近县鄠,则有劳谷、五床山、日月、五帝、仙人、玉女祠。云阳有径路神祠,祭休屠王也。又立五龙山仙人祠及黄帝、天神、帝原水,凡四祠于肤施。②

在这些祠中,至少有仙人、玉女等是极可能源于地方性的祭典活动。而那些其他的祭祠对象,如八神、日、月、五帝、天神等等,都有与原有官方祭祀相重复之处。这种情况,到了成帝时,终于成为以匡衡为首的一批"复古派"学者所攻击的对象③。于是成帝采取了一连串的祭祀改革,这改革的主要内容,在将甘泉泰畤和河东后土之祠迁到长安南北郊举行,又废除了许多自高祖以来所立的祠所。史载当时匡衡等人的建议是:

---

① 《史记》,28:1397。
② 《汉书·郊祀志第五下》,25下:1249—1250。
③ 参见 M. Loewe, *Crisis and Conflict in Han China* (London, 1976), pp. 154-192。

　　长安厨官县官给祠郡国候神方士使者所祠，凡六百八
十三所，其二百八所应礼，及疑无明文，可奉祠如故。其余
四百七十五所不应礼，或复重，请皆罢。奏可。本雍旧祠二
百三所，唯山川诸星十五所为应礼云。若诸布、诸严、诸逐，
皆罢。杜主有五祠，置其一。又罢高祖所立梁、晋、秦、荆
巫、九天、南山、莱中之属，及孝文渭阳，孝武薄忌泰一、三
一、黄帝、冥羊、马行、泰一、皋山山君、武夷、夏后启母石、万
里沙、八神、延年之属，及孝宣参山、蓬山、之罘、成山、莱山、
四时、蚩尤、劳谷、五床、仙人、玉女、径路、黄帝、天神，原水
之属，皆罢。候神方士使者副佐、本草待诏七十余人皆
归家。[1]

这建议基本上将高祖以来历朝所增添的新祠庙都予以废除，然而
这改革并不表示成帝个人的态度变得比较理性，或者对于祭祀之
礼制有所定见。当匡衡在政争中失势[2]，成帝就又听从匡衡的对
手刘向的建议，恢复前所废止的甘泉泰畤、汾阴后土，以及许多其
他的祠所[3]。

　　成帝死后，长安南北郊的问题仍然不断，到平帝时又前后来回
迁徙了三次。王莽用事之后，除了建议复南北郊祀之礼，又以其阴
阳天地相配之说修改祭仪的细节[4]。等到他篡位之后，又时而有
新制度，如郊祀黄帝以配天、黄后以配地[5]，以及建九庙等[6]。到了
后来，据说"自天地六宗以下至诸小鬼神，凡千七百所，用三牲鸟兽

①　《汉书·郊祀志下》，25 下：1257—1258。
②　讨论见 Loewe, *Crisis and Conflict in Han China*, pp. 154 - 192。
③　《汉书》，25 下：1259。
④　《汉书》，25 下：1265—1266。
⑤　《汉书》，99 中：4106。
⑥　《汉书》，99 下：4162。

三千余种"①,可见其浮滥的程度。

　　与西汉相较,东汉的官方祭典经历的变动较少。光武帝即位后基本上遵行王莽在哀帝元始年间有关郊祭天地的建议,所祭群神包括五帝、五岳、五星、二十八宿、雷公、先农、风伯、雨师、四海、四渎、名山、大川等,总数达到一千五百一十四神②。可见西汉历次的改革并没有发生效果。自光武以下,东汉诸帝对于国家祀典的内容和祭法,基本上并无重大兴革。譬如桓帝祀老子之事,则只能说是个人的行为,与整个政府经常性的祭典不同③。比较特别的是有关皇室宗庙祀典,与西汉有所不同,是因为光武帝在刘氏宗族中辈分排序以及祀其生父的问题而引起的,学者已有论述④。

(三) 个人因素与官方祭祀之关系

　　从上面的讨论,我们可以看到,帝国政府宗教祭祀对象和祭典的建立,常常是由于一些个人的因素而决定的,这些个人的因素能够时常得以实行的原因,显然与整个官方宗教的性质有关。这性质就是,所谓的官方宗教,除了一些敬天祭祖以及阴阳五行、天人相应的基本原则之外,并没有一明确的教条,而祭祀仪节的内容,则视当时的主导人物依据那些基本原则而发挥所得,其形式和内容应依照何种标准,是没有绝对答案的。而最后做决定的皇帝本身在何种情况之下会接受何种主张,也有相当程度的偶然因素。成帝至平帝三十余年间,祠天地的南北郊历经五次的迁徙,正说明

----

　　①　《汉书》,25 下:1270。
　　②　《后汉书·祭祀志》,页 3157—3160。
　　③　《后汉书·祭祀志》,页 3188。
　　④　巫鸿,《汉明、魏文的礼制改革与汉代画像艺术之盛衰》,《九州学刊》,3,2 (1989):31—44。

了官方宗教祭祀活动缺乏稳定的理论基础。如成帝死后，太后下诏将南北郊祭移回长安，其理由是："皇帝……惧未有皇孙，故复甘泉泰畤、汾阴后土，庶几获福。皇帝恨难之，卒未得其祐。其复南北郊长安如故，以顺皇帝之意也。"①这话很明显地指出，郊祀上帝的目的主要是为了皇帝"有皇孙、得其祐"，官方宗教之为皇室服务的性格十分清楚。当然，如同所有的官方文件一样，这理由仍然可能是表面的，真正的推动因素，或者宫庭之间各种势力的暗中角力，在此是看不出的。此外，民间信仰被包纳入官方宗教系统，目的可能是要作为帝国大一统局面的象征。当然，在宗教上表现大一统局面的方法不止一种，封禅、遍祭名山大川，也都具有相类似的作用。因而将民间祭祠引入中央，其目的可能并不是在改良这些祭祀之法，而主要是将它们作为展示②。

　　值得讨论的，是所谓阴阳五行思想在官方宗教中的角色。有关阴阳五行思想对于汉代学术及政治的影响，学者已有相当广泛的讨论，此处暂不置论。在宗教方面，自从秦始皇采取五德终始说为朝代递遭的原则，一直到汉武帝时代，以阴阳五行理论为基础的祭祀活动，其实并不是官方宗教中最主要的部分。阴阳五行理论的根本原则是，宇宙中一切事物的生灭，都与阴阳两种力量和金木水火土等五种循环相克的性质有对应的关系；自然界中的一切现象，又与人间一切事务的进行有对应关系。当人的行为没有遵守某些原则，而这些原则却是自然现象所遵行的，那么"天"会降下一些警兆，要人修正其行为。这一套天象与人事相关的观念固然在春秋时代已见端倪，但一直要到武帝时代，才由董仲舒将之与阴阳

<hr>

①　《汉书》，25下：1253。
②　当然，在宗教上表现大一统局面的方法不只一种，封禅、遍祭名山大川，也都具有相类似的作用。

五行的观念相合而发展成为有系统的理论①。但是若我们看武帝时代的官方宗教祭祀的内容,如"三一"、"八神"、"天神百鬼"等,似乎并没有和阴阳五行的观念有直接的关联,而武帝个人的好崇拜鬼神,信用巫者方士,目的是为了求自己长生不死,这种愿望其实是和董仲舒的理论并不一致的②。武帝以下,皇帝时常在天灾人祸流行时下诏罪己,表示他认为自己的行为有过失,才会使得上天降灾以警戒他,这无疑是取了董仲舒的理论而有的表现,然而这些表现并不表示阴阳五行说与官方祭祀活动有明显的关系。原因之一是,阴阳五行的理论基本上并没有考虑鬼神的问题③,而官方祭仪中有许多对于神明的祭祀是在此理论成熟之前就已存在,也没有因为此理论为皇帝所采纳而有所兴革。第二个原因是,皇帝个人对某些鬼神方士的崇信,乃至于个人好恶,常为祭祠存废的关键,这些也都不是以阴阳五行理论为出发而决定的。

　　至于原因之三,是某种官方宗教崇拜祭祠的成立,必定牵涉到相当多人的利益,因而有其继续下去的惯性,不容易为理论所影响。秦汉以后,一班方士争着要以方术求君主的信任,并为他们建立各种神祠,中间应该涉及相当程度的经济利益。一旦方士得到皇帝的信任,就是名利双收,此类的例子,最早的如驺衍,"以阴阳主运显于诸侯,而燕齐海上之方士传其术不能通,然则怪迂阿谀苟合之徒自此兴,不可胜数也"④。这些怪迂阿谀苟合之徒之所以出现,自是由于见到驺衍显名于诸侯。自驺衍以下,方士们投合皇帝

　　①　关于董仲舒的思想,参见徐复观,《先秦儒家思想发展中的转折及天的哲学大系统的建立》,《两汉思想史》,卷二,页295—438。

　　②　讨论见 Schwartz, *The World of Thought in Ancient China*, pp. 374 - 375.

　　③　有关阴阳五行思想在科学史上之意义,见 J. Needham, *Science and Civilization in China*, vol. 2 (Cambridge: Cambridge University Press, 1956), pp. 232ff.

　　④　《史记》,28:1368—1369;《汉书》,25 上:1203—1204。

之所好，为自己创造了财富。如秦始皇时的徐福，汉文帝时的新垣平，汉武帝时的李少君、栾大等人，他们的成功，自然成为众方士仿效的对象。如栾大"见数月，佩六印，贵震天下"，在这有利可图的情况下，自然是"海上燕齐之闲，莫不搤捥而自言有禁方，能神仙矣"①。再者，当一处祠祭所成立之后，其中人员的维持，祭品的开销，都牵涉到长期的费用问题，而这些祠所的主持人当然也就控制了一笔钱财。如宣帝时，单是诸帝在郡国各处之宗庙，京师陵庙，各朝太后、太子等寝园祭祀等，一年中的开销为"上食二万四千四百五十五，用卫士四万五千一百二十九人，祀宰乐人万二千一百四十七人，养牺牲卒不在数中"②。要维持这样庞大的人员，其中的花费应相当可观。所以祀祭的存废不止是其内容的问题，还牵涉到一些人的实际利益，而既得利益者当然不会轻易放弃。例如"成帝末年颇好鬼神，亦以无继嗣故，多上书言祭祀方术者，皆得待诏，祠祭上林苑安城旁，费用甚多，然无大贵盛者"③。这段记载显示，那些迎合成帝好鬼神心理的方士借着他们的方术而获利甚多。哀帝时，"尽复前世所常兴诸神祠官，凡七百余所，一岁三万七千祠云"④。若此数字可靠，即平均每一所祠祀每年要举行五十余次祭典，所费如何也可以推想而知。王莽时代各种祠庙的花费大到国家对祭品的供给都产生问题，可见这些祠祀之所的开销相当的庞大⑤。

当然，阴阳五行观念对于一些个别祭祀的安排和进行有明显的影响。例如有关祈雨的"大雩"仪式，在最早的时候，如《左传》、

---

① 《史记》，28：1391。
② 《汉书》，73：3115—3116。
③ 《汉书》，25 下：1260—1261。
④ 《汉书》，25 下：1264。
⑤ 《汉书》，25 下：1270。

《荀子·天论》、《周礼·春官宗伯》等文献中所见的,与阴阳五行的观念并没有直接关系,但是到了董仲舒的《春秋繁露》中,祈雨仪式和阴阳观念就有了密切的关系,此后一直到东汉时代,大雩的仪式都是官方宗教祭祠中重要的一环①。

因此我们可以说,阴阳五行思想虽然对于西汉中期之后的政治和社会有相当的影响,在宗教方面,除了对于个别祭祠的应用原则提供理论基础外,对于整体官方宗教的系统并没有产生明显的规划作用。

(四) 官方祭祀与民间信仰之分际

在讨论了官方宗教祭典的基本问题之后,我们已经可以看出,民间信仰与官方宗教之间有一些纠结,是必须进一步探讨的。这纠结有两方面:一是崇拜者身份的重叠,一是两者崇拜对象的重叠。对于我们来说,这两者关涉到的又是一个基本的问题:民间信仰与官方宗教的分野何在。

先说崇拜者身份的重叠。就上述的例子而言,最明显的自然是皇帝本人。由于君主本人一方面为官方宗教的大祭司,必须亲自主持一些重要的祭典,另一方面又是某些民间信仰的实行者,使得君主在国家宗教中的角色变得不清楚。汉武帝由于信李少君的话,亲自祭祠"灶"②,又置"寿宫神君","神君所言,上使人受书其

---

① 祈雨应为古代农业社会中重要的宗教仪式,商代甲骨文中的例子自然已经是长期发展的结果。见陈梦家,《殷虚卜辞综述》,页 599—603。见 M. Loewe, "The Cult of the Dragon and the Invocation for Rain" in Charles le Blanc &. S. Blader eds., *Chinese Ideas about Nature and Society* (Hong Kong: Hong Kong University Press, 1987), pp. 195 – 213.

② 《史记》,28: 1385。

言,命之曰'画法'。其语,世俗之所知也,无绝殊者,而天子心独喜。其事秘,世莫知也"①。武帝的这些行为显然是属于"世俗所知"的通俗信仰的一部分。他虽然保持秘密,但就此方面而言,无碍其为"民间信仰"的一分子。此外,他的诸多崇信方士鬼神之事,使他成为一些民间信仰的鼓励或支持者,而这些民间信仰对于一般人生活的影响远大于官方祭典,武帝晚年时的巫蛊之祸正是一个有力的例子。巫蛊事件的前因后果虽然远超出单纯迷信巫蛊的范围,而主要是一场错综复杂的政治斗争②,但是由巫蛊之术在当时社会中由帝王至庶民均普遍信仰之情况,可以让我们对于所谓"通俗文化"的性质、范围有更为精确的了解。

　　武帝的例子并不是独一无二的。从秦始皇以下,文帝的听信新垣平,宣帝的祠白虎皮爪,成帝的好鬼神,为求子而迷信祭祀方术③,王莽自以为当仙④,都显示出当时君主所具有的双重角色。

　　再说崇拜对象的重叠。汉高祖召集各地巫者至京师,这些巫者所职何事? 司马迁说:"其梁巫,祠天、地……晋巫,祠五帝、东君、云中君……秦巫,祠社主……荆巫,祠堂下……九天巫,祠九天。……其河巫祠河于临晋,而南山巫祠南山秦中。秦中者,二世皇帝。各有时日。"⑤在这些崇拜的对象中,如天、地、五帝、九天、河等,都是官方祭典中原来已经列入者。而这段材料虽没有明言,我们可以假定巫者所司之职事应该与他们原来的本事有关。如果我们认为各地的巫者基本上代表的是地方性的民间信仰传统,则

----

① 《史记》,28:1388。
② 见蒲慕州,《巫蛊之祸的政治意义》,《历史语言研究所集刊》,57,3(1986):511—537。
③ 《汉书》,25下:1260。
④ 《汉书》,99下:4169。
⑤ 《史记》,28:1378—1379。

可见这些传统信仰的对象与官方祭典的对象有重叠之处。这一点,当然也并不是不可想像。武帝时令越巫以鸡卜并祠天神上帝百鬼,正是一方面将地方的传统移入中央,一方面又与其他祭典所祠祀的对象重复。又如王莽篡位时所作"大诰"中有"太皇太后肇有元城沙鹿之右,阴精女主圣明之祥,配元生成,以天下之符,遂获西王母之应"之语①,可见西王母在官方宗教系统中受到一定的重视。但在民间信仰之中,西王母也是一相当重要的神明。哀帝建平四年春,"大旱。关东民传行西王母筹,经历郡国,西入关至京师。民又会聚祠西王母,或夜持火上屋,击鼓号呼相惊恐"②。这次骚动的确切内容虽不得而知,但足以告诉我们西王母的信仰在当时民间势力之广大③。

那么,我们要以何种标准来界定此时的"民间信仰"? 如上所述,官方的宗教祭祀中有许多与民间信仰雷同的因素,所以不能以其祭祀内容及对象来作为分别的标准。我们不能说,凡是在官方宗教祭祀系统中的信仰对象或活动都不算是民间信仰。**汉代宗教的特点,也许就在于这种官方宗教系统与民间信仰相互纠结的情况**。这种情况,当是承续了先秦时代以来的发展,即上下阶层的宗教基本上分享相同的宇宙观,并没有根本的冲突,而只有应用上的差别。因而我们在汉代可以称为民间信仰的,一方面,也许可以取那些不在(或原本不在)官方宗教系统中的信仰行为,另一方面,也要看信仰者所求于其所信仰对象的事物具有的性质,如求个人的幸福、长生不死等,是否相对于官方宗教所求于神明之目的,如国泰民安、风调雨顺等。当然,这中间的分际并非总是很清楚的,必

---

①　《汉书·翟方进传》,84:3432。
②　《汉书·哀帝纪》,11:342。
③　其他有关西王母的材料,见下章之讨论。

须在个别的例子上考量。由此看来，民间信仰者的范围实际上可以包括整个社会的各个阶层。当然，其中也有部分的人，尤其是一些知识分子，是对民间信仰采取批判的态度的，这些，也是延续了先秦以来理性主义知识分子的传统。此外，在这些官方的祭祠活动中，除了阴阳五行观念影响之下的人对于自身道德行为的关注之外，我们看不见任何与个人内在心灵有关的因素。这诚然是与研究者对于宗教的本质的认定有关的问题，因为当我们在做这样的判断时，其实已经假设，宗教崇拜必然与个人内在心灵有关。这虽然是没有必然性的，然而却仍然值得重视：**正是因为官方宗教没有解决个人内心的问题，民间信仰才有其活动的空间。**当然，在民间信仰之中，个人内心的问题并不一定会得到照顾，但显然有比较好的机会。以下我们就来探讨汉代民间信仰的内容及其所反映的问题。

第六章

汉代之信仰生活

　　行乞的教士和卜者去到富人之家,让对方相信,他们经由祭祀和颂咒的方法,已经累积了丰富的由神明之处得到的力量,只要用轻松的庆典就可以消除和治疗一个人或者他祖上的任何罪行。如果有人想要伤害一个敌人,只要花一点小钱就可以善恶均害,因为他们拥有咒诅和巫术,可以控制神明而遂其目的①。

　　瞧这些混球们所行的祭典! 他们带着野餐盒、酒瓶,不是给神明,而是为了他们自己。檀香和麦饼已经足够神圣了——神明的确得到了这些,在火上燎祭。他们也放上尾骨和胆囊给神明,因为那些都不能吃。然后他们吞吃了所有其余的祭品②。

在上章中我们讨论了政治大一统对秦汉官方宗教的影响,在

---

① Plato, *Republic* Ⅱ, 364b - c. E. Hamilton & H. Cairns eds., *The Collected Dialogues of Plato* (1963), p. 611.
② Menander, *Dyskolos*, pp. 447 - 453. D. G. Rice & J. E. Stambaugh eds., *Sources for the Study of Greek Religion* (Missoula: Scholars Press, 1979), p. 109.

讨论中我们也看见某些官方和民间信仰在身份认定上有模糊之处。若我们将注意力放在民间，可以发现，就社会结构而言，由于战国末年以来长期战乱所造成小农经济的破坏①、氏族结构的解体，以致民间社会的组织产生了变化。汉代农村的基层组织为里，里上有乡，而乡上才是中央政府直接控制的县。就生活的实质状况而言，农民生活的世界其实主要是在乡里之中，中央政府的力量和意识形态只能间接地对农民生活发生影响。在这农民的生活世界中，田间的耕作占有主要的地位，而耕作与季节的循环又有密切的关系②。由于天道自古以来可说是不变的，一些与自然秩序相关的习俗，在新的环境中遂仍然持续存在。除了自然秩序之外，人生周期如出生、婚姻、病变、死亡等等，其基本的形态亦相去不远。这些都使得一些自古以来即存在于社会中的信仰习俗，在经历了社会政治上的大变动之后，仍然有继续发展的机会。从上章讨论的秦简《日书》中，我们已经可以约略窥见民间信仰的丰富内容，汉代的材料，则从更广阔的各方面，让我们对这些活动有比较详细的了解。

（一）与自然秩序有关之信仰活动

在古代人的世界中，与自然秩序有关的信仰活动占有中心的位置。先秦时代，与农业周期有关的宗教活动为官方和民间所共同实行，这也是汉代民间信仰与官方祭典最主要发生重叠的部分。在汉代，以时日的运行、季节的轮替为主轴所发展出来的宗教活动

---

① 参见杜正胜，《编户齐民》，页 398—423；杨宽，《战国史》，第七、八章。

② 参见 Cho-yun Hsu, *Han Agriculture* (Seattle: University of Washington Press, 1980).

在文献中有比较丰富的记载。根据《后汉书·礼仪志》及《祭祀志》，我们可以大致整理出汉代官方及民间一年四季中所共同举行的各种祭典活动，纯官方的祭典活动如郊祀、上陵、封禅等则不多论①。

不过，有些节日的内容看来似乎与平民生活没有直接关系，但是这些节日常常有其长远的传统，是根植于农业社会之中的。汉代官方仪节中有关四时祭祀的活动之目的，是一方面肯定农业生产在社会中的重要地位，另一方面也在建立一个以政府为主导的社会秩序。例如"耕"，在汉代为以皇帝为首，百官从之的象征性仪式，为的是要借此仪式的效力而保证一年农作的收成。典礼中祀先农，也就是神农氏。《后汉书·礼仪志》说："正月始耕。昼漏上水初纳，执事告祠先农，已享。耕时，有司请行事，就耕位，天子、三公、九卿、诸侯、百官以次耕。力田种各耰讫，有司告事毕。是月令曰：'郡国守相皆劝民始耕，如仪。诸行出入皆鸣钟，皆作乐。其有灾眚，有他故，若请雨、止雨，皆不鸣钟，不作乐。'"注引《汉旧仪》："春始东耕于借田，官祠先农。先农即神炎帝也。祠以一太牢，百官皆从。大赐三辅二百里孝悌、力田、三老帛。种白谷力斛，为立借田仓，置令、丞。谷皆以给祭天地、宗庙，群神之祀，以为粢盛。皇帝躬秉耒耜而耕，古为甸师官。"②这仪式可以上溯到商代，在周代有更多的材料可以说明其为当时官方举行的仪式③，所以

---

① 有关汉代的官方宗教节庆的详细讨论，可参见 Derk Bodde, *Festivals in Classical China* (Princeton: Princeton University Press, 1975)。本文于此书中已经讨论过的祭祀活动基本上不再重复，若有提及，主要是从民间信仰的角度去谈问题。

② 《后汉书·礼仪志》，页 3106。

③ 丁山，《甲骨文所见氏族及其制度》，页 37—40。《诗经·周颂·噫嘻》，《国语·周语上》，《礼记·月令》孟春纪，《令鼎》（两周金文辞大系图录考释，第六册，页 30，1958，科学出版社），孙作云，《读噫嘻》，《诗经与周代社会研究》，页 165—184。Derk Bodde, *Festivals*, pp. 223 - 242.

它的举行无疑是要肯定农事的重要性。而由"郡国守相皆劝民始耕"的说法看来，政府欲为全民生活作息的主导的意图是很明显的。实际上，"耕"的施行不止是一种象征性的仪式，根据崔寔《四民月令》，正月"可种春麦、螳豆，尽二月止，可种瓜、瓠、芥、葵、……"①。可见它有其农业生产上的背景。官方的仪式是根据农业生活的实际情况而发展出来的。

以四季运行为基础的节日，其基本的意义应该是作为植物生长循环的象征。在汉代，由于阴阳五行思想的影响，官方文献中对于这些节日的意义的解释大都以阴阳五行为原则。最表面的影响则是举行春夏秋冬四季季首的仪式、衣服颜色及祭祀方位的配合。至于民间的活动，由于一些记载如《四民月令》等仍然是知识分子的作品，阴阳五行思想的影响亦多少不可或免。不过若考虑阴阳五行思想所本的原则本与古代人生活的宇宙空间有密切的关系，我们也不能否认，民间信仰中有阴阳五行观念的原则，是一件正常的事。

(1) 岁首

岁首的计算方式自先秦至汉迭有变更，学者已有论述②。汉代，依《后汉书·礼仪志》的记载，岁首时官方的活动包括了朝会、宴乐等，其中似乎没有明显的宗教仪节③。在民间，岁首的庆祝方式看来是比较严肃而虔诚的，主要的活动包括了向祖先献祭，家中年幼者向年长者颂寿祝福等。后汉崔寔在他的《四民月令》中有如

---

①　石声汉，《四民月令校注》(北京：中华书局，1965)，页13。

②　Derk Bodde, *Festivals*, pp. 45–74.

③　《后汉书·礼仪志》，页3130：每(月朔)岁首[正月]，为大朝受贺。其仪：夜漏未尽七刻，钟鸣，受贺。及贽，公、侯璧，中二千石、二千石羔，千石、六百石雁，四百石以下雉。百官贺正月。二千石以上上殿称万岁。举觞御坐前。司空奉羹，大司农奉饭，奏食举之乐。百官受锡宴飨，大作乐。

下的记载：

> 正月之旦，是谓"正日"，躬率妻孥，絜祀祖祢。前期三日，家长及执事皆致齐。及祀日，进酒降神。毕，乃家室尊卑，无小无大，以次列坐于先祖之前，子、妇、孙、曾，各上椒酒于其家长，称觞举寿，欣欣如也①。

(2) 正月上丁

官方年历在正月上丁之日举行"祠南郊、北郊、明堂、高庙、世祖庙"的祭祀，称为五祀。五祀完毕之后，上陵祭拜各代帝王②。这是岁首以来主要的祭祀天地和祖先的活动，相当于百姓在岁首所行之礼。不过在上丁这天，民间也仍然有祭祀的活动："百卉萌动，蛰虫启户。乃以上丁，祀祖于门，道阳出滞，祈福祥焉。"③从这段文字看来，上丁的祭祀主要在祈求神灵（祖，即道神）在农业季节开始的时候能带动阳气，导出阴滞之气，以便有一好的收成。这农业上的意义在官方仪式中，除了也许在祭天地于南北郊中有所表现之外，并不明显。与上丁相似的，农民在上丁之祀的前后又有正月上亥的祭祀："祠先穑及祖祢，以祈丰年。"④这里明白地说出祀祠祈求丰年的对象，一是先穑，也就是农神；一是祖先。农民宗教信仰的重心即在此。

(3) 二月祠太社

二月中某日，农家必须祠太社；祠毕次日，又必须上冢，不过上

---

① 石声汉，《四民月令校注》，页 1。
② 《后汉书》，页 3106。
③ 石声汉，《四民月令校注》，页 7。
④ 石声汉，《四民月令校注》，页 7。

冢的日期必须是吉日,否则应另卜筮以择吉日:

> 祠太社之日,荐韭卵于祖祢。前期,齐、馔、扫、涤,如正祀
> 焉。其夕又案冢簿,馔祠具。厥明,于冢上荐之。其非冢良
> 日,若有君命他急,筮择冢祀日。①

所谓的冢良日,应是择日之书中某种为上冢而设计的一套吉日系
统。当祀太社之日的次日与此套吉日系统不合时,就要以卜筮之法
再选择一个可以上冢的吉日,《日书》中即有不少关于某日适合祭祀
的例子②。祭祠太社,其意义显然是以农村社会的宗教中心,也就是
太社,作为祈福的场所,这可以被认为是农民自农业周期开始以来
一连串的祈福活动的延续:由各家在自己家门的祭祀,发展到村落
社会的集体祈福,不过各家的祖先在这次祭祀中并没有被忽略。在
祭祖时供以韭卵,应该是取二者所具的象征意义:韭菜为容易生长
的茂盛的菜蔬,卵则象征生殖力,荐韭卵,则是祈求农家的丰收③。

(4) 三月上巳

根据《后汉书·礼仪志》,三月上巳之日必须举行"祓禊"的仪
式:"是月上巳,官民皆絜于东流水上,曰洗濯祓除去宿垢疢为大
絜。絜者,言阳气布畅,万物讫出,始絜之矣。"④这祓禊仪式的意
义和源流为何? 曾是学者讨论的问题。葛兰耐(M. Granet)和
Derk Bodde 都认为这仪式可以上溯到周代,并且以为《诗经·溱
洧》中所描述的就是祓禊的情景⑤。葛兰耐甚至认为这仪式是一

---

　① 石声汉,《四民月令校注》,页 19。
　② 《云梦睡虎地秦墓》,简 731、732、735、736、739。
　③ 有关太社的进一步讨论,见本章下文。
　④ 《后汉书》,页 3111。
　⑤ Granet, *Festivals and Songs of Ancient China*, pp. 147ff. ; Bodde, *Festivals*,
pp. 273ff.

个男女相配的山川祭典或性的仪礼①。Bodde 在肯定葛兰耐的说法后,又认为在汉代时这仪式主要反映的是驱除不祥鬼物和不洁秽气的信仰②。葛兰耐认为《诗经》中的《溱洧》以及其他篇章是反映了祓禊的仪式,并且这仪式又是一种以男女择偶为主的性的仪节。这种说法,其实与他对高媒的解释同出一辙,是参考了现代西南少数民族的风俗,加上他对《诗经》中材料的高度想像力的解释而得到的。诚然,现代尚存的少数民族有类似的男女相互自由求偶的节日③,但《诗经》中的材料是否可以如他那样的予以自由联想和解释,却是有疑问的。我们不妨看看《溱洧》的本文:

> 溱与洧,方涣涣兮;士与女,方秉蕑兮。女曰观乎,士曰既且。且往观乎,洧之外。洵訏且乐,维士与女。伊其相谑,赠之以勺药……④

这段文字说的是,在初春的时候,士女去野外踏青,赠芍药以示情意的情景⑤。根据《韩诗章句》对这首诗的解释:"三月桃花水之时,郑国之俗,三月上巳于溱洧两水之上,执兰招魂续魄,拂除不祥。"⑥《韩诗章句》作者薛汉为东汉时人,他所说的郑国之俗是否能代表诗经中的社会情况? 我们不能完全确定,但也许可以作为一项参考。至于这情景是否能被解释成一种大规模的男女相匹配的仪式? 文中没有任何直接证据。葛兰耐可能是受了郑玄笺的影

---

① Granet, *Festivals and Songs*;中译可参见张铭远译,《中国古代的祭礼与歌谣》,页 126—127;152—153。

② Bodde, *Festivals*, pp. 276‑280.

③ 如 W. Eberhard, *The Local Cultures of South and East China*, pp. 33‑43, 也认为祓禊的仪式是现代西南少数民族的男女自由寻求配偶的节日的早期形式。

④ 《毛诗正义》,4/4:12。

⑤ 参见庄申,《禊俗的演变》,收入宋文薰等编,《考古与历史文化》(下)(台北:正中书局,1991),页 113—144;特别是页 118—122 有关此诗之讨论。

⑥ 《艺文类聚》四引。

响："男女相弃，各无匹偶，感春气并出，托采芬香之草，而为淫泆之行。"再加上他对应用民族志材料的信心，以及对《诗经》中其他材料的平面式解释，而得到这样的结论。

不论如何，在汉代，祓禊的活动基本上只具有去除不祥秽气的意义，如许慎在《说文》中所说："祓：除恶祭也。"王先谦在《后汉书集解》中已将汉代所有相关资料都予以讨论①，而 Bodde 的研究基本上证实了王先谦的说法②。照《后汉书·礼仪志》的说法，这祓除恶秽的仪式是官方和民间一同实行的。为何在三月上巳？劳榦的解释是，根据建除家的说法，巳日为"除日"，合于"祓除"之义③。为何在三月？可能是因为这时河川方始解冻，人们可以有足够的水源和较暖的天气来进行洁净的工作。但三月的河水在中国北方（而不是在中国西南地区）应该仍是相当寒冻的，因而这以东流之水而进行的祓禊仪式，不太可能是人在水中举行，而只是取河水来用而已。葛兰耐在讨论《溱洧》和其他诗句并且认为是上巳的情景时，似乎没有注意到时间的因素。他说："他们提起裙子，卷起衣裳，渡过浅滩，有时也用葫芦渡河，遇到水深流急的情况，有车的人便使用车，但是，当车轴和幔布被水浸湿时，也使人感到几乎不安。……他们沿着断崖、河堤、拦河坝，或者在中流，在河中的沙洲和暗礁上相互追踪。有时，他们也对钓鱼感兴趣，另外就是采集湿地上的花，或水草、灯心草、睡莲、兰、艾、浮萍、葵和芳草等。"④这段描述中有哪些地方与三月的时间不合，也就是其问题之所在了。

---

① 《后汉书集解·礼仪志上》，页 9b—10b。
② Bodde, *Festivals*, pp. 276 - 280.
③ 劳榦，《上巳考》，《民族学研究所集刊》，29（1970）：243—262；特别是页 248—249 对"巳日"的解释。
④ 张铭远，《中国古代的祭礼与歌谣》，页 127。

（5）六月夏至

《后汉书·礼仪志》详细的记载了与夏至以及仲夏之月（五月）有关的宗教活动。主要的文字如下：

> 仲夏之月，万物方盛。日夏至，阴气萌作，恐物不楙。其礼：以朱索连荤菜，弥牟［朴］蛊钟。以桃印长六寸，方三寸，五色书文如法，以施门户。代以所尚为饰。夏后氏金行，作苇茭，言气交也。殷人水德，以螺首，慎其闭塞，使如螺也。周人木德，以桃为更，言气相更也。汉兼用之，故以五月五日，朱索五色印为门户饰，以难止恶气。日夏至，禁举大火，止炭鼓铸，消石冶皆绝止。至立秋，如故事。是日浚井改水，日冬至，钻燧改火云。[1]

这段描述并没有提到官方是否有特别的祭典，而其中所说的用朱索五色印的习俗，则很明显的是和一般人民生活有关。应劭在《风俗通义》中也提到这习俗：

> 夏至着五彩，辟兵，题曰游光。游光，厉鬼也，知其名者无温疾。五彩，避五兵也。案：人取新断织系户，亦此类也。谨案：织取新断二三寸帛，缀着衣衿，以己织缣告成于诸姑也。后世弥文，易以五彩。又永建中，京师大疫，云厉鬼字野重，游光。亦但流言，无指见之者。其后岁岁有病，人情愁怖，复增题之，冀以脱祸。今家人织新缣，皆取着后缣二寸许，系户上，此其验也。
>
> 五月五日，赐五色续命丝，俗说以益人命。
>
> 五月五日，以五彩丝系臂，名长命缕，一名续命缕，一名辟

---

[1] 《后汉书》，页3122。

兵缯，一名五色缕，一名朱索，辟兵及鬼，命人不病温，又曰，亦因屈原。①

从应劭的解释看来，在东汉时人们在夏至时所做的一些活动的原始意义为何，已经是不甚清楚的事了。《后汉书·礼仪志》的解释是用阴阳五行的学说，没有提到鬼怪及辟兵的问题，而只是说用朱索和桃印来止"恶气"，这又可以作为官方和民间对于同一节日根据其各自立场而产生不同解释的例子。《后汉书·礼仪志》将夏至这一段列入记录，似乎并不是因为此时有任何盛大祭典，而是由于夏至在农业周期中有其重要地位，因为这是当阳气由极盛到衰，阴气则由衰转盛的关键②。由于热气产生各种疫疾，而人们又相信恶鬼能招致疾病，因而自然就会试采取各种防止恶气侵入的手段，包括五彩丝和桃木印等驱邪的物件。至于《礼仪志》中所说的"夏至，禁举大火，止炭鼓铸，消石冶皆绝止。"则可能是官方学者引申阴阳五行的理论而发明的平衡阳气过盛的办法③，就如同上章所讨论到的董仲舒有关求雨的理论一样。

至于《四民月令》中所记载的，却是相当的简略："夏至之日，荐麦、鱼于祖祢。厥明，祠。前期一日，馈具、齐、扫，如荐韭、卵。"④

(6) 六月伏日

"伏日"一词最早出现于《史记·秦本纪》中："（德公）二年，初伏，以狗御蛊。"⑤可见此时人们已经认为初伏的日子是有蛊气侵害的。汉代，伏日似为一休息之日，人们在此日留在家中，以免受

---

① 王利器，《风俗通义校注·佚文·辨惑》，页605。
② 讨论参见 Bodde, *Festivals*, pp. 289 - 316.
③ Bodde, *Festivals*, p. 311.
④ 《四民月令校注》，页41。
⑤ 《史记》，5：184。

恶气侵袭①。《汉书》记载东方朔伏日早归的故事②；伏日前后为夏
日最炎热的时段,这休息的做法应有其实际的考虑。《后汉书·礼
仪志》中虽没有记载伏日是否为一宗教性节日,但应劭《汉官仪》中
提到,东汉时伏日官府不办公③,《风俗通义》中则提到,由于气候
的关系,在汉中、巴、蜀、广汉等地的地方官可以自行决定伏日:"户
律,汉中、巴、蜀、广汉,自择伏日。"④这些材料可以说明,伏日为一
夏季的假日。但是人们也有一定的宗教性活动,如《四民月令》所
说:"荐麦、瓜于祖祢。齐、馔、扫、涤,如荐麦、鱼。"⑤

　　至于在伏日以狗御蛊,其原始的意义可能是用狗血来驱逐恶
鬼。以动物血有某种涤荡恶气的观念来源应该很早,除了狗之外,
羊和鸡是常被提到用作牺牲以逐除恶物的动物⑥。《山海经》中也
常提到以鸡狗羊猪为祭神的祭品⑦,可见以动物为牺牲来辟凶趋
吉的观念在社会中有相当深的基础。应劭在《风俗通义》中曾经用
阴阳五行的观念解释用犬磔禳的理由:

　　　　谨按:月令:"九门磔禳,以毕春气。"盖天子之城,十有二
　　门,东方三门,生气之门也,不欲使死物见于生门,故独于九门
　　杀犬磔禳。犬者金畜,禳者却也,抑金使不害春之时所生,令
　　万物遂成其性,火当受而长之,故曰以毕春气。功成而退,金
　　行终也。⑧

---

　　① Bodde, *Festivals*, p. 317 – 325.
　　② 《汉书》,65:2846。
　　③ 应劭,《汉官仪》,2:9a(平津馆丛书册5)。
　　④ 王利器,《风俗通义校注·佚文、辨惑》,页604。
　　⑤ 石声汉,《四民月令校注》,页49。
　　⑥ 《吕氏春秋》,3:3b,高诱注:"磔犬羊以禳。"《风俗通义校注》,页376:"东门鸡
头可以治蛊,由此言之,鸡主以御死辟恶也。"
　　⑦ 袁珂,《山海经校注》,页79、84、129、136、163(鸡);19、105(狗);32、113(羊);
79、84(猪)。
　　⑧ 王利器,《风俗通义校注》,8:377。

这种解释显然是理性化之后的结果。但从前面所引的材料看来，用动物磔禳的习俗并没有被阴阳五行学说所代替。

(7) 八月祭太社

《四民月令》记载，八月中某日要祭太社：

> 筮择月节后良日，祠岁时常所奉尊神。……是月也，以祠泰社，祠日，荐黍、豚于祖祢。厥明，祀冢，如荐麦鱼。[①]

为何在此时祠泰社？文中虽无明言，但可推测与农产收获有关。二月时祀太社是为了祈求丰收，半年之后的八月再度祀太社，则应当是向祖先及神明谢恩。其中所提到的月节，可能指的是当月的节日，即二十四节气中的"白露"[②]。

(8) 十一月冬至

冬至在农民年历上的重要性在于此时为阴气盛极而衰，阳气衰极而盛的关键。冬至以后，日光渐长，为阳气渐盛的指标。官方的一些宗教活动主要在发挥阴阳五行的理论：

> 立冬之日，夜漏未尽五刻，京都百官皆衣皁，迎气于黑郊。礼毕，皆衣绛，至冬至绝事。冬至前后，君子安身静体，百官绝事，不听政，择吉辰而后省事。绝事之日，夜漏未尽五刻，京都百官皆衣绛，至立春。……故使八能之士八人，或吹黄钟之律闲竽；或撞黄钟之钟；或度晷景，权水轻重，……[③]

至于民间的活动，根据《四民月令》，则为向玄冥之神及先祖谢恩祈

---

① 石声汉，《四民月令校注》，页 60。
② 石声汉，《四民月令校注》，页 60。
③ 《后汉书·礼仪志》，页 3125。

福:"冬至之日,荐黍、羔,先荐玄冥于井,以及祖祢。"①

(9) 十二月大傩

《后汉书·礼仪志》记载了十二月底的大傩活动:

> 先腊一日,大傩,谓之逐疫。其仪:选中黄门子弟年十岁以上,十二以下,百二十人为侲子。皆赤帻皂制,执大鼓。方相氏黄金四目,蒙熊皮,玄衣朱裳,执戈扬盾。十二兽有衣毛角。中黄门行之,冗从仆射将之,以逐恶鬼于禁中。夜漏上水,朝臣会,侍中、尚书、御史、谒者、虎贲、羽林郎将执事,皆赤帻陛。乘舆御前殿。黄门令奏曰:"侲子备,请逐疫。"于是中黄门倡,侲子和,曰:"甲作食凶,胇胃食虎,雄伯食魅,腾简食不祥,揽诸食咎,伯奇食梦,强梁、祖明共食磔死寄生,委随食观,错断食巨,穷奇、腾根共食蛊。凡使十二神追恶凶,赫女躯,拉女干,节解女肉,抽女肺肠。女不急去,后者为粮!"因作方相与十二兽舞。嚾呼,周偏前后省三过,持炬火,送疫出端门;门外驺骑传炬出宫,司马阙门门外五营骑士传火弃雒水中。百官官府各以木面兽能为傩人师讫,设桃梗、郁櫑、苇茭毕,执事陛者罢。苇戟、桃杖以赐公、卿、将军、特侯、诸侯云。②

这仪式的主要目的为驱逐一年之中在室内所积蓄的恶鬼秽气,与三月上巳的祓禊在观念上有相似之处。Derk Bodde 认为这仪式描绘的是自然世界生物死亡与再生的循环,经由这仪式的举行,就可以保证来年的丰收③。从上引文献看来,这仪式似乎主要是一

---

① 石声汉,《四民月令校注》,页 71。
② 《后汉书·礼仪志》,页 3127—3128。
③ Bodde, *Festivals*, p. 117.

个官方的活动，但是它本身可能早就在民间流传，《论语》就记载孔子观傩的故事①，而傩原本可能是一种驱恶逐鬼的仪式，其根源有可能上溯至商代②。《周礼》中提到大傩的主角"方相氏"的职司："方相氏掌蒙熊皮，黄金四目，玄衣朱裳、执戈、扬盾，帅百隶而时难，以索室驱疫。大丧，先柩；及墓，入圹，以戈击四隅，驱方良。"③由《周礼》这段陈述看来，方相氏的功能主要是逐除疫疾不祥鬼物，其工作的时间是"时难"，也就是《月令》中在季春、仲秋、季冬时举行的"傩"，甚或有其他时间，其工作的内容则是在室内或墓圹内举行驱逐的仪式，并不是限定在岁末。《周礼》这段材料到底应属何时代，我们并无法确定，但应不晚于战国。到了汉代，这种逐疫的仪式才演变为在岁末举行的大傩。张衡《东京赋》中说："尔乃卒岁大傩，驱除群疠，方相秉钺，巫觋操列。侲子万童，丹首玄制，桃弧棘矢，所发无臬，飞砾雨散，刚瘅必毙。"④显然大傩在当时的京都是一个相当盛大的节日，官民百姓均得以参与，其举行之地点也不在室内或墓地。王充在《论衡》中也谈到当时民间在岁末时所举行的"解逐之法"："解逐之法，缘古逐疫之礼。昔颛顼氏有子三人，生而皆亡。一居江水为虐鬼，一居若水为魍魉，一居欧隅之间，主疫病人。故岁终事毕，驱逐疫鬼，因以送陈迎新内吉也。"⑤王充的解释"因以送陈迎新内吉"很可以说明"大傩"的性质及功能，以及为何在岁末举行的原因。有些学者则企图从汉代的一些图像材料之中来说明大傩在当时举行的实况⑥。又有人认为墓室壁画中有所

　　① 《论语注疏》，10：9：乡人傩，朝服而立于阼阶。
　　② 陈梦家，《商代的神话与巫术》。
　　③ 《周礼注疏》，31：12。
　　④ 严可均辑，《全上古三代秦汉六朝文·全后汉文》（台北：世界书局，1982），53：5。
　　⑤ 刘盼遂，《论衡集解·解除》，25：245—246。
　　⑥ 孙作云，《评沂南古画像石墓发掘报告》，《考古通讯》，1957，6：77—87；杨景霜鸟，《方相氏与大傩》，《史语所集刊》，31（1960）：123—165。

谓的"方相氏"的图像,随葬明器之中也有逐疫的方相氏的塑像①。总之,大傩的仪式应该可以说是当时社会上下均极为看重的一项宗教活动。

(10) 腊

一年中最后一次的大节为"腊"。根据许慎的说法,腊为冬至后的第三个戌日②。《后汉书》记载:"季冬之月,星回岁终,阴阳以交,劳农大享腊。"③这是说明腊的意义在庆祝一个农业周期的完成,同时期待新周期的再临。这种情况其实在《诗经·豳风·七月》中已经有所描述:"十月涤场,朋酒斯飨,曰杀羔羊,跻彼公堂,称彼兕觥,万寿无疆。"④此处的十月相当于夏历的十二月。《四民月令》中对此有一段详细的描述:

> 十二月日,荐稻、雁。前期五日,杀猪,三日,杀羊。前除(期)二日,齐、馔、扫、涤,遂腊先祖五祀。其明日,是谓"小新岁",进酒降神。……其明日,又祀,是谓"蒸祭"。后三日,祀家事毕,……休农息役,惠必下洽。⑤

腊的节庆前后持续十余日,超过岁首的庆祝活动,不可谓不隆重了。

(11) 其他与农业有关之信仰活动

以上所谈一年四季中的宗教活动,均以农民田间生活的周期

---

① 小林太市郎,《汉唐古俗·明器土偶》(京都:1947);李建民,《中国古代游艺史》(台北:东大,1993),页 239—243。

② 段玉裁,《说文解字注》(台北:艺文印书馆,1966),四下,页 29。

③ 《后汉书》,页 3127。

④ 《毛诗注疏》,8a:22。

⑤ 石声汉,《四民月令校注》,页 74。

为中心。除了这些有规律的活动之外,还有一些与农业活动有关的信仰,其中相当重要的是祈雨止雨。上章中已经提到董仲舒的祈雨,值得注意的是,董仲舒所描述的祈雨活动,虽是从官方的角度出发,但是其中也有地方民众的参与:

> 春旱求雨,令县邑以水日祷社稷山川,家人祀户,无伐名木,无斩山林,……令民阖邑里南门,置水其外,开邑里北门,具老䝁猪一,置之于里北门之外,市中亦置䝁猪一,闻鼓声,皆烧䝁猪尾,取死人骨埋之,……①

祈雨是一项古老的宗教活动,自商代以下就有不少个例可循。在前一章中我们也提到早期的请雨仪式"大雩"见于《论语》和《荀子》之中,这些应该是民间所行的仪式,并且也与阴阳五行的思想尚未发生关系。《汉书·艺文志》中有《请雨止雨》二十六卷②,应该是比较更详细的有关祈雨法的记载,可见董仲舒请雨之法并非他的独创。桓谭在《新论》中也说:"刘歆致雨,具作土龙,吹律,及诸方术,无不备设。"③可见刘歆也曾实行类似的请雨仪式。而"止雨"的活动当然也循着同一套思想逻辑。董仲舒提到人民在活动时必须关里门,可见活动本身是在基层社会中举行的。活动中烧猪尾及埋死人骨的事,尤其像是一种古老的民间巫术的遗迹。

除了请雨止雨之外,《汉书·艺文志》中又有一些可能与农业生活中民间信仰有关的作品,如《泰壹子候岁》二十二卷,《子赣杂子候岁》二十六卷,《五法积贮宝臧》二十三卷,《神农教田相土耕种》十四卷,《昭明子钓种生鱼鳖》八卷,《种树臧果相蚕》十三卷,《相六畜》三十八卷等,都被列在数术类"杂占"或"形法"之部。这

---

① 董仲舒,《春秋繁露·祈雨》,16:7a。
② 《汉书》,30:1772。
③ 桓谭,《新论·离事》;《全后汉文》,15:3。

些作品的内容虽早已佚失，但很可能是一些夹杂了巫术的为农民日常作业中所参考的行事手册之类的作品。类似的作品尚可从秦简《日书》中的《五种忌》、《土忌》，或《马禖》等篇章得知一二①。这种情况与下文要谈的医书中杂有巫术成分的情形是相似的。

（二）与生命循环有关之信仰活动

生老病死为人生命循环必经之路程，而婚姻为延续整体社会人群生命的正常管道，因而环绕着这些主题有一些信仰活动随之而起。王充说："世俗信祸祟，以为人之疾病死亡及患被罪戮辱欢笑皆有所犯。起功移徙祭祀丧葬行作入官嫁娶，不择吉日，不避岁月，触鬼逢神，忌时相害，故发病生祸，绯法入罪，至于死亡，殚家灭门，皆不重慎，犯触忌讳之所致也。"②这段话反映出，在王充生活的时代，一般人日常生活中有一些普遍为人崇信的习俗，王充对它们的反驳恰可说明这些习俗在社会中是广为人所接受的。

（1）生子

关于人之出生，自古以来就有各种时日禁忌的信仰。子女出生的日期通常人虽不能控制，但是人仍想知道子女将来的发展。云梦秦简《日书》中有许多关于生子女在不同时日所可能发生的后果，又专有一篇《生子》，预测子女将来的命运③。这类的信仰在汉代当然仍存在。西汉时代，在银雀山汉墓出土的竹简中有"阴阳时令占侯"之类的简，其中有一类被称为"三十时"的，简文内容与《日

---

① 《睡虎地秦墓竹简》，页184、196、227。
② 刘盼遂，《论衡集解·辨祟》，24：487。
③ 讨论见蒲慕州，《睡虎地秦简日书的世界》。

书》中的《除》极为相近,中即有一简为有关生子之时日者:

> ……不生,唯(虽)生□(无)子,入之七日,西风始下□(叶)艾(刈)德禾,不可入人民六畜。①

一项比较特殊的有关生子的信仰习俗是所谓的"妨父母"的禁忌,即人们认为在某些日子出生的子女会对父母不利。王充说:"讳举正月五月子。以为正月五月子,杀父与母。不得已举之,父母祸死。"②《风俗通义》也记载:

> 俗说:五月五日生子,男害父,女害母。故田文生而婴告其母勿举,且曰:"长与户齐,将不利其父母。"③

田文,即战国时代齐孟尝君,也是五月五日生的,曾险遭遗弃④。应劭虽提到五月五日生子的禁忌,但是没有说出了关于为何此日为禁忌的理由。倒是王充给了一个当时流行的说法:"夫正月岁始,五月盛阳,子以生精炽热烈,厌胜父母,父母不堪,将受其患,传相放效,莫谓不然。"这种理由在云梦秦简《日书》中是没有的。这点亦可说明类似的信仰以不同的面貌流传在民间。除了正月、五月,或五月五日之外,又有一些其他的日子是生了禁忌的,文献记载中有二月生子不祥,或者与父母同月生不祥等等。《后汉书》记载张奂在河西地方为官时,当地人民就有不举二月五月生子及与父母同月生子的习俗⑤。远在敦煌边区的人民也有类似的禁忌⑥。

除了某些生日会妨父母外,小儿出生的某些异常状况有时也

---

① 吴九龙,《银雀山汉简释文》(北京:文物出版社,1985),页 22,简 0273。
② 刘盼遂,《论衡集解·四讳》,23:470。
③ 王利器,《风俗通义校注·佚文·释忌》,页 561。
④ 其故事见《史记》,75:2352。
⑤ 《后汉书》,65:2138—2144。
⑥ 罗振玉,《流沙坠简》(罗雪堂先生全集续编第七册),页 2812。魏晋南北朝以下,类似的信仰习俗仍然流传在民间,如《宋书》,45:1365;《北史》,14:535 等。

成为禁忌。应劭在《风俗通义》中举了一些例子："不举并生三子。俗说：生子至于三，似六畜，言其妨父母，故不举之也。……不举寤生子。俗说：儿堕地便能开目视者，谓之寤生；举寤生子，妨父母。"①这类的禁忌，乃至于妇人乳子不吉的说法②，也许都与早期社会中生子所造成的父母的心理及生理危机有相当的关系，表现出人们对于生育子女的重视③。

　　前述与生育相关的信仰基本上是被动的，人最多只能设法避免在某些月份怀孕，但不能完全控制生产的日期。此外，人们也希望能主动的去影响子女的命运，其中有所谓的"禹藏法"。这是在小儿出生之后将其胞衣（胎盘）依照一定的方位和地点予以埋藏。西汉早期马王堆墓葬出土一分《禹藏》图，上面就记载了应如何依小儿出生的月份选定埋胞的地方，以便让小儿得到高寿④。这是基于古代天人感应式的宇宙观，相信方位和星宿具有与人生命运相关的神秘力量，而小儿的胞衣又被认为是和人的生命有一体的关系，因此将胞衣依一定的方位埋藏而不予随意抛弃，可以让小儿的生命与宇宙的神秘力量发生相互关联，进而得到保护。

　　与怀孕生子有关的信仰尚不止于此。例如有关孕妇的饮食，就有一些禁忌，如不可食用兔肉，因为那会令小儿得兔唇⑤；不可

---

① 王利器，《风俗通义校注·佚文·释忌》，页560—561。

② 刘盼遂，《论衡集解·四讳》，23：468。

③ 《汉书·艺文志》房中家有《三家内房有子方》十七卷，可见当时人求子者已有相当多的经验。至于有关汉代生子不举现象之讨论，见李贞德，《汉隋之间的生子不举问题》，《历史语言研究所集刊》，66，3(1995)：747—812。

④ 《马王堆汉墓帛书》第四册，页26、134—139。讨论见李建民，《马王堆汉墓帛书"禹藏埋胞图"笺证》，《史语所集刊》，65，4：725—832。

⑤ 《马王堆汉墓帛书》第四册，页136，相同的禁忌在后代一直存在，如张仲景，《金匮要略》，卷下，页12、14《张仲景全书》第五册，上海，1929)；张华，《博物志》，10：1(《广汉魏丛书》本)。

食姜,因为会令小儿长出如姜似的多余的手指①。在这些基本上为医书的作品中有这类的记载,说明了此时社会人们的观念中仍有某些感应巫术思想的遗存。类似的信仰在当时应该相当普遍,而在经过知识分子理论化之后,也以天人感应的方式留存下来,如《月令》中所说:

> 仲春之月,……先雷三日,奋铎以令于兆民曰:雷且发声,有不戒其容止者,生子不备,必有凶灾。②

这种禁忌所反映出的是同类相感的观念,同类的事不但是相类似的事物,如兔肉或姜,也可以是比较抽象的原则或特质,如人的行为或道德等。《月令》的主旨当然是在发挥天人感应的宇宙观,马王堆帛书及其他材料中有关孕妇饮食的禁忌,则可说是这种宇宙观在世俗生活中的应用。从现代生理学和医学的角度而言,这些有关生产饮食的禁忌与孕妇及胎儿体质成长的关系尚难建立,应该是属于信仰的范畴。它们虽与医学知识混杂在一起,其间巫术与医药的分别仍然是可以辨认的,下文将再论及。

(2) 婚姻

成婚为人生大事,与传宗接代有最直接的关系,在大多数社会中均为重要的人生关键。中国古代与婚姻相关的信仰与生子相似,大致以时日为吉凶的主要依据,若以睡虎地秦简《日书》为例,则除了某些特定的日子宜取妻,如"癸丑、戊午、己未,禹以取涂山之女日也,不弃,必以子死。戊申、己酉、牵牛以取织女而不果,不

---

① 《马王堆汉墓帛书》第四册,页136,相同的禁忌在后代一直存在,如张仲景,《金匮要略》,卷下,页12、14(《张仲景全书》第五册,上海,1929);张华,《博物志》,10:1(《广汉魏丛书》本)。
② 《吕氏春秋》,2:2。

出三岁弃若亡。"①之外，又有取妻吉的"牝月"和不吉的"牡月"："十二月，正月，七月，八月为牡月；三月，四月，九月，十月为牝月。牝月牡日取妻吉。子寅卯巳酉戌为牡日，丑辰申午未亥为牝日。"②其所关心的问题，则包括了妻子的性格、婚姻的久暂、生育子女的能力、对父母家庭的影响等等③。汉代的情况应该相去不远。银雀山汉简中亦不乏与婚姻相关的文字，足以印证秦简《日书》中所谈是社会中普遍的问题：

> ……以嫁女取妇冠带剑入六畜可以徙□（为）宫室盖室屋环□（为）之□伤也卒岁④

> ……可筑垣墙宫室不可为啬夫嫁女取妇以居官不久必有天央（殃）以此亡遗必再其所⑤

> ……之可以嫁女不可取妇＝蚤（早）操令下六可为宫室嫁女取妇祷祠入六畜入之三日奏林钟天必⑥

不过这些都是一般性择吉日的占辞，更详细有关婚姻各方面的卜辞和信仰内容则较缺乏。《史记·日者列传》中司马季主说："且夫卜筮者……嫁子娶妇或以养生。"⑦《龟策列传》中则有以卜筮决定娶嫁的例了⑧。郑众在注《礼记》时也说当时百姓嫁娶时以占卜择日⑨，王充在《论衡》中同样地批评当时人婚嫁时卜筮择日的习俗。这些批评对一般百姓而言自然是无大效果的，王莽时"令……昏以

---

① 《云梦睡虎地秦墓》，简 894 反、893 反。
② 《云梦睡虎地秦墓》，简 884 反、885 反。
③ 参见蒲慕州，《睡虎地秦简日书的世界》。
④ 吴九龙，《银雀山汉简释文》，页 20，简 0244。
⑤ 吴九龙，《银雀山汉简释文》，页 24，简 0296。
⑥ 吴九龙，《银雀山汉简释文》，页 25，简 0306。
⑦ 《史记》，127：3219。
⑧ 《史记》，128：3249—3250。
⑨ 《礼记注疏》，13：9。

戊寅之旬为忌日,百姓多不从。"①可见百姓自有其遵行的时日禁忌,即使是皇帝的命令也不能改变。《四民月令》有"(二月)是月也,择元日,可结昏。"以及"(八月)是月也,可纳妇。"②则似乎是另有所本,不过因为《四民月令》的写作目的原本以农作生活和节庆为主,婚姻的考虑可能并非重点所在。

(3) 疾病与医疗

疾病之所以会与信仰发生关系,不外乎因为人们对于疾病的起因和治疗没有完全的知识和把握。在商代,人们将一些疾病的原因归诸祖神的为祟③,到了春秋时代,已经有比较理性的疾病观,如郑子产就不认为疾病与鬼神有何关系④,晋医和以为蛊疾为"淫溺惑乱之所生也",亦不是鬼神的作用⑤。以《黄帝内经》为代表的战国末年以来的医学思想将阴阳不调视为疾病发生的主要原因,虽不无神秘思想在其中,仍然是一种朝向理性思考的发展。但是在另一方面,信巫不信医的情况在社会中仍然是相当普遍的,《吕氏春秋》说:"今世上卜筮祷祠,故疾病愈来,……巫医毒药逐除治之,故古之人贱之也,为其末也。"⑥我们虽无法确定是否"古之人贱之",但此语至少反映出当时人之重视巫医。睡虎地《日书》中有关疾病的篇章,一方面显示出当时人对于疾病的起因有一些根据经验而得到的答案,如说人之得病是由于各种肉类,另一方面也归咎于死去的祖先作祟⑦。

---

① 《汉书》,99b:4138。
② 石声汉,《四民月令校注》,页20,61。
③ 胡厚宣,《殷人疾病考》,《甲骨学商史论丛初集》(山东:齐鲁大学,1944)。
④ 昭公元年。见《春秋左传注疏》,41:23。
⑤ 《春秋左传注疏》,41:28。
⑥ 《吕氏春秋·尽数》,3:5a。
⑦ 参见蒲慕州,《睡虎地秦简日书的世界》。

　　实际上,《吕氏春秋》或《韩非子》的分别"巫"和"医"在当时社会中可能仍然是少数坚持理性思考的知识分子的观念。对于一般人而言,"巫"和"医"不分并不是由于他们心中虽然对这两者的性质不同有一清楚的概念,但为了求实际的功效而两者并用。事实可能是,他们认为巫术和医术是同样性质的活动。在湖北秦代墓葬出土简牍中,可以见到以巫术咒语治病的例子,如治龋齿的法子:"已龋方:见东陈垣,禹步三步,曰:皋,敢告于东陈垣君子,某病龋齿,苟令某已,请献骊牛子母,前见地瓦,操,见垣有瓦,乃禹步,已。即取垣瓦貍(埋)东陈垣止(址)下,置牛上,乃以所操瓦盖之,坚貍之。所谓牛者,头虫也。"①在这段文字中,可见到人们用禹步的法术及咒语向某个地方性的神祇"东陈垣君子"求请治病。但在同一批简文中,亦有非巫术的医方:"治痿病:以羊矢(屎)三斗,乌头二七,牛脂大如手,而三温煮之,洗其□,已痿病亟甚。"②

　　巫者为执行医术者,不独古代为然③,在汉代亦复如是。巫者在汉代社会中的普遍,西汉有《盐铁论》中贤良文学之证:"世俗饰伪行诈,为民巫祝,以取厘谢,坚额健舌,或以成业致富,故惮事之人,释本相学,是以街巷有巫,闾里有祝。"④东汉则有王符《潜夫论》的批评:"又妇人不修中馈,休其蚕织,而起学巫祝,鼓舞事神,以欺诬细民,荧惑百姓妻女。"⑤由这些批评中,我们也可以得知巫祝之流行有其经济上的理由,为巫祝者有利可图,自然会夸大其神术之效用。而一般人生活中最大的经常性威胁就是疾病,巫者之

---

　　①　湖北省荆州市周梁玉桥遗址博物馆编,《关沮秦汉墓简牍》,页129。
　　②　同上。
　　③　周策纵,《古巫医与六诗考——中国浪漫文学探源》(台北:联经,1986),页71—165。
　　④　《盐铁论·散不足》(台北:中华,1971),6:4。
　　⑤　《潜夫论·俘侈》(台北:中华,1971),3:9。

能在社会中生存,自然也有某些治病的能力。汉末五斗米道的广受人们欢迎,与此道之能够治病有很大的关系①。

由马王堆汉墓出土帛书《五十二病方》中的材料来看,以现代观点来判断为理性的医学知识与非理性的巫术仍然交互为用。例如简单的止血之法,一条方法为"止血出者,燔发,以安(按)其痏……",另一条则为"伤者血出,祝曰:'男子竭,女子戴。'五画地□之。"②前一条以发灰止血的方法应该是有其实际上的效果③,但以巫祝之法止血则恐怕只有在与其他方法并用时才会有效。再如治疣之法,《五十二病方》中提到七种治疗的方法,其中六项明显的为巫术疗法,如"以月晦日之丘井有水者,以敝帚骚(扫)尤(疣)二七,祝曰,今日月晦,骚尤北。入帚井中。"④

那么是哪些恶灵导致疾病? 在一些病方中,疾病本身似乎就被认为是一种恶灵,可以由巫术驱逐,如上例以疣为一可以扫除的个体。当然,恶鬼附身招致疾病是常有的想法,例如在小儿痉癫时的治法,就是以咒语威胁为祟的恶灵:"婴儿癎者,目繲邪然,……因唾匕,祝之曰:'喷者虡(剧)喷,……取若门左,斩若门右,为若不已,磔薄(膊)若市。'因以匕周抿婴儿癎所,而洒之桮(杯)水中,候之,有血如蝇羽者,而弃之于垣。"⑤这为祟的恶灵可能是所谓的"魅":"魅,禹步三,取桃东枳(枝),中别为□□□之倡而笄门户上各一。"⑥

这些恶灵有时又与上帝或天神有某些关系,或者天神会因人

---

① 参见林富士,《汉代的巫者》(台北: 稻乡出版社,1999)。
② 《马王堆汉墓帛书》册四,页27。
③ 《本草纲目》册四,卷52,页2927—2933(北京: 人民卫生出版社,1975)。
④ 《马王堆汉墓帛书》册四,页39。
⑤ 类似的例子如治痈法,《马王堆医书考注》,页199—200。
⑥ 《马王堆汉墓帛书》册四,页74。

的要求而干涉其为害："以辛巳日古（辜）曰：'贲，辛巳日'三；曰：
'天神下干疾，神女倚序听神吾（语），某狐又非其处所，已；不已，斧
斩若。'"①或者上帝本来不是令其为害于人的："唾曰：'喷，桼'三，
即曰：'天啻（帝）下若，以桼（漆）弓矢，今若为下民疟，涂（塗）若以
豕矢。'以履下靡（磨）抵之。"②从这些材料中我们可以知道，当时
民间相信人的疾病祸福和天神上帝作为有相当直接而具体的关
系，凡造成疾病者均可能是某种精灵为祟，而这些精灵最终必须受
天帝所管辖。但天神或上帝对人的祸福疾苦并不负直接的责任，
因为他所派下来到人间的鬼灵如"漆"等为祟人间，人们必须主动
的行巫术以驱逐，天神并不保证灵鬼行为的正当性。如果说巫祝
欺诈百姓，以为万物均由鬼神控制，这种观念其实是社会中普遍存
在的，不可能为巫祝的捏造。问题是，杂医学与巫祝信仰的《五十
二病方》与《足臂十一脉灸经》、《阴阳十一脉灸经》、《脉法》等较为
纯医学的作品，以及《黄帝》、《老子》等道法家作品同出于马王堆墓
中，《五十二病方》与这些医学作品之间的关系如何？既然它们同
出于一墓，我们没有理由假定它们是预备给有不同社会身份的人
所用的。那么我们是否能说《五十二病方》之类的文献所代表的信
仰的普及性不止于"无知百姓"，在上层社会也一样为人所接受？
这种论点假设墓主并不能分辨巫术性医疗方式与理性医学的差
别，或者即使他能分辨，仍然愿意相信两者均为有效的治疗方式。
另一方面，我们是否能说《五十二病方》并不能代表"民间"或者"通
俗"的态度，因为它毕竟是以文字写下，又出于一个贵族墓中？这
样的问题在文献不足的古代是无可避免的，也正凸显出研究民间
文化所常遭遇的困难。类似的情况也可以在古希腊时代发现。譬

① 《马王堆汉墓帛书》册四，页50。
② 《马王堆汉墓帛书》册四，页68。参见李零，《中国方术考》，页310—318。

如，以理性为主的医学作品，如"论神圣之疾病"（*The Sacred Disease*）主张疾病的产生是由于自然和物质的原因，与神明无关①。但与这种观点同时并存的是各类巫术疗法。而在这些巫术疗法中，却也不乏一些凭经验而发展出的有效的治疗方式，所谓巫医并用，在有关 Epidaurus 地方的医神 Asclepius 崇拜的铭文中可以很清楚地看出，神明的治病方式不但包括"神圣的接触"，也包括一些有用的食物和药物②。Asclepius 崇拜无疑为民间信仰的一环，但其所提供的医疗方式也包括了一些合理的因素。这也就是说，"民间巫医"所提供的医疗不一定是完全欺人之术，反之，所谓的理性医学其实也有许多未经验证的妄念③。就中国的情况来说，若说《足臂十一脉灸经》、《阴阳十一脉灸经》、《脉法》等与 Hippocratic 学派的作品（如 *The Sacred Disease*）相近，则《五十二病方》的例子似乎更近于 Asclepius 式的疗法。我们当然不能确知它是否能反映墓主本人的信仰，但由它被写成一种实用手册的情况看来，它应当是供人们在日常生活中所使用的。虽然巫者仍是人们所依赖以求施行某些医疗法术的对象，但《五十二病方》之类的手册的存在说明当时的人也很可能自行照上面的方式去行逐疫的仪式。因而我认为此文献很可以显示民间信仰是如何渗入人们的生活之中，这些人甚至也包括了上层社会阶级，不论他们是否自觉到这种情况。

---

　　①　J. Chadwick & W. N. Mann tr., *Hippocratic Writings* (Harmondsworth: Penguin Books, 1987), pp. 237 - 251.

　　②　G. E. R. Lloyd, *Magic, Reason and Experience* (Cambridge: Cambridge University Press, 1979), pp. 40 - 41; James Longrigg, *Greek Rational Medicine* (London & New York: Routledge, 1993), pp. 24 - 25.

　　③　G. E. R. Lloyd, *Magic, Reason and Experience*, pp. 20 - 25; 56 - 57.

（4）丧葬

　　与丧葬有关的信仰在汉代社会中占极重要的地位。关于人从断气至入殓以及入葬之间的一些处理过程，前人早已有详细的讨论，其根据主要是《仪礼·士丧礼·既夕礼》《礼记·王制》等传统文献，然多偏重于上层社会的情况①。汉代一般百姓之丧礼实况，文献记载多为片断，然可以经由与考古材料相互比较而得到一些印象②。在此我先讨论与埋葬直接有关的信仰习俗，至于与魂魄或死后世界有关的观念则在第七章中再予详论。

　　根据东汉章帝时代的一批木简，我们可以得知当时丧葬习俗之一斑。在死者病危时，家人会先为其祈祷，等到死亡之后，再向各类大小神明祈求保佑死者。这些神明包括灶君、水上、社、男殇、女殇、司命、獦君、郭贵人等等，其中水上可能是河神，男殇女殇前此未见，可能是管理未成年而死者之神，后二者看来似乎为地方性的小神君。同时，祈祷完毕，将祷告内容写在木简上，作为死者持去向"天公"报到的券书。所谓券书，应为一种证书，证明以上的祈祷祠祀的确曾经举行过。所谓的天公，到底是何方神圣？此名出现于西汉墓出土之一神灵名位牍上，有学者考证其可能为主生死之籍的天翁，总之，是死后官僚世界中之重要管理者③。

　　在各种葬礼的准备工作均完成之后，人们必选择举行埋葬仪式的时日。《礼记》中所说的"天子七日而殡，七月而葬，诸侯五日

---

　　①　如冯友兰，《儒家对于婚丧祭礼之理论》，《燕京学报》，3（1928）：343—358；陈公柔，《士丧礼既夕礼中所记载的丧葬制度》，《考古学报》，1965，4：287—302；张柏忠，《凤凰山一六七号墓所见汉初地主阶级丧葬礼俗》，《文物》，1976，10：47—56；杨树达，《汉代婚丧礼俗考》，页72—131。

　　②　杨树达，《汉代婚丧礼俗考》。

　　③　陈松长，《香港中文大学文物馆藏简牍》，页99。

而殡，五月而葬，大夫士庶人三日而殡，三月而葬"只是一种理论性的以别身份为主的等级制度，其不能反映实际情况，是很明显的①。汉人可以为了许多不同的原因而选择下葬的时日，如王充所说："葬历曰，葬避九空地陷及日之刚柔，月之奇耦。日吉无害，刚柔相得，奇耦相应乃为吉良，不合此历，转为凶恶。"②这"日之刚柔"，据《淮南子·天文训》的说法，是"凡日，甲刚乙柔，丙刚丁柔，以至于癸。"③所以是依天干的排序而来的。《秦简·日书》中有葬日："子卯己酉戌，是胃男日，午未申丑亥辰是胃女日，女日死，女日葬，必复之，男子亦然。凡丁丑不可以葬，葬必参。"④这虽是依地支的排序而定日之男女，基本上是本于相同的思想模式而成立的，即死之日与葬之日必须男女相配，刚柔相济。而当人们一时找不到合适的日子，他们有时宁愿等一段相当长久的时间。这些也是王充批评的对象："死者累属，葬棺至十，不曰气相污，而曰葬日凶。"⑤除了有日禁之忌之外，由于汉人必须为死者寻一风水佳的墓地，往往花费甚多时间，也可能是造成迟葬的原因。如袁安在父死之后为了访求合适的葬地而出外游历，据说"道逢三书生，问安何之，安为言其故，生乃指一处云，葬此地，当世为上公。须臾，不见。安异之，于是遂葬其所占之地，故累世隆盛焉。"⑥这是占卜有效的例子。但《后汉书》所载吴雄的故事中则反映出另一种情况。吴雄少时由于家贫，母死后无力为母亲觅一风水好的葬地，于是"营人所不封土者，择葬其中，丧事趣办，不问时日，医巫皆言当族

① 杨树达，《汉代婚丧礼俗考》，页132—147。
② 刘盼遂，《论衡集解》，24：477。
③ 《淮南子》，3：14b。
④ 《云梦睡虎地秦墓》，简759—760，又类似者见简885反、1003；又见于天水放马滩日书，见何双全，《天水放马滩秦简甲种日书释文》，《秦汉简牍论文集》，页7—28。
⑤ 刘盼遂，《论衡集解》，24：489。
⑥ 《后汉书》，45：1522。

灭,而雄不顾。及子诉孙恭三世廷尉,为法名家。"①这类故事正面的意义显示当时社会中有人可以不必顾及禁忌而仍然得到好运,但反面意义则显示出当时社会上多数人仍然是遵行禁忌的,这可能是为何吴雄的故事会被保留下作为一个特例的原因。

(三) 与日常生活有关之信仰活动

除了与农业生产和生命循环有关的信仰之外,相应于日常生活中所必须应付的各种问题,人们常借着各类的信仰习俗来寻求解决,以下分食衣住行等诸方面讨论。

(1) 食

在秦简《日书》中我们已经看到,人们对于进食的时日有一些特别的禁忌,甚至连吃药也必须选择一个吉日始能进食②。应劭在《风俗通义》中则记载,当时人相信"临日月薄蚀而饮,令人蚀口。"他的解释是"日,太阳之精,君之象也,日有蚀之,天子不举乐。里语:不救蚀者,出遇雨,恐有安坐饮食,重惧也。"③这类禁忌,如同前面已经提到的孕妇饮食的禁忌一样,基本上是根据天人感应的理论而成立的。与食直接相关的神明,则是民间每一家所祀的灶神,前引《礼记·祭法》中已经提及。

(2) 衣

在睡虎地秦简《日书》中,常有一些某日适合"制衣"、"裁衣"的

---

① 《后汉书》,46:1546。
② 《武威汉简》,页138。
③ 王利器,《风俗通义校注·佚文·释忌》,页563。

记载,甚至有专门与衣有关的篇章①,可见至少自战国以来人们对于穿衣、制衣等活动都有一定程度的禁忌习俗。到了东汉时代,有关衣服的禁忌仍然流行。王充《论衡》中就提到"裁衣之书":"凶日制衣则有祸,吉日则有福。"②至于何日为凶日,何日为吉日,王充没有提到,但却提到与之相关的"沐书",其中有"子日沐,令人爱,卯日沐,令人白头。"③这些有关裁衣、沐浴的禁忌既然有"书",其内容应该不止于王充所谈到的这两点而已。王充的说法在自甘肃武威边塞出土的简牍文献中也得到印证④。

(3) 住

与住有关的信仰主要可分造房屋的时日的选择,以及房屋的方位等风水问题。《汉书艺文志》中有《堪舆金匮》十四卷、《宫宅地形》二十卷明显可知是属于风水堪舆之术,而根据王充《论衡》《四讳篇》所说,"俗有大讳四:一曰讳西益宅,西益宅谓之不祥,不祥必有死亡。"⑤王充并且引《左传》中亦有西益宅不祥的说法,来说明这种禁忌的来源甚为久远。应劭《风俗通义》中亦有与王充相似的说法:

> 宅不西益。俗说:西者为上,上益宅者,妨家长也。原其所以西上者,礼记:"南向北向,西方为上。"⑥

而至少在战国末年时,这种风水观念在民间已经相当流行,如睡虎地秦简《日书》中就有专门说明居住房屋的方位、高下以及与房屋

---

① 参见《云梦睡虎地秦墓》,简 755;蒲慕州,《睡虎地秦简日书的世界》。
② 刘盼遂,《论衡集解·讥日篇》,24:480。
③ 刘盼遂,《论衡集解·讥日篇》,24:479。
④ 《武威汉简》,页 138。
⑤ 刘盼遂,《论衡集解》,23:465。
⑥ 王利器,《风俗通义校注·佚文·释忌》,页 562。

相关的各种建筑物，如困、仓、池、井等的相对位置所应该遵守的各种原则①，可以说已经是相当复杂的风水思想。

银雀山汉简《三十时》中亦有多处与建筑房屋相关的文字，如"……渎沟漆（洫）波池不可以为百丈千丈城，必弗有也。不可筑宫室，有忧得。"②这里不但房屋宫室的建筑有时日禁忌，筑城亦必须遵守。

《堪舆金匮》的内容现已不得而知，根据王充的批评，我们可以知道当时有《移徙法》，是以岁星的方位作为迁移吉凶的指标，又有《周公卜宅经》，也是为人们搬家择宅之用的，他介绍其原则是："移徙法曰，徙抵太岁凶，负太岁亦凶。抵太岁名曰岁下，负太岁名曰岁破，故皆凶也。……移徙之家禁南北徙者，以为岁在子位；子者破午；南北徙者，抵触其冲，故谓之凶。"③又有《图宅术》，这《图宅术》的原则是"宅有八术，以六甲之名，数而第之。定名立，宫商殊别。宅有五音，姓有五声。宅不宜其姓，姓与宅相贼，则疾病死亡，犯罪遇祸。""商家门不宜南向，征家门不宜北向。则商金南方火也，征火北方水也，水胜火，火贼金，五行之气不相得，故五姓之宅，门有宜向，向得其宜，富贵吉昌，向失其宜，贫贱衰耗。"④这是以五行思想为主的风水信仰，同时，与房屋的凶吉相关的问题不止是方位本身，还牵涉到屋主姓氏的声音是否与房宅的方位相合。

王充又提到当时有《堪舆历》，"历上诸神非一，圣人不言，诸子不传。"⑤显然这种《堪舆历》中的"圣人不言，诸子不传"的"诸神"

---

① 参见《云梦睡虎地秦墓》，简 882 反—873 反；蒲慕州，《睡虎地秦简日书的世界》。

② 吴九龙，《银雀山汉简释文》，页 23。

③ 刘盼遂，《论衡集解·难岁篇》，24：492—494。

④ 刘盼遂，《论衡集解·诘术篇》，25：499—502。

⑤ 刘盼遂，《论衡集解·讥日篇》，24：481。

是一些民间信仰中的神明，所谓"不见经传"者。《堪舆历》既为"历"，应该是为择日之用，与王充在另一处所说的"工伎之书，起宅盖屋必择日"①同为与建造房屋有关的禁忌。应劭《风俗通义》中亦提到当时民间传说"五月盖屋，令人头秃"②。这些应该都是当时社会上流行的禁忌的一小部分。

在实际的例子方面，《史记·蒙恬传》中记载蒙恬自杀之前曾说到他因建长城而有罪："起临洮，属之辽东，城堑万余里，此其中不能无绝地脉哉?"③可见当时已有地脉这种风水观念。《后汉书·袁安传》中记载袁安求葬父之地时的事固然为传说，亦足以反映出当时流行的风水观念。而吴雄的故事则为一违反流行风水观念的事。他不但不择葬地的风水，亦不择吉日，在当时一定是相当不合常情的举动，因而才会使得"医巫皆言当族灭"。这也可以反证当时社会中风水择日的观念是相当深固的。

(4) 行

在古人的世界中，出门在外，是一件相当危险的事，这与当时人所生活的物质环境有密切关系。人要如何在路上不遇到螭魅魍魉、毒蛇猛兽，甚至盗寇兵灾，除了自己小心，也只有设法求神问卜一番④。睡虎地《日书》中有一段《行祠》，要人在出门前先祭祀一番："东行南(按：应作东南行)，祠道左，西北行，祠道右。"⑤除此之外，当然也得择日，所以有各种预测。

银雀山汉简中亦有关于行的禁忌，其简文残断，但其性质与秦

---

① 刘盼遂，《论衡集解·讥日篇》，24：480。
② 王利器，《风俗通义校注·佚文·释忌》，页564。
③ 《史记》，88：570。
④ 参见江绍原，《中国古代旅行之究》。
⑤ 《云梦睡虎地秦墓》，简1040。工藤元男，《埋もれていた行神》。

简《日书》相类,则可以确定:

>　……可迎时徙以战……
>
>　……者死可以远徙巷人称……
>
>　……□立廷不可嫁女取(娶)妇祷祠可以徙草秋生者皆杀

其末不引……①

前引《礼记·祭法》郑注中,行神、山神和司命一样都是汉代民间所崇祀的对象。《史记·龟策列传》也列举了卜筮的项目,其中有:"卜求当行不行"、"行者行、来者来"②等占辞。所以人们不但定时祭祀行神,在出门时还要占卜以求吉日。

实际上,当时社会各阶层都相信,在出门旅行时择一吉日是必要的,最常为人所提及的有关出行的禁忌就是所谓的"反支"。凡遇反支日,所有的旅行活动,包括官方的事务,都必须停止③。如王符在《潜夫论》中所说:"孝明皇帝尝问:今旦何得无上书者? 左右对曰:反支故。帝曰:民既废农远来诣阙,而复使避反支,是则又夺其日而冤之也。乃敕公车受章无避反支。"王符的重点虽为揭露政府行事效率不彰,也可看出反支的禁忌为一有长远传统的习俗。至少,可以上溯到战国时代,因为秦简《日书》中已有反支的说法④。所谓的"归忌",如《后汉书·郭躬传》中的"还触归忌"⑤,或者《论衡》中所说的"未必还以归忌"⑥,应该都是与反支类似的禁忌。

---

① 吴九龙,《银雀山汉简释文》,页114、226。

② 《史记》,128;3241、3243。

③ 《汉书》,72;3714,张竦为贼所杀,李奇注曰:"竦知有贼当去,会反支日,不去,因为贼所杀。"又见《颜氏家训·杂艺》。

④ 《云梦睡虎地秦墓》,简743反、742反。讨论见饶宗颐、曾宪通,《云梦秦简日书研究》,页17—18。

⑤ 《后汉书》,46;1546。

⑥ 刘盼遂,《论衡集解·辨祟篇》,24;490。

从上面的讨论可以看出,基本上,与日常生活有关的各类信仰泰半与时日之禁的系统有相当密切的关系,也就是将各种活动的宜忌与否建立在某些固定的与时日的对应关系之上。所谓《岁月之传》、《日禁之书》等等,应该是日常生活中信仰活动的主要参考书籍,而各种占卜之术无疑也随时为人们的问题提供解答。我们只要看《龟策列传》中所列出的卜问项目,就可以对这类方术在当时人生活中起的作用有一基本的了解:

> 卜求当行不行。……
> 卜往击盗,当见不见。……
> 卜往候盗,见不见。……
> 卜闻盗来不来。……
> 卜迁徙去官不去。……
> 卜居官尚吉不。……
> 卜居室家吉不吉。……
> 卜岁中禾稼孰不孰。……
> 卜中民疫不疫。……
> 卜岁中有兵无兵。……
> 卜见贵人吉不吉。……
> 卜请谒于人得不得。……
> 卜追亡人当得不得。……
> 卜猎得不得。……
> 卜行遇盗不遇。……
> 卜天雨不雨。……
> 卜天雨霁不霁。……①

---

① 《史记》,128:3241—3242。

在武威汉简中有一组日忌简册,其内容亦为日常生活中所应注意之各类事项,如"甲毋宅不居必荒、乙毋内财不保必亡,……戊毋度海后必死亡、己毋射侯还受其央,……午毋盖房必见火光、未毋饮药必得之毒、申毋财衣不烦必亡、酉毋召客不闹若伤、戌毋内畜不死必亡、亥毋内妇不宜姑公。"①这日忌的原则即是以天干地支所对应的时日为建构之基础。

(四) 地方性之习俗和信仰

除了以上这些可以预测的与四时运行和生命循环以及日常生活有关的信仰之外,民间信仰中还有许多特殊的或地方性的因素,是使得各地民间信仰的面貌产生差异性的重要原因。如楚地的风俗好巫鬼,是众所周知的,汉代时仍然如此②。不过,地域性文化的差异是否与某种信仰习俗的形成有必然的关系,又是不容易判断的。

一些地方性的信仰和禁忌,有的是出于民间传说,如太原地区的"寒食节",就是民间忌讳介之推的"神灵不乐举火"而发展出来的。介之推的故事见于《左传》僖公二十四年,早已为人所熟知。其为人所崇拜,最早的记载是桓谭的《新论》:"太原郡民以隆冬不火食五日,虽有疾病缓急,犹不敢犯,为介子推故也。"③《后汉书》中有比较详细的说明:

太原一郡,旧俗以介子推焚骸,有龙忌之禁。至其亡月,咸言神灵不乐举火,由是士民每冬中辄一月寒食,莫敢烟爨,

①　陈梦家,《武威汉简补述》,《汉简缀述》(北京:中华,1980),页285—286。
②　见文崇一,《楚文化研究》(台北:东大,1990),页173—234;《汉书》,28:1666。
③　《全后汉文》,15:4。

老小不堪,岁多死者。(周)举既到州,乃作吊书以置子推之庙,言盛冬去火,残损民命,非贤者之意,以宣示愚民,使还温食。于是众惑稍解,风俗颇革。①

实际上,介子推的故事原本并无自焚的部分,而根据近来某些学者的研究,寒食的起源可能与古代"改火"习俗有关,由于改火自然会有"寒食"的情况发生,后来人们忘了寒食的原因,而将介子推的故事附会成寒食的起源②。虽然也有不同的意见,认为寒食与改火没有直接而必然的关联③。不论此俗的起源如何,至少在汉代时人民对介之推的崇拜基本上是来自对他的义行的感念,其反映出的是对"英雄贤者"的灵魂的一种崇拜的心理,虽在太原地区比较盛行,也见于南部地方。

人死后神化,成为民间祭祀之对象,又有《史记·封禅书》中所提到的"杜主"庙的例子:"杜主,故周之右将军,其在秦中,最小鬼之神者。"④这是源于春秋时代杜伯之鬼射周宣王的故事,可见一个民间信仰的形成常有其历史上的因缘,而由杜伯之祠的形成为"秦中最小鬼之神者",显然尚有其他"较大"之鬼也受到人们的祭祀。如汉文帝之时刘章因功封城阳王,死后民间为立祠,《后汉书·刘盆子传》记载:"军中常有齐巫鼓舞祠城阳景王,以求福助。"⑤《琅琊孝王京传》:"国中有城阳景王祠,吏人奉祠,神数下

---

① 《后汉书》,61:2024。

② 裘锡圭,《寒食与改火——介子推焚死传说研究》,《古代文史研究新探》(江苏:古籍,1992),页524—554。

③ 参见 Donald Holzman, "The Cold Food Festival in Early Medieval China," *Harvard Journal of Asiatic Studies* 46,1(1986):51-59. Holzman 讨论了这节日在历代为人民所实行的情况,并且检讨东西学者对此节日的研究与各种解释,结论是我们只能依据最早的证据,即介之推的为人民所崇拜主要是由于人民纪念其义行。其他企图将此节日解释为太阳崇拜或《周礼》所提到的"改火"的说法,都没有直接可靠的证据。

④ 《史记》,28:1375。

⑤ 《后汉书》,11:479。

言,宫中多不便利①。这城阳景王之祠的分布范围,据应劭说是
"自琅琊、青州六郡,及渤海都邑乡亭聚落,皆为立祠。造饰五二千
石车,商人次第为之,立服带绶,备置官属,烹杀讴歌,纷籍连日,转
相诳曜,言有神明,其谴问祸福立应,历载弥久,莫之匡纠。"②由应
劭的描述,不但可知城阳景王为一重要的地方性祀祠,也可以稍见
这类祀祠的内容。这祀祠后虽经改革(详下),余烈仍延续到晋代。
《搜神记》记载:"元康五年三月,临淄有大蛇,……径从市入汉阳城
景王祠中。"③

此外,一些有功于民的地方官吏在死后也常常成为民间祀祠
的对象。史载西汉时的石庆④、胡建⑤、段会宗⑥、文翁⑦、朱邑⑧、
召信臣⑨等人,以及东汉时的邓训⑩、岑彭⑪、祭肜⑫、荀淑⑬、王
涣⑭、许荆⑮、周嘉⑯、姜诗⑰等,均或在地方治理上有成绩,或有军
功以安民,因而受到民众的感恩而为之立祠庙,岁时祭祀。然而这
种形态的祀祠并不能完全涵盖所有的情况,如下文所论,有些为个

---

① 《后汉书》,42:1451。
② 王利器,《风俗通义校注》,9:394。
③ 干宝,《搜神记》(台北:里仁书局,1982),7:99。
④ 《汉书》,46:2197。
⑤ 《汉书》,67:2912。
⑥ 《汉书》,70:3031。
⑦ 《汉书》,89:3627。
⑧ 《汉书》,89:3637。
⑨ 《汉书》,89:3642。
⑩ 《后汉书》,16:612。
⑪ 《后汉书》,17:661—662。
⑫ 《后汉书》,30:746。
⑬ 《后汉书》,62:2049。
⑭ 《后汉书》,76:2470。
⑮ 《后汉书》,76:2472。
⑯ 《后汉书》,81:2676。
⑰ 《后汉书》,84:2784。

人所立的祠祀之所以成立，是由于人们相信其个人的某些神术可以为祈福禳灾的对象。

地方性的信仰最普遍的形式是所谓的"社"。上文简表中两次提到祠太（泰）社，虽然都是官方的祭祀，但显然也是相当重要的民间祭祀活动，始为《四民月令》所提及。在古代，社、稷为一国最重要的祠典，自是不待言而明。《礼记·祭法》："王为群姓立社为大社，王自立社曰王社，诸侯为百姓立社曰国社，诸侯自立社曰侯社，大夫以下成群立社曰置社。"①这可能反映的是战国时代的情况，而社的存在应可上推至商代②。甲骨文中土即社，社所祭祠的即为土地，即万物生殖之基本力量。在汉代，官方所立之社至县为止，"令县常以春二月及腊祠稷"，县以下"民里社各自裁以祠"③。实际上，当时汉政府有诸多祀祠，社的祭祀虽照例举行，如正月天郊"夕牲"之仪中，同时祭明堂、五郊、宗庙、太社稷、六宗④，但似乎并不特别突出。《汉书·郊祀志》提到王莽时始立官稷，臣赞注云："高帝除秦社稷，立汉社稷，礼所谓太社也，时又立官社，配以夏禹，所谓王社也。见汉祀令。而未立官稷，而此始立之。世祖中兴，不立官稷，相承至今也。"⑤倒是在民间的社祀与人们的生活有较密切的关系，而民间社祀中所祀的，也已经不完全是原始的土地或祖

---

①　《礼记注疏》，46：11—12。

②　陈梦家，《殷墟卜辞综述》，页582—584；池田末利，《古代中国の地母神の关一考察》，《中国古代宗教史研究（一）》，页89—107。

③　《汉书》，页1212。参见劳榦，《汉代社祀的源流》，《史语所集刊》，11（1943）：49—60；宁可，《汉代的社》，《文史》，9（1980）：7—13。凌纯声，《中国古代社之源流》，《民族学研究所集刊》，17（1964）：1—44，列举十几种有关社之原始意义之说法，最后认为社是一个社群最原始祭神鬼的坛墠所在，凡上帝、天神、地祇及人鬼，无所不祭。小南一郎，《社の祭祀の诸形态とその起源》，《古史春秋》4（1988）：17—37，亦再检讨各种说法，认为不同形态的社可能有其不同的源头。

④　《后汉书·礼仪志上》，页3105。

⑤　《汉书》，25下：1269。

先,而有各种可能性。《汉书·栾布传》记载在他死后,"燕齐之间皆为立社,号曰栾公社。"[1]是人死后可以成为社神的例子,也显示出所谓的"社"其实与一般的神祠并无太大差别,这种情形,与其他人死后为立祠奉祀的例子相似(详下文)。一般的社神,被称为社公,如《后汉书·费长房传》:"遂能医疗众病,鞭笞百鬼,及驱使社公。"[2]亦有称为社鬼者[3],后世民间土地公之崇拜当即为社祀之流裔[4]。近年出土汉代文献中,甚至有以家族之姓氏为社名者,如香港中文大学所藏"序宁"简中有"田社",即田氏家族之社。同批简中又有"官社",应即官方所立之社[5]。

费长房在后世被视为仙者,如葛洪在《神仙传》中即有他的传记。仙人自然在民间有其崇拜者,汉代文献中即有"仙人祠",有些尚且具官方身份[6]。根据应劭《风俗通义》:

> 俗说孝明帝时,尚书郎河东王乔,迁为叶令,乔有神术,每月朔常诣台朝,帝怪其来数而无车骑,密令太史候望,言其临至时,常有双凫从东南飞来;因伏伺,见凫举罗,但得一双舄耳。使尚方识视,四年中所赐尚书官属履也。每当朝时,叶门鼓不击自鸣,闻于京师。后天下一玉棺于厅事前,令臣吏试入,终不动摇。乔:"天帝独欲召我。"沐浴服饰寝其中,盖便立覆,宿夜葬于城东,土自成坟,县中牛皆流汗吐舌,而人无知者,百姓为立祠,号叶君祠。牧守班禄,皆先谒拜,吏民祈祷,无不如意,若有违犯,立得祸。明帝迎取其鼓,置都亭下,略无

---

① 《汉书》,37:1981。
② 《后汉书》,82下:2744。
③ 《汉书·王莽传》,99下:4190。
④ 劳榦,《汉代社祀的源流》。
⑤ 陈松长,《香港中文大学文物馆藏简牍》,页105、107。
⑥ 《汉书》,25下:1250、1258,28上:1585。

音声。但云叶太史侯望，在上西门上，遂以占星辰，省察气祥，言此令即仙人王乔者也。①

应劭所根据的"俗说"不一定可靠，因为他认为其实叶君祠的起源是春秋时代的叶公子高的故事②。实际上，王乔和叶公子高的故事原本可能是两个不同的传说，但因两者同在叶县，百姓遂将两者混为一谈。无论如何，王乔的故事可以让我们得知民间信仰形成的模式，却是无疑的。相似的例子，如王莽时许杨有术数，晓水脉，又似有神佑，汝南太守邓晨于都宫"为杨起庙，图画形象，百姓思其功绩，皆祭祀之。"③又如汝南高获，"素善天文，晓遁甲，能役使鬼神。……卒于石城，石城人思之，其为立祠。"④这些死后为人所立祠的有道术之士，应该就是各地"仙人"祠的一类来源。

　　这为个人立祠的习俗是中国民间宗教的一项特色，其背后的心态则是对某些死者所具有的神力的信仰。这神力可能来自不同的源头：有些是可以为民表率的个人的道德力量（介之推），有些是他们的社会、政治地位以及一些可纪念的有益于民的作为（城阳景王），有些则是由于他们的法术（王乔、许阳、高获），又有一些似乎只是由于某种不寻常的事件，如杜伯，他的事迹之唯一可称道的就是为他自己复仇。不过从另一方面而言，一个为人崇拜的祠祀之所以著名，与那被崇拜的人本身的关系也许尚不如与那些崇拜者更为密切。例如上章中提到的为汉武帝所崇信的"长陵女子"其实原来只是一个普通百姓，她之所以成为一个"神灵"主要是崇拜她的人——武帝本身的地位的关系。若我们看《礼记》中有关官方

----

① 王利器，《风俗通义校注》，2：81—82。《后汉书》，82：2712。应劭说的"俗说"正是范晔所采用的说法。
② 王利器，《风俗通义校注》，2：85—86。
③ 《后汉书》，82上：2710。
④ 《后汉书》，82上：2711。

祠祀之所以成立的理由："夫圣王之制祭祀也,法施于民则祀之,以死勤事则祀之,以劳定国则祀之,能御大灾则祀之,能捍大患则祀之,……及夫日月星辰,民所瞻仰也,山林川谷丘陵,民所取财用也,非此族也,不在祀典。"①则可以很清楚地看到,官方祀祭所强调的是政治性的功业,而民间祠祀所在乎的是比较个人性的益处。值得注意的是,这些个人崇拜的例子并不必都是所谓"神化",因为,如第四章曾提到,在中国古代信仰中,所谓的"神"和"鬼"之间的界线并不总是很清楚的,一个人的鬼可能比其他的鬼更有力量,因而被认为是"神",也就是有"灵"。在新出秦汉时代简牍文书中,也可以见到一些看来是一乡一邑之人所祀之神君类,如周家台三十号秦墓中出土病方中所提到的"东陈垣君子"②,似为一座墙的神。又或如"序宁"简中的"郭贵人"和"獱君",看来均为地方小神③。

民间信仰的形成,除历史人物故事的演化之外,更有由于人们在一时一地的误解和轻信一些非常现象而造成的,《风俗通义》有一例证:

> 谨按:汝南鮦阳有于田得鹿者,其主未往取也,商车十余乘经泽中行,望见此鹿着绳,因持去,念其不事,持一鲍鱼置其处。有顷,其主往,不见所得鹿,反见鲍君,泽中非人道路,怪其如是,大以为神,转相告语,治病多有效验,因为起祠舍,众巫数十,帷帐钟鼓,方数百里皆来祷祀,号鲍君神。其后数年,鲍鱼主来历祠下,寻问其故,曰:"此我鱼也,当有何神。"上堂

---

① 《礼记注疏》,46:13—14。
② 湖北省荆州市周梁玉桥遗址博物馆编,《关沮秦汉墓简牍》,页129。
③ 陈松长,《香港中文大学文物馆藏简牍》,页102、106。

取之，遂从此坏。传曰："物之所聚斯有神。"言人共奖成之耳。①

此故事显示，一项民间信仰之形成，有时并不需要长久的发展或神话故事的渲染，其模式颇如近代民间仍时常崇拜之"石头公"。当然，地方上巫祝的利用民众心理而谋取利益，其基本问题与上章所提到官方祠祀系统中所牵涉到的某些祀官的经济利益是类似的。一当某个祠祀建立之后，就会有利益团体围绕着它而求生存，并且设法延续下去。实际上，在先秦时代，民间的社祀就有巫者旁依着社而存在，如墨子有云："举巫医卜有所，长具药，宫之，善为舍。巫必近公社，必敬神之，巫卜以请守，守独智巫卜望气之请而已，其出入为流言，惊骇恐吏民，谨微察之。"②上举有关鲍鱼的故事看来虽荒谬，却可能是一种相当典型的民间祠祀的形成模式。《风俗通义》中另有一关于"李君神"的祠祀的记载，其形成过程与"鲍君神"如出一辙③。所以民间祠祀的形成不一定是基于古老的传说，但常可能是源于一时一地民众所持的宗教心态。

（五）怪祥和符兆之观念

认为世间一些奇怪的现象具有预兆的性质，是自春秋以来的材料中就不断出现的主题。我们在第三章中已曾论及。这类信仰的基础是所谓的感应的观念。汉代时这类观念中的一支在儒家思想中发展成为一套符应的说法④，也使得对预兆的解释成为研究

---

① 王利器，《风俗通义校注》，9：403。
② 孙诒让，《墨子间诂》，15：340。
③ 王利器，《风俗通义校注》，9：405。
④ 参见陈槃，《秦汉间之所谓"符应"论略》，《史语所集刊》，16(1947)：1—67。

古代经典的重要部分,董仲舒的天人感应的说法是这种观念发展上重要的分水岭,学者已有论述①。对本书所关切的主题而言,我们注意的不是天人感应和符应试谶纬的思想如何影响到儒家学说或者汉代的政治②,而是这种对符兆的有效性的信仰实际上在人们的心中具有如何的重量?那些谶纬文书可能是有心者为了达到某种政治目的而制造出的,怪祥的事件也可能是欺人误谬之谈,但这些文书和报道实际上对政治或社会造成具体的影响,则显示他们是根基于一种深植于人们心中的思维形态。光武帝之所以能够借符应谶纬之助而成功,显示不止是各军事领袖本人相信谶纬,他们的追随者基本上也都能认同谶纬思想③。

也有学者认为,《汉书》、《后汉书》等正史中所记载的符兆之所以被记载下来,主要是由于政治的原因,即记录者想要利用这些符应来作为对人君的警示,或者,若是瑞兆,则是阿谀人君的工具④。无论如何,这些记载可以让我们得以认识当时社会中各种符兆的

---

① 徐复观,《两汉思想史》卷二,页 295—438; Michael Loewe, *Chinese Ideas of Life and Death* (London: Allen & Unwin, 1982), pp. 80‒90. Jack L. Dull, *A Historical Introduction to the Apocryphal (Ch'an-wei) Texts of the Han Dynasty*, pp. 26‒42; B. Schwartz, *The World of Thought in Ancient China*, pp. 372, 378‒379;安居香山,《谶纬思想の综合的研究》(东京:国书刊行会,1984);安居香山、中村璋八,《纬の基础的研究》(东京:国书刊行会,1986);陈槃,《古谶纬研讨及其书录解题》(台北:国立编译馆,1991)。

② 如李汉三,《先秦两汉之阴阳五行学说》;Jack Dull, *A Historical Introduction to the Apocryphal*.

③ Jack Dull, *A Historical Introduction to the Apocryphal*, 186ff.

④ H. Bielenstein, "An Interpretation of the Portents of the Ts'ien-Han-shu," *BMFEA* 22(1950): 127‒143; idem, Han "Portents and Prognostications," *BMFEA* 56(1984): 97‒112; W. Eberhard, "The Political Function of Astronomy and Astronomers in Han China," in *Chinese Thought and Institutions*, ed. John K. Fairbank (Chicago: University of Chicago Press, 1957), pp. 33‒70; Rafe de Crespigny, *Portents of Protest in the Later Han Dynasty: The Memorials of Hsiang K'ai to Emperor Huan* (Canberra: Australia National University Press, 1976).

类型。

《汉书》与《后汉书·五行志》中许多记载,均具有民间传说中怪祥的特性。它们又可以分为一些不同的类别。首先是与天象有关的现象,例如日蚀、月蚀、淫雨、干旱、大寒、冰雹等等。其次又有与土地自有关的自然灾害:山崩、大水、地震、大火等等。又其次有不正常的动植物相:畸形的树木、花草、蝗虫、狼食人、犬豕交、巨鱼、牛瘟、男化女、两头子等等。最后,人们所行的某些不寻常的行为,譬如某种突然流行服饰的出现(服妖),或者人们放荡不检的行为等等,都可以被认为是某种预兆。对于这些预兆的解释,主要乃是以阴阳五行思想为其基础,虽然这些解释常常是牵强附会,许多所谓的预兆和其效验之间的关系仅仅是时间的先后而已。对于这些,我们所要问的倒不是这些解释是否有说服力或者合乎逻辑,而是这些记录是否反映出当时人们的宗教心态?

举例而言,昭帝元凤元年九月,

> 燕有黄鼠衔其尾舞王宫端门中,王往视之,鼠舞如故。王使吏以酒脯祠,鼠舞不休,一日一夜死。近黄祥,时燕刺王旦谋反将死之象也。其月,发觉。京房易传曰:"诛不原情,厥妖鼠舞门。"①

这段故事显示出:对于自然界的某些异常行为,人们会怀着戒慎恐惧的心情去面对,甚至政府人员会以祭祀行动以求某种保护。而《五行志》所说的"近黄祥,时燕刺王旦谋反将死之象也",则是事后的解释,也显示当时人对于许多自然现象具有相当高的警戒心,对其中异常现象也有记录的习惯。以燕刺王的例子来说,《五行

---

① 《汉书·五行志》,27:1374。

志》中尚有一些其他的怪祥,也被用来作为他谋反将死的征兆①。
如果五行志的构成是将一些有记录的异常自然现象搜集后再对照
着已发生的人事现象而予以因果关系的解释,这些异常自然现象
之所以能被保存下来,至少在一些例子上而言,是经由民间的媒
介。如:

> 成帝鸿嘉三年五月乙亥,天水冀南山大石鸣,声隆隆如
> 雷,有顷止,闻平襄二百四十里,野鸡皆鸣,石长丈三尺,广厚
> 略等,旁着岸胁,去地二百余丈,民俗名曰石鼓。石鼓鸣,
> 有兵。②

这类的资料应该是先经由民间的传述、保存,后来才被选为与人事
相应的异象。当然,即使在当时,也有一些人并不以为这类的异兆
是没有问题的。《后汉书·五行志》中有一段记载:

> 永康元年八月,巴郡言黄龙见。时吏傅坚以郡欲上言,内
> 白事,以为走卒戏语,不可。太守不听,尝见坚语云:"时民以
> 天热,欲就池浴,见池水浊,因戏相恐:'此中有黄龙。'语遂行
> 人闲。闻郡欲以为美,故言。"时史以书帝纪。桓帝时政治衰
> 缺,而在所多言瑞应,皆此类也。③

从这段故事,不但可以看出所谓的瑞应祥兆有许多是地方官吏为
了讨好朝廷而不分事实真伪即呈报以邀功,也反映出其实当时社
会中所流行的心态是"宁可信其有",有意的以讹传讹。

从上面所列举的预兆的类别来看,我们至少可以确定当时社
会中有一种对不正常的现象的好奇与讶异,至于某一件据说是异

---

① 如乌鹊相斗,《汉书》,27:1415;豕出圂,坏都灶,《汉书》,27:1436。
② 《汉书》,27:1341。
③ 《后汉书》,页3344。

象的事件是否必须有某种解释，则是另一个问题。当然，并不是每一件预兆和异象都能够被证明为源于一般人民的宗教心态，但至少在有些例子中，其"民间"或"通俗"的源头是无可怀疑的。这些例子或者可以从其他的材料得到辅证，或者其事件本身的特质足以说明其来源。除了上面的例子外，又如平帝时朔方太守向朝廷报告的一件异事：

> 元始元年二月，朔方广牧女子赵春病死，敛棺六日，出在棺外，自言见夫死父，曰："年二十七，不当死。"太守谭以闻。京房易传曰："'干父之蛊，有子，考亡咎。'子三年不改父道，思慕不皇，亦重见先人之非，不则为私，厥妖人死复生。"一曰至阴为阳，下人为上。①

这件事被认为是一种兆象，虽然这兆象指的到底是什么，我们并不知道。事件本身似乎不是太守谭自己捏造的，而且他本人可能也相信此事具有某种预兆的意义。但若他不将此事上告朝廷，也许就不会被认为是有特别的意义。至于那些将这故事报告给太守知道的民众，我们无法确知他们是否也认为此事为兆象，但不能否认他们至少认为此事是有重要性的。但即使如此，我们可以推测他们心中所考虑的和学者们如京房者流所想的是很不一样的。对于最初报道这故事的人而言，不论是否他们的捏造，其重要性可能并不在它为一种道德性的预兆，而在人死可以复生，以及人的寿命有一定的数字这两种观念上。类似的故事在《后汉书·五行志》中也有记载②。

　　再举另一个例子，成帝时，

---

① 《汉书》，27：1473。
② 《后汉书》，页3348。其中李娥的事迹在民间流传，被干宝收入《搜神记》中。

　　泰山山桑谷有□焚其巢。男子孙通等闻山中群鸟□鹊声，往视，见巢然，尽堕地中，有三□鷇烧死。树大四围，巢去地五丈五尺。太守平以闻。□色黑，近黑祥，贪虐之类也。易曰："鸟焚其巢，旅人先笑后号咷。泰山，岱宗，五岳之长，王者易姓告代之处也。天戒若曰，勿近贪虐之人，听其贼谋，将生焚巢自害其子绝世易姓之祸。其后赵蜚燕得幸，立为皇后，弟为昭仪，姊妹专宠，闻后宫许美人、曹伟能生皇子也，昭仪大怒，令上夺取而杀之，皆并杀其母。成帝崩，昭仪自杀，事乃发觉，赵后坐诛。此焚巢杀子后号咷之应也。"一曰，王莽贪虐而任社稷之重，卒成易姓之祸云。京房易传曰："人君暴虐，鸟焚其舍。"①

这鸟焚其巢的事件可能是真有其事，虽然我们不知鸟如何能够"焚其巢"。对于那些去山中看这件事的人而言，此事可能仅是一件奇怪的事，而这件事如果对他们而言还有些意义，也不可能是如《汉书》中所记载的那种学者所给的宫廷政治的解释。何况，即使是学者们自己也不能有一致的意见。

　　民间信仰与官方与学者对符兆的解释之间的差异，很可以从下面的例子看出：

　　哀帝建平元年正月丁未日出时，有着天白气，广如一匹布，长十余丈，西南行，炊如雷，西南行一刻而止，名曰天狗。传曰："言之不从，则有犬祸诗妖。"到其四年正月、二月、三月，民相惊动，炊哗奔走，传行诏筹祠西王母，又曰"从目人当来。"②

---

① 《汉书》，27：1416。
② 《汉书·天文志》，6：1311—1312。

　　哀帝建平四年正月,民惊走,持稿或棷一枚,传相付与,曰行诏筹。道中相过逢多至千数,或被发徒跣,或夜折关,或乘车骑奔驰,以置驿传行,经历郡国二十六,至京师。其夏,京师郡国民聚会里巷仟佰,设张博具,歌舞祠西王母。又传书曰:"母告百姓,佩此书者不死。不信我言,视门枢下,当有白发。"至秋止。

　　是时帝祖母传太后骄,与政事,故杜邺对曰:"春秋灾异,以指象为言语。筹,所以纪数,民,阴,水类也。女以东流顺走,而西行,反类逆上。象数度放溢,妄以相予,违忤民心之应也。西王母,妇人之称,博弈,男子之事,于街巷仟佰,明离阃内,与疆外。临事盘乐,炕阳之意。白发,衰年之象,体尊性弱,难理易乱。门,人之所由,枢,其要也。居人之所由,制持其要也。其明甚着。今外家丁、傅并侍帷幄,布于列位,有罪恶者不坐辜罚,亡功能者毕受官爵。皇甫、三桓,诗人所刺,春秋所讥,亡以甚此。指象昭昭,以觉圣朝,奈何不应!"后哀帝崩,成帝母王太后临朝,王莽为大司马,诛灭丁、傅。一曰丁、傅所乱者小,此异乃王太后、莽之应云①。

由这一段文字,我们可以看出,天象异常的现象,不但引起官方天文学者的重视,因而被记录下来,在民间也造成相当大的骚动。这情况显示出当时社会中,上下阶层均具有相同的心态,相信天象的异常与人事的变动或发展有直接的对应关系。然而,官方学者所

　　① 《汉书》,27:1476—1477。有关西王母的讨论极多:方诗铭,《西王母传说考》,《东方杂志》,42,14(1946),34—43;朱芳圃,《西王母考》,《开封师范学院学报》,1957,6;B. Karlgren, "Legends and Cults in Ancient China," *BMFEA* 18(1946): 199-366; M. Loewe, *Ways to Paradise*, pp. 86-126; R. Fracasso, "Holy Mothers of Ancient China: A New Approach to the Hsi-wang-mu Problem," *T'oung Pao* LXXIV (1988): 1-46. Wu Hung, *The Wu Liang Shrine: The Ideology of Early Chinese Pictorial Art* (Stanford: Stanford University Press, 1989), pp. 108-141.

关心的与民众所关心的是不同的问题。我们看到，民众对西王母的崇拜已经到达相当狂热的地步，主要是为了要求个人的长生不死；但官方学者的解释却完全以官方宗教和道德的范畴作准则：他们只能将事件的意义与国家的福祉、朝廷的政局，以及皇室的安危相联系。民间信仰强烈的、突发的个人性因素与学者或官方冷静的分析形成鲜明的对照。

以上的讨论显然只触及了汉代民间宗教活动的一小部分，譬如说，民间信仰中所触及的，不止是有关生死鬼神之事，也反映出一些心理及社会问题。例如《风俗通义》中有一故事：

> 汝南汝阳西门亭有鬼魅，宾客宿止，有死亡，其厉厌者，皆亡发失精，寻其故，云："先时颇已有怪物，其后，郡侍奉掾宜禄郑奇来，去亭六七，有一端正妇人，乞得寄载，奇初难之，然后上车，入亭，趋至楼下，吏卒檄，白：'楼不可上。'奇曰：'我不恶也。'时亦昏冥，遂上楼，与妇人栖宿，未明发去。亭卒上楼扫除，见死妇，大惊，走白亭长。亭长击鼓会诸庐吏，共集诊之，乃亭西北八里吴氏妇新亡，以夜临殡，火灭，火至失之；家即持去。奇发行数里，腹痛，到南顿利阳亭加剧，物故，楼遂无敢复上。①

像这样的故事，不但说明当时人的鬼怪观念，也透露出他们的社会中对于单身妇女的行为所具有某些不安的心态。此问题牵涉到对于当时社会心态的全面性检讨，当专门研究，此处暂不深论。同时，笔者在此并不打算对所有的材料进行一全面的检视，我的主要目的是在描绘出民间信仰活动各方面的特质及其范围。在此初步的工作之后，可以更进一步讨论神仙思想和死后世界观的问题。

---

① 王利器，《风俗通义校注》，9：425。

第七章

神灵与死后世界

得闻此卷内容者将会有福,他的子孙亦将得福。

他将成为王公贵人之友伴。

他将得从大神之祭坛上分享面包,及一大块肉。

他将不被阻挡在西方之门外。

他将会晋见上下埃及之王。

他将成为奥塞利斯的追随者①。

••••••••••••

卡里达斯,下面有些什么?

一片漆黑。

不是有复活的说法吗?

谎言。

不是有死者之神吗?

---

① *Book of the Dead*,见 M. Lichtheim, *Ancient Egyptian Literature*,vol. 2 (Berkeley:University of California Press, 1976),p. 132.

神话。我们完完全全地消散于无形①。

（一）神仙思想与灵魂观念

由前面所论一年四季中各种节日以及日常生活中人们所遵行的各类信仰活动来看,虽然在官方祭典中阴阳五行的宇宙论在武帝之后成为主要的理论根据,对于鬼神的信仰在民间仍然占有重要的地位,因而秦皇汉武的好鬼神,求仙人,有当时民间信仰的强烈背景;另一方面,由于帝王的好鬼神,社会上自然更有理由充斥着一片好鬼神的风气,这风气自战国以来就不断:

> 自齐威、宣之时,驺子之徒论著终始五德之运,及秦帝而人奏之,故始皇采用之。而宋毋忌、正伯侨、充尚、羡门高最后皆燕人,为方仙道,形解销化,依于鬼神之事。驺衍以阴阳主运显于诸侯,而燕齐海上之方士传其术不能通,然则怪迂阿谀苟合之徒自此兴,不可胜数也。②

所谓"怪迂阿谀苟合之徒",就是那些以方术干禄于人君的"方士",如汉武帝时著名的栾大、李少君等,他们所行的,正是"为方仙道,形解销化,依于鬼神之事"③。在汉代宗教的开放情况之下,好鬼神与官方宗教的其他方面并没有冲突。在我们所了解的汉代官方宗教系统中,主要关注的是天人和谐和国家福祉,但有一项问题并没有得到解决,就是人死之后的去处。秦皇、汉武、王莽之所以不断地在原有的官方宗教系统之外求长生之术,就是由于官方宗教

---

① 生者与死者的对话,见 A. Sinclair, *The Greek Anthology* (New York: MacMillan, 1967), pp. 13 - 14.

② 《史记·封禅书》,28：1368—1369;《汉书·郊祀志上》,25 上：1203—1204。

③ 陈槃,《战国秦汉间方士论考》,《史语所集刊》,17(1948)：7—57。

不能为他们解决一个最大的希求——不死升仙。同样的，一般人民之所以相信神仙，也有很大部分是为了要解决这个问题。而且，由于所谓的民间信仰其实只是一些个别的信仰习俗的综合体，而不是"一个"有特定组织和教义的"宗教"，因而人们可以找到不止一种解决问题的方法。不同的崇拜形式提供了不同的可能性，使得人相信不老成仙是可能的，神鬼对人世具有真正的影响力。这多重的选择和可能性正是民间信仰得以不断吸引人们成为信徒的原因。汉武帝一生中所从事的各种求仙活动只不过是最著名、最奢华的例子。对于汉武帝和许多其他人而言，在"正规"的国家祭典所崇拜的天地神明之外，有一广大的鬼神世界，是要人靠各种方术去与之交通的。

任何与个人幸福有直接关系的宗教信仰都免不了要处理的问题之一，就是人死之后的命运究竟如何①。前面曾经讨论过，先秦时代人们所期望于死后的，主要是魂魄的存留。战国末年，魂灵的去处，不论是黄泉或幽都，都被认为是可怖的地方。对于一般人而言，死后世界如果存在，似乎也不是太令人宽慰的事。不过，在战国到秦汉的转变时代中，对人死之后的命运以及灵魂的观念有了进一步的发展，这就是不死的观念以及人可以达到不死的境界的可能性。人不但要求能够魂灵不灭，更进一步要求躯体也可以长存，如此也就可以避免面对一个黑暗而恐怖的死后世界。

这种不死的希望当然很可能早就存在于人们心中，在西周金文中已经有"眉寿永命、永寿"等语词②，《诗经》中《小雅・甫田》及

---

①　参见 S. G. F. Brandon, *The Judgment of the Dead: the Idea of Life After Death in the Major Religions* (N. Y.：Scribner, 1967)；Jean Yoyotte et al., *Le Jugement des Morts* (*Sources Orientales* 4, Paris, 1961)；J. Gwyn Girffiths, *The Divine Verdict* (Leiden：Brill, 1991).

②　见徐中舒，《金文嘏辞释例》，《历史语言研究所集刊》，6,1(1936)：1—44。

《大雅·生民》中均有"君子万年"的语句,都表现出一种对于长久延续生命的企望①。不过一直要到春秋时代的文献(包括金文)中才有确切有关"不死"的材料可循②。在《左传》及《晏子春秋》中都保存了一个故事,齐景公有一次叹说:"古而无死,其乐若何?"晏子对曰:"古而无死,则古之乐也,君何得焉?"③《韩非子》中曾提到当时有"不死药"的传说,也只是单纯的"不死",与后来的神仙观念相去尚远④。这两个故事本是为了要驳斥不死之说,但是正是由于有这些故事,可以显示不死的思想在当时社会中已经开始普及,从燕齐之地到楚都有其踪迹可循。战国末年,《吕氏春秋》作者说:"世之人主贵人,无贤不肖,莫不欲长生久视。"⑤可以为上面的说法作一见证。

至于不死思想与道家哲学是否有关,一直是学者讨论的问题。《老子》主张生死均为宇宙秩序(道)的一部分,但从未直接提到人身体的"不死",最多只是说"死而不亡者寿"(第三十三章)⑥。《庄子》中所说的"神人"、"真人"、"至人"的确与后世道教的仙人有相似之处。不过若考虑《庄子》思想整体,则又不得不承认,庄子认为个人生命由生至死的转化是永恒的道的一部分。在这情形下,既然生死之间的界限不是绝对的,也就没有必要刻意去求不死之道。不过,所谓的"神人"、"真人"、"至人"虽可能只是文学上的夸张之辞,但既然有这种概念出现,我们至少可以说,在战国末年的时候,一种类似

---

① 内野熊一郎,《秦鏡背图、背銘詩文に现すれたる 神仙、谶纬思念の源泉考》,《谶纬思想の綜合的研究》,安居香山编(东京:国书刊行会,1984),页3—18。

② 徐中舒,《金文嘏辞释例》。

③ 《春秋左传正义》,49:19。又见张纯一,《晏子春秋校注》(台北:世界,1971),1:25;7:180。

④ 王先慎,《韩非子集解·说林上第二十二》,7:130。

⑤ 《吕氏春秋》,1:7b。

⑥ 讨论可参见 Ellen Marie Chen, "Is there a Doctrine of Physical Immortality in the Tao Te Ching?" *History of Religions* 12, 2(1972):231-247.

"仙人"的概念已经存在于人们的意识之中。又《山海经·大荒南经》中有"不死民",《海内西经》中有"不死药",亦可作为辅证。因而,从上举《左传》、《韩非子》、《庄子》、《吕氏春秋》、《山海经》诸例,我们可以说它们反映出战国以来逐渐呈现在文献中的一种普遍的心态。

不过虽说如此,在战国秦汉交替之际,长生不死的观念是否在一般百姓的信仰中占有具体的地位,则不易得知。至少,在可以代表中下阶层信仰生活之一部分的秦简《日书》中,我们看不到神仙思想。到了秦汉帝国成立,长生不老、神仙和仙境的观念受到一些方士们的鼓吹而广为传播①。仙人所居之处最初是在东方海中,因而求仙的统治者不断地派人入海求仙人及不死之药②。后来仙境的位置又转到西方,于是昆仑山、西王母又成为人们求仙的对象③。不过,如余英时所指出,仙人的观念和仙人的性质在这段时间中曾有所转变。先秦时的仙人观念,特别是《庄子》中的,仙人是出世脱俗的,但是秦汉统治者所希求的仙人却是要在此世界中永远享受他们所享有的乐趣④。后来的发展是,人们接受了两种仙人的观念,一是出世的"天仙",一是入世的"地仙"⑤。

此时有许多材料可以说明对仙人的信仰已经在社会中相当流

---

①　陈槃,《战国秦汉间方士论考》,论及方士之起源及其在秦汉时代的各种角色;顾颉刚,《秦汉的方士与儒生》(上海：1952)则是开创性的作品。西文作品有 DeWoskin, *Doctors*; Ngo Van Xuyet, *Divination, magie, et politique dans la Chine ancienne: Essai suivi de la traduction des "Biographies des Magiciens" tirées de l'Histoire des Han posterieurs* (Paris: Presses Universitaires de France, 1976)。

②　《史记》,28：1369(齐威、宣王);1370 (秦始皇);1385、1397、1398、1399、1401 (汉武帝)。关于仙境地理方位的转变,参见 W. Bauer, *China and the Search for Happiness*, pp. 153ff.

③　Bauer, *China and the Search for Happiness*; Ying-shih Yü, "Life and Immortality in the Mind of Han China," *HJAS* 25(1964－1965)：80－122.

④　Ying-shih Yü, "Life and Immortality in the Mind of Han China."

⑤　有关仙人的讨论极夥,此处无法一一举出,除了前面提到的作品之外,可参见傅勤家,《中国道教史》(台北：商务,1975);津田左右吉,《仙人思想の研究》(转下页注)

行。从图像资料来看,甚至在秦帝国建立之前,"羽人"的形象就出现在一些战国晚期的铜器上①。有学者以为这种羽人就是所谓的仙人最早的形象。在汉代,这类与羽毛或鸟类的形象有关的"人物"经常在墓室壁画或砖画乃至铜器纹饰中出现②。这些画像出现的情境通常在云气环绕之中,并且与一些奇怪的神兽为伍,很可能是仙境的描绘。这类的图像证据又有一些文献资料可以彼此印证。譬如在《山海经》中,有所谓的"羽民国",其民长头披羽,有如仙人③。屈原在《楚辞·远游》中有云:"闻至贵而遂徂兮,忽乎吾将行,仍羽人于丹丘兮,留不死之旧乡。"所谓"不死之旧乡"也即是羽人所居之处。武帝时方士栾大在受"天道将军"之印时,"使使衣羽衣,夜立白茅上,五利将军(栾大)亦衣羽衣,夜立白茅上受印,以示不臣也"④。这使用羽衣之举,显然也是取其为仙人的象征。而当王充要驳斥仙人之存在时,他发现在人们的观念中仙人和羽翼是不可分的:"图仙人之形,体生毛,臂变为翼,行于云则年增矣。"⑤

(接上页注)(东京:1939);村上嘉实,《中国の仙人》(京都:1956);闻一多,《神仙考》,《神话与诗》(台北:蓝灯,1975),159—100;H. Maspero, *Taoism and Chinese Religion* (tr. by F. A. Kierman)(Amhurst:University of Massachusetts, 1981), pp. 310ff.;卿希泰,《中国道教史》卷一(成都:四川人民,1988).

① 容庚,《宝蕴楼彝器图录》(北京:古物陈列所,1929),页88;孙作云,《说羽人》,《沈阳博物馆筹备委员会汇刊》,1(1947):29—75;见页30—31。

② 孙作云,前引文。又见卜千秋墓壁画中的羽人,孙作云,《洛阳西汉卜千秋墓壁画考释》,《文物》,1977,6:17—22;Kate Finsterbusch, *Verzeichnis und Motivindex der Han-Darstellungen* (Wiesbaden:1966-1971), Vol. 2, nos. 16, 104, 118, 132, 143;见 Vol. 1, p. 213 索引"Geflugeltes menschliches Wesen"项下,"铜器纹饰中之羽人";林巳奈夫,《漢代鬼神の世界》,《漢代の神神》,页146—152;附图7,9,12。

③ 袁珂,《山海经校注》,页187。

④ 《史记》,28:1391。

⑤ 刘盼遂,《论衡集解》,2:32。以灵魂为具翅膀的鸟形的观念似乎为古代世界中常有的,古埃及人以为其人死后灵魂巴(Ba)为人头鸟身,而希腊人亦以为灵魂具有翅膀。见 E. Vermeule, *Aspects of Death in Early Greek Art and Poetry* (Berkeley:University of California Press, 1979), pp. 8, 18, 75-77。

王充所描述的仙人与汉墓中所见者极其相近。

成帝时神仙说的盛行，可以由谷永上书驳斥仙道鬼神的话中间接得知：

> 臣闻明于天地之性，不可或以神怪；知万物之情，不可罔以非类。诸背仁义之正道，不遵五经之法言，而盛称奇怪鬼神，广崇祭祀之方，求报无福之祠，及言世有仙人，服食不终之药，遥兴轻举，登遐倒景，览观县圃，浮游蓬莱，耕耘五德，朝种暮获，与山石无极，黄冶变化，坚冰淖溺，化色五仓之术者，皆奸人惑众，挟左道，怀诈伪，以欺罔世主。[①]

至于王莽时好神仙之说，也自以为可以成仙，则显然是承袭了武帝以来帝王好神仙的传统[②]。

以上这些材料显示，神仙思想在当时社会上层阶级中相当流行。知识分子中相信的也不乏其人，《列仙传》相传就是刘向的作品[③]。汉乐府诗中有许多时候都以神仙为其歌咏的主题，应该是反映出宫廷中的品味[④]。在汉代流行的铜镜上，最常见的铭文之一是"尚方作镜真大好，上有仙人不知老，渴饮玉泉饥食枣，浮游天卜放四海，寿如金石为国保"[⑤]。

此类材料是否能反映出一般百姓的态度？如果说秦始皇时"怪迁阿谀苟合之徒自此兴，不可胜数也"，汉武帝时"齐人之上疏言神怪奇方者以万数"[⑥]，这些说法有相当的根据，那么我们就不

---

① 《汉书》，25：1260。

② 《汉书》，99：4168—4169。又见本书第五及第八章之讨论。

③ 福永光司，《劉向の神仙》，收入《道教思想史研究》（东京：岩波书店，1981），页299—318。

④ 泽口刚雄，《漢の楽府における神仙道家の思想》，《東方宗教》，27（1966）：1—22.

⑤ 孔祥星、刘一曼，《中国古代铜镜》（北京：文物，1984），页75。

⑥ 《史记》，28：1397。

能否认这些人的出现代表了社会中有相当多的人相信，或者愿意让别人相信神仙不老的观念。这神仙思想逐渐渗透入社会中，塑造了人们的心态模式。《汉书·地理志》中记有一些"仙人祠"，显然是民间崇拜仙人的部分遗迹，有些在郦道元注《水经》时仍然存在①。这些仙人祠当是受到当地人民的支持才能存在，因而亦可能为散播神仙思想的据点。著名的唐公房一人得道举家升天的故事就反映出普通人均可以成仙的观念②。唐公房虽尚不能算是纯粹的平民，但其官职只是郡吏而已，可说是当时社会中与平民阶层相当接近的。郦道元在北魏时尚得见唐公房祠③，其意义不止是其事迹在民间流传之长远，也可见人们对神仙之道的志慕之情。

　　然而这一类的"仙人"其实与所谓的"神"相去不远：在西汉的祭祠中，"仙人"祠与其他神明的祠祭都被列在同一类型的祭典之中，如宣帝时，

　　　　京师近县鄠，则有劳谷、五床山、日月、五帝、仙人、玉女祠。云阳有径路神祠，祭休屠王也。又立五龙山仙人祠及黄帝、天神、帝原水，凡四祠于肤施。④

这种有固定祠庙的"仙人"，与当时其他为人所崇信的神明本质上似乎差别不大。

　　其次，上举有仙人铭文的铜镜普遍出土于墓葬之中，其中许多均为中下阶层人士的墓⑤，故镜铭中的思想有可能亦为他们所接受，如此，我们便不能说这种铭文反映的只是上层阶级的观念。前

① 参见宫川尚志，《六朝史研究宗教篇》(京都：1964)，页 380—386。
② 《全后汉文》，106：1—2。
③ 见郑德坤，《水经注故事钞》(台北：艺文印书馆，1974)，页 30。
④ 《汉书·郊祀志第五下》，25 下：1249—1250。
⑤ 《广州汉墓》(上)，页 149—154；《洛阳烧沟汉墓》，页 165—176。

图五：西王母

刘志远，《四川汉代画像砖艺术》（北京：1958），图 67

章中提到人们崇拜西王母之事，汉画像资料中西王母也是经常出现的主题①。西王母所能赐给人的正是永恒的生命，崇拜西王母则为求仙思想具体的表现。最后尚值得注意的是，不论是铜镜、墓画、漆画，仙人的形象基本上均为工匠的作品。当他们在制造，描绘仙人形象时，必然也对他们自己的作品所代表的意义有相当的了解，因而虽然他们制造的作品可能是为上阶层所用，但并不表示这些作品形象只能反映上阶层的意识形态。古代工艺品的制造代

---

① 可参见 M. Loewe, *Ways to Paradise*, pp. 86 - 126.

表了不同阶层人们(工匠与消费者)思想和价值观的复杂的交流过程,这文化观念的交流为一长远的过程,其源头当早于任何文字资料可循的时代。在葛洪《神仙传》中,崇高的社会地位并不是成仙的必要条件,有不少仙人在成仙之前都是来自社会下层阶级,然无碍于他们的得道。这种情况显示当时人们已经以为仙人之存在和信仰是一件平常的事①。由西汉到晋,神仙思想渗透入整个社会的细节如何,则有待更详细的研究。

从另一方面来说,大多数的人也许相信世上有仙人,但并不真正以为自己有可能成仙,于是一般人最普遍的关于人的命运的看法或者希望是,人死后有灵魂,可以过另一种形态的生命。我们在第三章中已经讨论了魂魄的观念,魂与魄的性质究竟如何? 一直是没有完全解决的问题。《礼记·祭义》中有一段话:"宰我曰,吾闻鬼神之名,不知其所谓。子曰,气也者,神之盛也,魄也者,鬼之盛也。合鬼与神,教之至也。"郑玄对这段文字的解释是:"气,谓嘘吸出入者也,耳目之聪明为魄。"②段玉裁在《说文解字注》中对魂魄的说法是:

> 《郊特牲》曰:"魂气归于天,形魄归于地。"……按,魂魄皆生而有之,而字皆从鬼者,魂魄不离形质,而非形质也。形质亡而魂魄存,是人所归也,故从鬼。③

照段玉裁的意思,魂魄两者均为精神性的存在,因为是"不离形质,而非形质"。但他并没有真正解释魂魄之间的差异。他引了《郊特牲》的说法,然并未进一步说明魂魄的差异是否仅在于一上天一下

---

① 讨论见蒲慕州,《神仙与高僧:魏晋南北朝宗教心态试探》,《汉学研究》,8,2(1990):149—176。

② 《礼记注疏》,47:14。

③ 段玉裁,《说文解字注》,卷九上,页40。

地。对于我们而言，不论是《礼记》或者郑玄的注释，主要代表的是汉代儒家学者的一派思想，这种思想是否能代表当时一般百姓的想法，则是相当可疑的。东汉时一件镇墓文上有如下的字句："黄神生五岳，主生人禄，召魂召魄，主死人籍。"①显然魂与魄在此是去到同一个地方②。

此外，在汉代的医学作品中，"气"似乎被认为是一种可以单独存在的个体，如西汉时代张家山《脉书》中就有如下字句："汗出如丝，槫而不流，则气先死。"③这显然是一种与上述儒道等传统中所说的气不同的观念。相传为战国时代作品，但至少在汉代已存在的《灵枢经》中又有关于魂魄的论述："血气已和，荣卫已通，五藏已成，神气舍心，魂魄毕具，乃成为人……八十岁，肺气衰，魄离，故言善误……百岁，五藏皆虚，神气皆去，形骸独居而终矣。"④此论以为魄可以先离人而去，则又是另一种对于生命的了解与对魂魄的观念的不同诠释⑤。

如果我们进一步检视汉代文献中魂与魄两字的用法，可以发现其实有相当多的时候，人们在用这两个字时并没有明确的分别，而几乎可以当做同义词来使用⑥。在东汉一墓砖上我们发现如下的铭文："叹曰，死者魂归棺椁，无妄飞扬，行无忧，万岁之后，乃复会。"⑦在此，人的魂可以回到棺椁之中，也就是下地，而魄则完全消失不见。这类的墓葬文字应该是具有一定的代表性的。

---

①　池田温，《中国历代墓卷略考》，《东洋文化研究所纪要》，86(1981)：273，no. 6。
②　讨论见蒲慕州，《墓葬与生死》，页213—217。
③　《江陵张家山汉简〈脉书〉释文》，《文物》，1989，7：74。
④　《灵枢经》卷八《天年第五十四》（四部丛刊初编本）。
⑤　有关精气魂魄之综合讨论，见杜正胜，《形体、精气与魂魄——中国传统对"人"认识的形成》，《新史学》，2，3：1—65。
⑥　讨论见蒲慕州，《墓葬与生死》，页213—217。
⑦　《辽宁盖县九垄地发现东汉纪年砖墓》，《文物》，1977，9：93。

（二）死后世界观之进一步发展

当神仙不死的观念逐渐在人们的信仰中占有一分地位时，另一种观念也开始向不同的方向发展，这就是死后世界的观念的续继发展。也许是为了要让死亡的恐怖稍微减轻些，而且，对于一般人而言，不死升仙固然是一大诱惑，但是人们也同时将希望放在死后世界之中，既然成仙的希望不是人人可以达到的，人所能做的只有用比较正面的态度去想像一个死后世界，而丧葬之礼则是表现此希望的具体方式。

（1）墓葬形式之演进

由墓葬形制的发展来看，从商周以至战国末年，中原地区平民的葬俗基本上是与上层阶级人士的葬俗相同的，即竖穴土坑，木棺木椁，仰身直肢[①]。在礼制严格的西周至春秋时代，葬仪细节虽以身份高下之不同而有所不同，其基本概念是一致的[②]。这种墓葬形制由战国末年开始逐渐发生转变，一方面，是在楚地发展出的分层木椁墓，中有横仿生人居室的门窗以及楼梯等结构[③]，另一方面，在中原地区，有横穴砖室墓的出现。这横穴砖室墓的墓室由简单向复杂发展，一直到东汉时，几乎完全取代了竖穴土坑墓。这两种墓葬形制代表的意义，都是要比较具体地模仿生人的居宅。

与墓葬形式发展同时，随葬品的内容和性质也产生了转化。

---

① 参见蒲慕州，《论中国古代墓葬形制》，《墓葬与生死》第二章。

② 陈公柔，《士丧礼既夕礼中所记载的丧葬制度》，《考古学报》，1956，4：67—84；俞伟超，《周代用鼎制度研究》，《先秦两汉考古学论集》（北京：文物出版社，1985），页62—107；王飞，《用鼎制度兴衰异议》，《文博》，1986，6：29—33；杜正胜，《周礼身份制之确定及其流变》，《第二届国际汉学会议论文集》（台北："中央研究院"，1989）。

③ 参见蒲慕州，《墓葬与生死》第三章。

商周以来随葬品的设计主要是为了表现死者的政治和社会地位，譬如棺椁层数和鼎数在理论上都是依墓主的身份而供给的。从东周中期开始，原本的理想礼制逐渐被强有力的诸侯破坏，而当封建制度的春秋时代转变为中央集权、以官僚政府和个人功勋为重的战国时代，随葬器物也有了新的变化。最明显的发展就是表现身份的青铜礼器逐渐消失，各种日常生活的实用器具，以及代表舒适生活的各类偶人及车马居室等明器，在汉代逐渐成为主要的随葬品①。

　　其次，随着砖室墓的出现和不断发展，此类墓中的砖及墙上的装饰也逐渐复杂化。这些装饰的主题包括了各类日常生活的情况、祥瑞图像、神仙怪物、历史人物、自然风景等等②。这些装饰画像的功能虽有可能是为了表现死者家族的政治社会地位或财富③，但既然它们主要是为了给死者所准备的，应该具有与其他随葬品相似的功能，即为死者在另一个世界中所用。死者在另一世界中的生活如何？也许这些图像资料正是一种写照，当然，我们可以说是一种以现实生活为模型的写照④。这与镇墓文中所透露出的地下世界的官僚组织乃以世俗政府为样本的情况是一致的。（见下文）

　　总之，从墓葬形制和随葬品内容自战国时代以来的改变，我们可以推论，这些都代表了一种集体意识的改变，这改变就是人们开

---

　　① Wang Zhongshu, *Han Civilization* (New Haven: Yale University Press, 1982), pp. 175ff.；蒲慕州，《墓葬与生死》第六章。

　　② 有关汉代墓葬中之壁画与生人家室中壁画之关系，可参见邢义田，《汉代壁画的发展和壁画墓》，《历史语言研究所集刊》，57，1：139—170；蒲慕州，《墓葬与生死》第五章第二节。

　　③ 有关汉墓壁画之内容与汉人政治及道德观念之关系，参见 Martin J. Powers, *Art and Political Expression in Early China* (New Haven: Yale University Press, 1991)；Wu Hung, *The Wu Liang Shrine*, *the Ideology of Early Chinese Pictorial Art* (Stanford: Stanford University Press, 1989).

　　④ 蒲慕州，《墓葬与生死》第七章第三节。

始希望提供给死去的亲人一个与其生前所生活的世界比较更相似的环境①。这种墓形结构的改变显然是一缓慢的过程，也许并不为当时社会中任何个人所直接觉察得到，但是经由长期资料的累积，我们可以看出社会整体信仰心态的转变，其内容即死后世界观念的逐渐发展成形。

(2) 死后世界观之转变与发展

在第三章中，我们曾谈到，在战国末期，死后世界的观念在所谓的"幽都"，但是此幽都中到底情况如何，除了屈原所描述的面目狰狞的土伯之外，并没有明确的概念。到了汉代文献中，更有"泰山"、"蒿里"、"梁父"等，认为某一处山岳为人死之后的归处。这类观念大约要到了东汉晚期才逐渐流行②。另一方面，与这些观念并行的是一单纯的"地下"，而在此"地下"世界中，亦有与世间相当的社会组织，其中有所谓的"地下主"、"地下丞"，如文帝时代墓葬中出土竹简云：

> 四年后九月辛亥，平里五夫伥（张）偃敢告地下主："偃衣器物所以蔡（祭）具器物，各令会以律令从事。"③

> 十三年五月庚辰，江陵丞敢告地下丞，市阳五夫，燧少言与奴良等廿八人……骑马四匹，可令吏以从事，敢告主。④

这两段简文中的"地下丞"很可能就是"主"或"地下主"。此外，与

---

① 蒲慕州，《墓葬与生死》第七章。
② 蒲慕州，《墓葬与生死》第七章；余英时，《中国古代死后世界观的演变》。早期对泰山的研究有 E. Chavannes, *Le T'ai Chan* (Paris: Leroux, 1910)；酒井忠夫，《太山信仰の研究》，《史潮》，7，2(1937)。
③ 《湖北江陵凤凰山十号汉墓出土简牍考释》，《文物》，1974，7：49。
④ 《湖北江陵凤凰山一六八号汉墓发掘简报》，《文物》，1975，9：4。

这两简年代相近的长沙马王堆三号墓中出土的木牍又有"主藏君"、"主藏郎中"等与地上世界官僚组织相似的地下官僚组织：

> 十二年二月乙巳朔戊辰，家丞奋移主臧（藏）郎中，移臧物一编，书到先选（撰）具奏主臧（藏）君。①

其次，根据另一件同时代的"告地策"，人死之后如果归藏故里，在地下亦需移转户籍，则可见当时人已经认为地下世界的管理与人间相同②。

到了东汉时代，在一些镇墓文中又有"地下二千石"、"丘丞"、"墓伯"、"伍长"、"父老"等"官衔"：

> 北冢公伯（东冢公伯），地下二千石，仓林君，武威王。③

> 黄帝告丘丞、墓伯、地下二千石、墓左墓右，主墓狱史、墓门亭长。④

> 告墓上墓下中央主士，敢告墓墓伯、魂门亭长、墓主、墓皇、墓召。⑤

> 天地使者，告张氏之家，二丘五墓、墓左墓右、中央墓主、塚丞塚令、主塚司令、魂门亭长、塚中游击等。敢告移丘丞墓伯、地下二千石、东塚侯、西塚伯、地下击植卿、耗（蒿）里伍长等。⑥

> 丘丞墓伯、地下二千石、□（墓）上墓下、中央大□、墓左墓右、云（魂）门祭酒、蒿里父老。⑦

---

① 《长沙马王堆二、三号汉墓发掘简报》，《文物》，1974，7：43。

② 黄盛璋，《江陵高台汉墓新出"告地策"、遣策与相关制度发覆》，《江汉考古》，1994，2：41—44。

③ 池田温，《中国历代墓卷略考》，页272，no. 5。

④ 池田温，《中国历代墓卷略考》，页215，no. 7 ＝ 罗振玉，《贞松堂集古遗文》（1870），页15。

⑤ 池田温，《中国历代墓卷略考》，页221，no. 16 ＝《文物》，1980，6：54—55。

⑥ 池田温，《中国历代墓卷略考》，页273，no. 6 ＝《文物》，1965，6：22。

⑦ 池田温，《中国历代墓卷略考》，页273，no. 7。

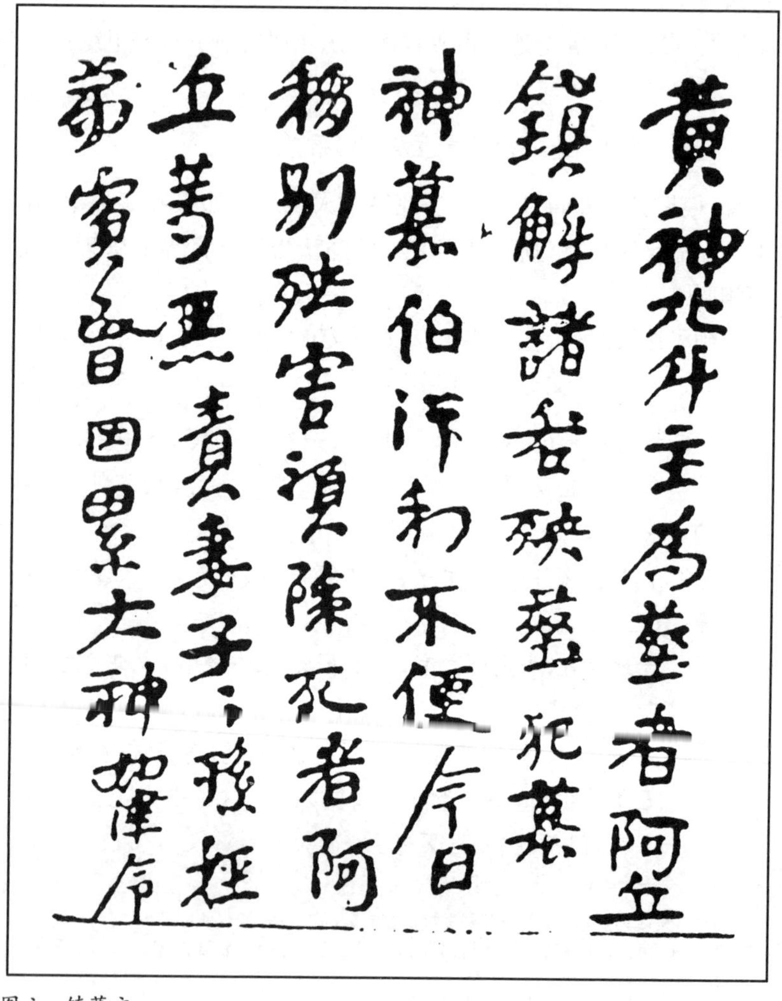

黄神北斗主為墓者阿丘

鎮解諸咎殃墓犯墓

神墓伯作祚不便今日

移別殃害須陳死者阿

五苦黑責妻子；孩挺

葂實晉田累大神蟬序

图六：镇墓文
《文物》1981,3,图6

所谓的"镇墓文"通常是一些写在陶罐或其他器物如地券上随葬以保护坟墓和墓主的咒文。上面这些例子很清楚地说明，虽然在不同的镇墓文中，这地下世界的官僚体系似乎各有不同，但无疑都是以世间政府官僚体系为模型而建立的。若检视这些地下官职的分布，可看出他们大致由二千石郡守之职，下至乡里父老、亭长、伍长等，基本上是属于地方性的政府组织。不过有时亦有看来属于虚构的官职，如"仓林君"、"武威王"，以君王对称；"东塚侯"、"西塚伯"，以侯伯对称等等。这种有关地下官僚世界的观念显然在社会中流传，至于他们所掌职事的详细内容，我们目前虽没有直接材料可循，但是由六朝时代志怪小说中所描述的地下世界的官僚组织，也可以想见一二①。

　　此外，与死亡和命运有关的，是汉人对于"司命"之神的信仰。早在《庄子·至乐》中，就提到"司命"："使司命复生子形，为子骨肉肌肤，反子父母妻子闾里知识，子欲之乎？"②在此司命的功能似乎是能够令死者复生的神明，也因而为《楚辞·九歌》中歌颂之对象。第三章中曾提到的天水放马滩秦简"墓主记"中的司命，正是能够使死者复生的神明。而由此材料也可以发觉，至少在战国末年时，司命信仰不仅是在楚地流行，连远在西北的秦地也有，可见其在民间流传之广泛。这种情况在后世也继续存在，如《史记·封禅书》中提到，司命之神为晋巫和荆巫所祠，应该是代表司命在这两地区为人们所崇信③。在《礼记·祭法》中，司命为王室群姓、诸侯等所

---

① 如胡母班故事中的"绛骖"和泰山府君，见干宝，《搜神记》(台北：里仁书局，1982)，页44—45；《列异传》中的蒋济和蔡支的故事，见鲁迅，《古小说钩沉》(台北：唐山出版社，1989)，页139—40，145。又见前野直彬，《冥界游行》，收入静宜文理学院中国古典小说研究中心编，《中国古典小说研究专集第四辑》(台北：联经出版公司，1982)，页1—43。

② 郭庆藩，《庄子集释》，页619。

③ 《史记》，28：1378—79。

祀，自大夫以下至士庶人仅立族厉、门、行适、户、灶等，似不为一般民间所崇拜①。然而根据郑玄注，至少在东汉时代，自司命以下的各神祇均非"大神"，而为"小神，居人之间，司察小过，作谴告者尔……司命主督察三命……今时民家或春秋祠司命、行神、山神、门。灶在旁。是必春祠司命、秋祠厉也"②。则司命实为一民间所崇祀的对象。在新出土之东汉早期的"序宁"简中，有死者家属向司命祈求，得佑死者的例子③。应劭《风俗通义》中也说："今民间独祀司命耳，刻木长尺二寸，为人像，行者担箧中，居者别作小屋。齐地大尊重之，汝南诸郡亦多有。"④可以为证。而近世在济宁地区发现一尊"司命"神像，为一男子手抱一小儿，似为"送子"之状，也说明了在汉代民间对司命之神的信仰⑤。由于司命可以保护生者，尤其是郑玄说他"居人之间"，《九歌》中的大司命、少司命活动的空间在天上，那么司命之神是否只能算是地下世界诸官僚神的一部分，是不无疑问的。

　　与这批地下世界官僚组织相对的另一个机构，就是天庭。其中的主人，常以"天帝"之名出现⑥，而替他传递旨意的，就是"天帝使者"、"黄神北斗"、"黄神越章"⑦、"皇帝使者"⑧、"天帝神师"⑨

---

　　①　《礼记注疏》，46：12。

　　②　《礼记注疏》，46：12—13。所谓的"三命"，据孔颖达《正义》引《援神契》，是受命、遭命、随命："受命谓年寿也，遭命谓行善而遇凶也，随命谓随其善恶而报之。"所以司命督察三命是在掌理人的年寿是否得到合理的分量。

　　③　陈松长，《香港中文大学文物馆藏简牍》，页99。

　　④　王利器，《风俗通义校注》，页384。

　　⑤　孙作云，《汉代司命神像的发现》，《光明日报》，1963，12，4。

　　⑥　池田温，《中国历代墓卷略考》，页273，no. 6；参见 Seidel, "Traces of Han Religion," pp. 28‑30。

　　⑦　池田温，《中国历代墓卷略考》，页274，no. 8‑12。

　　⑧　《文物》，1961，1：56—66。

　　⑨　《考古》，1960，10：18—19。讨论见吴荣曾，《镇墓文中所见到的东汉道巫关系》，《文物》，1981，3：56—63。

等。问题是此处的天庭到底位在何处？没有适当的材料可以说明。如果说天帝（黄神、皇帝）所在之处不能称为"地下世界"，则在这种信仰系统之中，天神所在的世界与死人所在的地下世界似乎也是有可以交通之处的。当然，在这样的情况中，所谓的"天帝"到底是否与官方宗教中所祭拜的"天"有任何关系，都是相当可疑的。然而由上面讨论的司命的性质来看，当时人对于某些神明存在的范围到底是地下或天上似乎没有固定的观念。

　　总之，到了东汉时，人们实际上已经将世间的生活模式完全"复制"在死后世界中，人死之后所"生活"的地方和生活的内容与生前的世界在形式上并无差别。这"复制"的过程又可以用"买地券"的出现来说明。本来在西汉的墓葬中，有随葬陶制水田模型的情况；又有随葬"簿土"或"溥土"的例子①，是象征或希望死者在地下可以拥有土地；后来则随葬模仿土地买卖契约的"买地券"，以保证死者墓地所有权的合法性；最后则是一方面将土地的价格、方位转为虚构的数字，卖主则为神仙、土公之类，一方面加入其他具法力的文字，如同下面要讨论的"镇墓文"之类，于是一个虚拟的，但又是从此生的现象脱胎而来的死后世界的面貌就此出现②。这死后世界之与生人世界相似的程度，又可以用一些镇墓文的材料来说明。例如：

　　　　今日吉良，非用他故，但以死人张叔敬，薄命蚤死，当来下
　　　归丘墓。黄神生五岳，主死人录，召魂召魄，主死人籍，生人筑
　　　高台，死人归，深自狸，眉须以落，下为土灰。今故上复除之
　　　药，欲令后世无有死者。上党人参九枚，欲持代生人。铅人，
　　　持代死人。黄豆瓜子，死人持给地下赋。立制牡厉，辟除土

---

①　《凤凰山一六七号汉墓遣策考释》，《文物》，1976，10：38—46。
②　吴天颖，《汉代买地券考》，《考古学报》，1982，2：15—34；特别是28—31。

咎，欲令祸殃不行。传到，约敕地吏，勿复烦扰张氏之家，急急如律令。①

文中的重点有二，一是死者家人"上复除之药"，好让他们家以后不再有人死亡——多么大的奢望！而所"上"的药，是"上党人参九枚"，不知是否因为家中尚存九人？另一个重点，则是用"铅人"来代替死者在地下服役，而以"黄豆瓜子"来替死者在地下缴税。由这段镇墓文中，我们可以看到当时一般人所想像中的地下世界是如何的"逼真"和"详实"，也可以很具体地知道，落实到实际的"生活"中，民间信仰中的死后世界的面貌如何②？而由于有这种死后世界的观念，成为厚葬之风在汉代盛行的信仰上的背景，虽然厚葬不只是信仰的表现，也是社会价值观的作用③。同时，由于人在死后所将前往的世界与此生相似，人可能因此而减少了一些因对死后世界之无知而导致的恐惧之情。下面我们就来看看死后世界中的生活到底是何情况？

（3）死后世界中之生活

人多半总是从已知想像未知。我们看到，汉人所想像的死后世界具有与此生相类的政治与社会组织，那么死者在此世界中的生活情景大约亦不外生前的翻版。根据前文所提到的墓葬形制模仿居屋的发展趋势，以及众多汉墓出土的随葬品，即死者在地下世界生活的必需品，包括车马衣食等日用器物以及各类奴婢仆从等等看来④，人在此一死后世界中的"日常生活"显然与此生相去不

① 池田温，《中国历代墓卷略考》，页273，no. 6。
② 详细的讨论，见蒲慕州，《墓葬与生死》第七章第四节。
③ 参见蒲慕州，《墓葬与生死》第八章。
④ 参见蒲慕州，《墓葬与生死》第七章。

远。这推论也可以从王充描述时人观念的论说得到佐证：

> 是以世俗内持狐疑之议,外闻杜伯之类,又见病且终者,墓中
> 死人,来与相见,故遂信是,谓死如生。闵死独葬,魂孤无副,丘墓
> 闭藏,谷物乏匮,故作偶人,以侍尸柩,多藏食物,以歆精魂。①

然而这种生活是苦是乐？是否值得人羡慕？我们可以从文字和图
像资料来做一些分析。在文字方面,我们发现在一些墓砖上刻有
一些砖文,如"长乐未央"、"寿若太山"、"长生寿考"、"富贵"等
等②,是一些祝福性的文辞。此外在众多随葬铜镜上的铭文中,也
有类似的祝福之辞,如西汉早期广州地区汉墓中所出土的铜镜就
有"常想(相)思、毋相忘、常富贵、乐未央"或者"与天相寿,与地相
长"等铭文③。东汉时期则更有"日有喜,月有富,乐无事,宜酒食、
居必间,无患息,于瑟侍、心忠驻、乐已岁固常"④这类描述一个舒
适生活的字句,或者描述神仙生活,希望镜主也能拥有相似命运的
铭文：

> 福熹进兮日以萌,食玉英兮饮澧泉,驾文龙兮乘浮云,白
> 虎□兮上泰山,
> 凤凰舞兮见神仙,保长命兮寿万年,周复始兮八子十
> 二孙。⑤

我们虽不能完全肯定其所指的就是死后世界的生活,但若配合墓

---

① 刘盼遂,《论衡集解·薄葬》,23：461。
② 《考古通讯》,1956,3：58；《考古通讯》,1958,3：1—4；《广州汉墓》,5015,
5041。
③ 《广州汉墓》,页154。
④ 《文物》,1987,6：44。相近者如《文物》,1989,1：42；孔祥星、刘一曼,《中国
古代铜镜》(北京：文物出版社,1984),页70。
⑤ 孔祥星、刘一曼,《中国古代铜镜》,页77。有关镜铭中神仙思想的讨论可参见
张金仪,《汉镜所反映的神话传说与神仙思想》(台北："故宫博物院",1981)。

图七：汉墓壁画：《宴乐图》
刘志远，《四川汉代画像砖艺术》(北京：1958)，图 23

室壁画或砖画上所描绘的各种日常活动如宴饮歌舞、车马出巡等等来看，汉人的死后世界似乎基本上是乐观、愉快、无忧无虑的，壁画所呈现的可以说是理想世界的横切面。因而文字和图像资料似乎都从不同方面表现出这种心态。

　　然而从一些其他的材料看来，这乐观的死后世界观只能说是一部分的情况。与这乐观的心态同时并存的，是一种焦虑、疑惧的心态。如王充所说，一般人在面临死亡的威胁时，大多是"内持狐

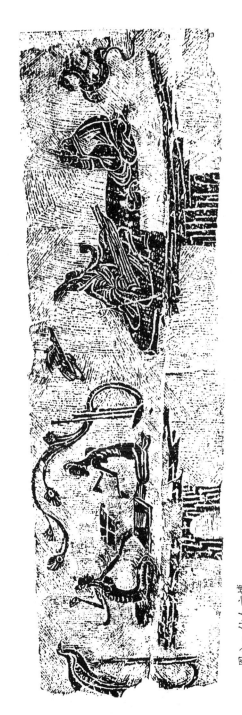

图八：仙人六博
阎肴，《四川汉代画像选集》(上海：1995)，图26

疑之议,外闻杜伯之类",因为毕竟人无法真正来回于生死两界①。
这焦虑和疑惧的心态又可分为对死者的关切和对生者的期待两方
面。这两种心态在镇墓文及地券中均有痕迹可循。

在对死者的关切方面,因为相信人死后的生活基本上与生时
相似,于是对于某些不算太富有的家庭来说,首先必须考虑的就是
死者在地下有可能遭遇到与生时相似的困难。而其中很重要的就
是作为"臣民"——即使是在地下世界中为民——无所逃于天地的
赋税问题。即使是死后世界中,人也必须得继续缴纳税赋,以免税
吏的烦扰。前引的一件镇墓文中有这么一段文字:

> ……黄豆瓜子,死人持给地下赋。立制牡厉,辟除土咎,
> 欲令祸殃不行。
>
> 传到,约敕地吏,勿复烦扰张氏之家,急急如律令。②

"地吏"大约就是在地下官僚政府中收税的小吏。而且,除了赋税,
还有劳役的问题,于是汉人发明了以铅人自代的办法,就是在镇墓
瓶中置一铅人,施以法术咒语,即可代替死者服役:"故以自代铅
人,铅人池池,能舂能炊,上车能御,把笔能书。告于中高长,伯
(陌)上游徼。千秋万岁,无相坠物。"③或者"铅人,持代死人"等
等④。这种缴交地下赋税以及使用铅人的情况,反映出的应该是

---

① 这来回于生死两界正是后世志怪小说中重要的主题,最早的例子是天水放马
滩秦简中的《墓主记》,见何双全,《天水放马滩秦简综述》,《文物》,1989,2;李学勤,《放
马滩简中的志怪故事》,《文物》,1990,4:43—47。

② 池田温,《中国历代墓卷略考》,页 273,no. 6。

③ 池田温,《中国历代墓卷略考》,页 270,no. 2。

④ 池田温,《中国历代墓卷略考》,页 273,no. 6。为何用铅人? 这可能是受到早
期道教或求仙思想中黄白之术的影响。由于铅字或作铅,《本草纲目》说:"神仙家拆其
字为'金公',隐其名为'水中金'。"桓谭《新论》云:"淮南王之子娉迎道人作为金银","铅
字金与公,铅则金之公而银者金之弟也。"汉晋之际神仙家在炼金丹时,以铅为金公,以
之作为炼金丹之主要材料,铅因而具有某种神异之力量。讨论见吴天颖,《汉代买地券
考》,特别是页 32—33。

社会基层人民所持的死后世界观,因为这类的关切只有在基层人民的生活中才能深切地感受到。如果将铅人与一般墓葬中所出土的随葬俑相比较,可以发现,铅人的作用与随葬俑正好相反:仆役俑,或者其他各类俑人,基本上是预备到死后世界去服侍死者的,为古代殉人之风的遗孑;但是随葬铅人却是代替死者去地下从事劳役或者服侍他人,无怪乎使用铅人的墓葬大多非富有人家之墓①。随葬品反映出死者生前之社会地位,铅人与镇墓瓶实为一相当特出之例证。当然,是否以铅人随葬之墓就一定不出仆役俑,尚不见得为定论。从比较的角度而言,铅人代死者去死后世界中服役,其功能与古埃及人用以殉葬的"乌夏提"(Ushabti)相似,但乌夏提的使用并不限于社会下层阶级②,可见在不同文化及宗教传统中,相似的现象必须放在各自的文化脉络中来了解。

除了赋税、劳役之外,死者不免有机会犯过。镇墓文的另一作用就是在为死者解除那些过失。譬如文中有"黄神北斗,主为葬者睢方,镇解诸咎殃"③,或者"天帝使者,谨为杨氏之家,镇安隐冢墓,谨以铅人金玉,为死者解适,生人除罪过"④等字句,都可以说明当时人们心中所存有的疑虑。最后一句话中的"生人除罪过"则兼顾了死者尚存的家人的福祉。

---

① 此说亦见禚振西,《考古与文物》,1980,1:48。铅人的使用也可能以其他形式出现,如晋代一木牍上绘有"松人",其上书文字基本上说明此松人亦为代替死者服役之用:"天地拘校复重。松柏人当之,明时拘校复重。柏人当之,岁墓年命复重拘校。松人当之,建兴二十八年,十一月丙申朔,天帝使者合同复重拘校。八魁九坎,年望朔晦,东井七星,死者王犀洛子所犯,柏人当之。西方有呼者,松人应之,地下有呼者,松人应之,生人蚂蚍,当问柏人,洛子死注咎,松人当之,不得拘校复重父母兄弟妻子,欲复重,复松柏人能言语,急急如律令。"见陈松长,《香港中文大学文物馆藏简牍》,页110。

② 参见蒲慕州,《墓葬与生死》,页220—221。

③ 池田温,《中国历代墓卷略考》,页275,no.10＝《文物》,1981,3:48—50。

④ 池田温,《中国历代墓卷略考》,页275,no.12＝《文物》,1975,11:75—93,墓5:14。

　　整体而言,镇墓文及铅人之使用,应该要与某种法术配合。这些替死者所施的法术的实际内容如何?现存汉代文献虽不足征,但《汉书·艺文志》中有《执不祥劾鬼物》或《请官除祆祥》之类的作品①,很可能就是此类文献。而所谓的"请官"到底是请的什么官?在镇墓文中,有"天帝使者",应该就是被请来执行解除之任务的"官"。镇墓文就是以"天帝使者"的身份发出的"通告",文末的"如律令"字眼,其中的律令可能是由天帝所颁,综理死后世界中各类事物的律法,而如律令一词则与汉代政府公文书中之用途相似,为指示文中所述之规定有既定的法律可循的惯用语词②。在一件东汉晚期的镇墓文中有一段甚为严厉的劾鬼文,其中有"执火大夫烧汝骨,风雨师扬汝灰"之类的对恶鬼的威胁,应该就是当时为死者行解除之法时所读的咒文之类的文字③。

　　与对死者的关切相对的,是对生者的保护。因为人的死亡,所牵涉的不止是死者本人,尚有他的家属、子孙。从一些镇墓文来看,这一部分的关切其实占了较大的比例。譬如说,前引一段镇墓文中,有如下的字句:

> ……今故上复除之药,欲令后世无有死者。上党人参九枚,欲持代生人。铅人,持代死人。黄豆瓜子,死人持给地下赋。立制牡厉,辟除土咎,欲令祸殃不行。传到,约敕地吏,勿复烦扰张氏之家,急急如律令。④

这段文字中所提到的"欲令后世无有死者。上党人参九枚,欲持代生人"以及"令祸殃不行。传到,约敕地吏,勿复烦扰张氏之家"等,

---

①　《汉书》,30:1772。

②　Seidel,"Traces of Han Religion," pp. 39 - 42. 参见蒲慕州,《墓葬与生死》,页222。

③　蔡运章,《东汉永寿二年镇墓瓶陶文考略》,《考古》,989,7:649—661。

④　池田温,《中国历代墓卷略考》,页273,no. 6。

都是为生者的利益而设。必要时,尚得设法贿赂地下官僚,以求阖家平安,如另一段镇墓文所云:"谨奉黄金千斤两,用填塚门,地下死籍削除文,他央(殃)转要,道中人和,以五石之精,安冢莫(墓),利子孙。"①在为死者的祈祷券书中也有类似的句子:"生人负责(债),死人毋适(谪),券书明白。"②

除了消灾除罪之外,当然最好也能增进家中尚存者的福祉,譬如:"令后曾(增)财益口,千秋万岁,无有央(殃)咎。"③或者:"令后世子子孙孙,士宦位至公侯,富贵将相不绝。"④又如一画像石墓的石刻题记结尾说:"学者高迁宜印绶,治生日进钱万倍。长就幽冥则决绝,闭旷之后不复发。"⑤也就是希望生者能够升官发财,而死者只能长居幽冥。由此看来,墓葬的行为,不只是为了死者,也是为了生者的福利。我们甚至可以说,有的时候,对生者的福祉或社会地位的考虑可能尚高于为死者的考量。这种态度也表现在各种葬历、堪舆之书,或时日占卜之书中。在这类作品中,人们对于墓葬风水的考虑主要是葬地对死者的家人和后代所可能产生的影响。譬如相传为晋代郭璞所著的《葬经》一书中就有如下的一些话:"有垄中峙法:葬其止,王侯崛起;形如燕巢法:葬其凹,胙土分茅……形如植冠,永昌且欢;形如投筭,百事昏乱;形如乱衣,妒女淫妻……"⑥从这些话可以想见当时人认为择葬地风水与活人关系之重大。在几则有关汉人择葬地的故事中,虽然记载者的目的

① 池田温,《中国历代墓卷略考》,页274,no. 8。
② 《香港中文大学文物馆藏简牍》,页108。
③ 池田温,《中国历代墓卷略考》,页274,no. 8。
④ 池田温,《中国历代墓卷略考》,页275,no. 12。
⑤ 池田温,《中国历代墓卷略考》,页214,no. 5。
⑥ 郭璞,《葬经》,《国立北京大学中国民俗学会民俗丛书专号3 堪舆篇》(台北:东方文化书局,1977重印),页9—10。

是不赞成风水说,不论是因遵循一般风水观念而却并无善果①,或者是不遵循风水观却得后福②,都可以反映出,汉代一般民众对待死者及死后世界的想像,有相当大的部分都是环绕生者本身的利益或者社会政治地位的形象而发展出来的。厚葬之风俗,也正是源于相同的心态③。

总之,除了一般知识分子,尤其是那些主张薄葬的人之外,上面的讨论又给我们另一种印象,就是汉人对于死亡和死后世界抱持一种排斥、惧怕之心。人的去世,在一件镇墓文中是"薄命蚤死",显然并不为死者家属所接受。而在许多的墓铭之中,都可以见到一类通用的词句,就是对于死者去世之伤痛。在南阳一画像石墓中有下面的铭文:

> 痛哉可哀,许阿瞿□,年甫五岁,去离世荣,遂就长夜,不见日星,神灵独处,下归窈冥,永与家绝,岂复望颜。④

许阿瞿虽年仅五岁,亦为其家人所深切悼念,可以推见当时社会中所流行的价值观。然而在另一方面,由一些文句看来,生者虽悲痛亲人的去世,其实并不希望再与死者有何牵连,因此有"生死异路,不得相妨。死人归蒿里戊己,地上地下,不得苛止"⑤,或者"死者魂归棺椁,无妄飞扬,行无忧,万岁之后,乃复会"⑥等等说法。所谓"万岁之后乃复会",显然是永不见面的另一种意思,这些文句清

---

① 如《后汉书》,46:1546,《郭镇传》中所提到的陈伯敬。

② 《郭镇传》中之吴雄、赵兴。

③ 讨论参见蒲慕州,《墓葬与生死》第八章。Martin J. Powers, *Art and Political Expression in Early China*, pp. 97-103.

④ 《文物》,1974,8:73—75。

⑤ 池田温,《中国历代墓卷略考》,页222,no. 17 =《望都二号汉墓》(北京:文物出版社,1959),页13。类似字句见池田温,《中国历代墓卷略考》,页223,no. 21;页224,no. 22;页270,no. 1:"死生异路,相去万里。"

⑥ 《文物》,1977,9:93。

楚地表明,死亡为一不归之路。而假如人死之后又变为鬼,则生者更不愿有所瓜葛,所谓"生人属西长安,死人属东泰山",或者"生自属长安,死人自属丘承墓"①。在江苏高邮汉墓出土的一块符录木片上,甚至有天帝神师对付人死为鬼者的咒文:

> 乙巳日死者,鬼名为天光,天帝神师已知汝名,疾去三千里,汝不即去,南山给□,令来食汝,急如律令。②

文中虽没有说明鬼是否对生者有害,但显然是不受欢迎的。

但这种对于死者和死亡的拒斥心理又如何可能与前面所说的乐观的死后世界观并存? 这与我们所掌握的材料的来源应该有一定的关系。不同的心态可能属于不同的社会阶层,富有的墓葬,也许会表现出比较乐观的死后世界;比较不富裕的,如出镇墓文的墓,则代表了另一种观点。不过我们也许不应强为调解这两种态度,或者给予合理化的解释;我们应该考虑的是,在有关宗教信仰这类比较抽象的观念上,一般人的心态不一定能够排除感情的因素而在理性而完全合逻辑的层面之上运作,而且这两种态度可能都存在于同一社会阶层之中。

如果进一步推论,将文献材料所透露出的负面消息作为对比,我们也许可以说,其实那些随葬品和壁画之所以表现出一种乐观平和的死后世界的面貌,可能正是由于人们对于死后世界中的生活根本上持着一种悲观而怀疑的态度。在墓中多埋车马偶人、亭台楼阁、牲畜鸡犬,固然可以解释为家人希望墓主在地下能享有舒适的生活,但从另一方面考虑,其实也可解释为由于人们预期死者在地下将会遭遇困境,因而提供大量的随葬品。镇墓文中所说的

---

① 王育成,《洛阳延光元年朱书陶罐考释》,《中原文物》,1993,1:71—76。
② 《考古》,1960,10:18。

"黄瓜豆子,死人持给地下赋",说明人们放置随葬品的用处,也正是这种心态的表现。而墓室壁画中大量的神仙和祥瑞图像,固然可以是希望死者去到一个无忧无虑的极乐世界的象征,也可以是为了保护死者而设的图像咒符,就如同镇墓文的作用。从这一角度来了解,随葬品、壁画、镇墓文、地券、碑铭等等,都是汉人这种比较悲观的死后世界观在不同方面的显现。当然,由于厚葬风俗所造成的社会压力,以至于人们必须以装饰墓葬来表示其孝道和社会地位,则是另一层次的问题。至于能够比较达观地面对死亡的,只有在一批主张薄葬、反对淫祀的知识分子之中去探求了①。

　　以上的讨论显示,从战国时代以至于汉代,与墓葬形制的发展相对应的,是死后世界观的发展。是什么因素造成这些变化?两者之间的相互关系又如何?我们曾经提到,周代封建制度的社会和政治秩序的崩解导致了墓葬礼制的变化②,但是这变化主要仍在旧的埋葬制度之中进行。不同的是,原有的礼制,如棺椁数和随葬鼎数等,为政治上新崛起的新贵所僭用。僭用旧礼虽在体制上是对旧秩序的破坏,在意识形态上却仍然是承袭了旧的思想,因为他们仍认为旧礼是可以用来提高他的身份的东西。但是到了战国时代,强调中央政府有权,个人地位主要是以自身功勋为基础的新社会逐渐成形③。这种情况就鼓励一种比较进取的态度:人在此社会中是否能成功,主要是靠个人的努力,而较少靠出身或家世。明显的例子是秦的二十等爵制,为人民在社会阶梯上努力的准则。这自然不是说此时的社会是一个机会均等的社会,不过,既然人们在生时被鼓励去追求一己的财富和地位,则相应的也应该在死后

---

①　蒲慕州,《墓葬与生死》第八章。

②　蒲慕州,《墓葬与生死》第二章。

③　杜正胜,《编户齐民》,页43;Cho-yun Hsu, *Ancient China in Transition*, pp. 24 – 52.

有相同的机会。如何追求死后的财富或地位？自然是为死者准备各种能够提高其地位、增加其生活舒适的各类随葬品。这是假设人所能设想的死后世界基本上是照着现实世界的模式而创造的，如果这设想可以成立，则我们可以说，在社会本身没有演进到这一地步时，应该不可能产生这种死后世界观。

因此所谓编户齐民的社会的出现，促使一种新的死后世界观的成形，也间接造成一连串与墓葬形制有关的变化。当社会结构改变时，象征各种社会阶层的标帜也会随之改变，旧的墓葬礼制不再为分别社会阶级的重要标帜。可以说，墓葬形制的改变和死后世界观的发展是战国以来社会政治结构改变在物质和精神两方面的体现①。

在讨论过汉代中国的情况之后，我们也应该注意到，在许多古代文明中，也许除了古埃及之外，死后世界的面貌向来就不是很清楚的。迈锡尼(Mycenaean)时代的希腊人似乎已经相信他们的死者与生人具有相同的需求②，但是一直到古典时代(西元前六至四世纪)，人们仍然没有一个清楚的死后世界的观念③。古代两河流域文明以及以色列人也都不具有清楚而正面的死后世界观④。因

---

① 详细讨论参见蒲慕州，《墓葬与生死》，页 269—275。

② A. Schnaufer, *Frühgriechischer totenglaube: Untersuchungen zum Totenglauben der mykenischen und homerischen Zeit* (Hildesheim & New York, 1970), pp. 1 - 33.

③ E. Vermeule, *Aspects of Death in Early Greek Art and Poetry*, pp. 33 - 41; J. Bremmer, *The Early Greek Concept of Soul* (Princeton: Princeton University Press, 1983), pp. 70ff.; R. Garland, *The Greek Way of Death* (Ithaca: Cornell University Press, 1985), pp. 48 - 76; W. Burkert, *Greek Religion* (Cambridge: Harvard University Press, 1985), pp. 194 - 199.

④ M. Hutter, *Altorientalische Vorstellungen von der Unterwelt: Literar-und religionsgeschichtliche erlegungen zu "Nergal" und "Ereskigal"* (Freiburg: Universitäts Verlag, 1985), pp. 161 - 163; K. Spronk, *Beatific Afterlife in Ancient Israel and in the Ancient Near East* (Neukirchen-Vluyn: Verlag Butzon & BerckerKevelaer, 1986), pp. 66-69. 不过，在另一方面，有关死后审判的观念(转下页注)

此古代中国所呈现出来的死后世界观不止是对于了解中国古代宗
教的发展有重要的意义,同时在比较宗教史上也提供了相当重要
的材料。

(接上页注)倒是相当普遍,这并不表示有清楚的死后世界观。参见 *Le Jugement des morts* (*Collection des Sources Orientales*, vol. 4, Paris, 1961); J. Le Goff, *The Birth of Purgatory*, A. Goldhammer tr. (Chicago: University of Chicago Press, 1981), pp. 17 - 51; J. Gwyn Griffiths, *The Divine Verdict* (Leiden: E. J. Brill, 1991).

第八章

汉代知识分子与民间信仰

迷信，不消说，似乎是面对神明时一种懦弱的行为[①]。

这是神明将占卜之术给了愚人而非智者的证明：没有任何头脑清明的人会得到预兆所带来的真理和启发；但是当他接受启示的话语时，或者他的神智是在迷睡状态，或者是由于某种狂乱或附身而呈精神错乱的状态[②]。

（一）汉代之文字能力与平民

如前所说，民间信仰所流传的范围，既然并不限于社会下层阶级，自然也就与知识分子有一定的关系。这里所谓的知识分子，主要指的不单只是受教育、以儒学为知识主体的士人，包括统治官僚阶层中的成员，也包括了能读书识字、有一定文化水准的人。有关

---

① "Theophrastus on superstition," W. H. Auden ed., *The Portable Greek Reader* (New York: The Viking Press, 1971), p. 516.

② Plato, *Tinaeus*, 71e. 见 E. Hamilton & H. Cairns eds., *The Collected Dialogues of Plato* (1963), p. 1194.

汉代知识分子在先秦时代的起源与特质，学者已有论述，此处不复
赘言①。瞿同祖在讨论汉代社会阶层的时候，将不在政府机构任
职的士人归入"平民"类，其他同为平民的，包括了农民、工匠、商
贾，及其他行业如医者、卜人、屠户等等②。显而可见的是，这些
"平民"中包括了具有各种不同程度知识的人群。我们可以说，汉
代知识阶层的底层的组成分子是相当不易界定的，这对我们了解
汉代时文字能力(literacy)在社会中的普遍性有直接的关系。

　　关于汉代社会一般人文字能力的问题，目前似尚无学者专门
讨论，大概是在材料和定义两方面都不容易着手之故。不过若认
为一个人具有读、写简单书信和记账的能力为基本的"文字能力"，
那么我们至少可以说，汉代社会中具有文字能力者的分布是相当
广泛的。根据《汉书》的记载，至少在秦代已经有了专门以教学儿
童认字为主的书籍，就是李斯的《苍颉》、赵高的《爰历》，和胡毋敬
的《博学》，而当时又开始有隶书的发展，主要就是为了适应日渐增
多的文书作业③。这类的书籍是否在社会中有所流传？答案应该
是肯定的。到了汉初的时候，根据《汉书》记载：

　　　　闾里书师合《苍颉》、《爰历》、《博学》三篇，断六十字以为
　　一章，凡五十五章，并为《苍颉篇》。武帝时司马相如作《凡将
　　篇》，无复字。元帝时黄门令史游作《急就篇》，成帝时将作大
　　匠李长作《元尚篇》，皆苍颉中正字也。《凡将》则颇有出矣。
　　至元始中，征天下通小学者以百数，各令记字于庭中。扬雄取
　　其有用者以作《训纂篇》，顺续《苍颉》……《苍颉》多古字，俗师

---

　　①　参见余英时，《古代知识阶层的兴起与发展》，《中国知识阶层史论古代篇》(台
北：联经出版公司，1980)，页1—108。
　　②　T'ung-tsu Ch'u, *Han Social Structure* (Seattle：University of Washington
Press, 1972), pp. 101‑107。
　　③　《汉书·艺文志》，30：1721。

失其读……①

所谓的"闾里书师"和"俗师"应该就是一些在民间教授一般人日常
应用文字的人,这些人存在于社会基层中,显示当时社会对于文字
能力有一股自发性的要求。东汉时代,根据王充的记载,儿童八岁
即可以由地方的"书馆"出业,书馆中有小儿百余人,出业之后开始
学习经书,王充自己是受《论语》和《尚书》。那么在"书馆"中学童
所学写的材料大概也不外乎上举的这些启蒙作品②。

从一些出土文物中,我们也可以约略看出,汉代具有文字能力
的人分布在社会各阶层之中。在许多漆器上我们可以发现工匠所
留下的铭记,如名字③、年代④,以及其他简单的文字⑤。在墓砖
上,也经常有砖工留下的刻记⑥。而其中甚至有工匠在制砖时练
习书写而留下的《急就篇》残文⑦,可见当时《急就篇》之类的作品
在民间流传之广及其所起的实际教育作用。又如在汉墓中常见的
铜镜,上有铭文的不在少数,这些铭文基本上均有一定的铭文字

---

① 《汉书·艺文志》,30:1721。

② 刘盼遂,《论衡集解·自纪篇》,30:580。沈元,《急就篇研究》,《历史研究》,
1962,3:61—87。考古出土的文字材料中也有此类的作品,如《苍颉篇》就曾在安徽阜
阳双古堆的墓葬中出土,见《文物》,1978,8:12—31。《急就篇》也在敦煌汉简中发现,
见劳榦,《汉晋西陲木简新考》(台北:"中央研究院",1985),页19—34。

③ 《文物》,1987,1:5,漆耳杯内底中部书一"苟"字,三例;《考古学报》,1987,4:
490,漆书铭器盖"周氏"二字;《考古学报》,1992,4:505,耳杯底有"东阳"字样,14例。

④ 《文物》,1987,6:46,残漆皮上隶书铭文"元延元年十月□□作"。

⑤ 《文物》,1989,1:35,在数个漆盘内外写"开、封、日正、山、莒、第四、宫、志"
等字样。《文物》,1988,2:33,漆盒上朱漆隶书"白和秀"三字。

⑥ 《文物》,1987,6:67,墓砖上刻草书"好隗、□昌□、乃敢自、师□"等字样;《考
古》,1987,10:882,纪年砖文"永平十八年",五例。《考古与文物》,1987,1:13,砖上
有"廿五日□米……、羊、子"等字;又页4,楔形石条上有"王、李上、十五、大、一匈"等
字;《文博》,1988,3:9,楔形砖侧刻有文字"三百=八枚,三百六十八枚"等字样;《考
古》,1988,11:979,画像石上题记"永康元年……"等字样。

⑦ 沈元,《急就篇研究》,页78—79。

句,如昭明镜、清白镜等等,前人已有论述①。这些留下铭文的工匠自然不能算是"知识分子",尤其是鉴于他们的刻字常常有错误,如铜镜铭文中常有漏字、错别字的情况②,显示这些工匠们对于文字的掌握并不是很正确。但从反面来说,这些工匠具有一些基本的文字能力,是一件不可否认的事实。又如在帝国边境要塞中出土的简牍文字,如敦煌汉简和居延汉简等大量的材料,足以显示其书写者具有相当的文字能力,虽然我们也许仍不能称他们为"知识分子"③。当然,上面这些例子虽然显示社会中有文字能力者分布广泛,但并不等于识字率高,而只是说文字的影响力能够广布在社会中,形成一种力量。

　　至于在东汉时代墓中出土的"镇墓文"则有可能是具有更高知识水准的人的作品。我们虽不能确定这些镇墓文的作者是否可称为知识分子,但是不能排除他们具有相当的知识④。以一件镇墓文中所附的符为例,其符画图案是由一些个别的字所组成的,包括古"时"字,以及日、月、尾、鬼等。根据王育成的研究,这个符的意义应该是由这些字的个别象征意义所共同组成的,代表的含义是:"万物的生死是由时节制的,不能违反,活人属于日所代表的阳世,死人归于月所代表的阴间,尾宿保佑曹家(墓主)多子多福,鬼宿管

---

① 参见 Bernard Karlgren, "Early Chinese Mirror Inscriptions," *BMFEA* 6 (1934): 9–79;孔祥星、刘一曼,《中国古代铜镜》(北京:文物,1984);林素清,《两汉镜铭初探》,《历史语言研究所集刊》,63, 2(1993):325—370。

② 林素清,《两汉镜铭初探》将汉代镜铭中文字简化、讹变的情况做了分类,有简省偏旁、更换偏旁、同音替代、省重复部分、省笔代繁复等。她认为通假、俗讹字的大量出现与私人铸镜风气鼎盛,民间工匠水准不齐有关,似乎表现出当时民间使用文字的情形。(页344)对本文主旨而言,文字简化的趋势正代表民间文字使用的普及。

③ 参见邢义田,《汉代边塞吏卒的军中教育——读〈居延新简〉札记之三》,《大陆杂志》,87, 3:97—99。

④ 参见吴荣曾,《镇墓文中所见到的东汉道巫关系》,《文物》,1981,3:56—63。又墓卷材料可参见池田温,《中国历代墓卷略考》。

理死人祠祀之事。"①也有的符画是结合了文字和图像而构成一组
完整的意义,如前例同一件镇墓文中的另一幅符,包括了绳索和星
座图两个图形和"大天一主逐敦恶鬼以节"等字样,它的意义则可
能是:绑缚恶鬼的法物绳索在此,具有逐鬼驱邪职守的太一、天一
星神也在持节以待②。如果上面的解释可以成立,那么这两幅符
的作用就在一方面宣示神明的旨意,一方面将墓及死者置于一个
有利的地位,得到保护。这些符画,是"一种遵循一定的宗教思维
逻辑,通过文字和图像表达特定思想的符号"③。显然地,制作此
类符画的人必须对于文字的象征意义有相当的了解,才能以一种
有意义的方式加以组合。这种制作符画的知识在民间宗教传统中
应该有其发展和流传。《汉书·艺文志》数术类有《执不祥劾鬼物》
八卷,其中很可能就包括各种为方术士用来驱除鬼物的符咒④。
《后汉书·方术列传》中记载,有魏圣卿者,"善为丹书符劾,厌杀鬼
神而使命之"⑤。著名的方士费长房据说也是由市场上一卖药老
者处学到作符驱鬼的方法⑥。这类人物后来应即是道教中作法制
符的道士之流⑦。现存《太平经》及葛洪《抱朴子》中均有符书,可
见早期道教典籍中符画占有一定的地位⑧。总之,由镇墓文和符
咒的性质和制作背景,可以看出民间信仰的流传,其条件当为当时
社会中有具有相当的文字能力的人投入其中。

---

① 王育成,《东汉道符释例》,《考古学报》,1991,1:48。
② 王育成,《东汉道符释例》,页 50。
③ 王育成,《东汉道符释例》,页 55。
④ 《汉书》,30:1772。该说亦见陈槃,《敦煌木简符箓试释》,《民族学研究所集刊》,32(1971):237—243。
⑤ 《后汉书》,82:2749。
⑥ 《后汉书》,82:2743—2744。
⑦ 吴荣曾,《镇墓文中所见到的东汉道巫关系》。
⑧ 见王明,《太平经合校》,页 473—509,所谓的"复文",即由几个字(通常为两个)重复组成的符咒;《抱朴子》17:82—92,有更为复杂的符画。

图九：东汉道符
《考古学报》1991,1:图 1

　　由是我们可以说,到了汉代,所谓的"知识分子"并不等于"上层阶级",而所谓的"平民"(commoners)也不等于"非知识分子"。所谓的平民,应是指一般不具有政府职位,但有可能具有不同程度的文字能力的人。因为有许多知识分子生活在民间,他们的思想和行为应对民众产生一定的影响,是上层社会和平民社会之间文化传递的媒介。Benjamin Schwartz 曾指出,上层社会大传统中的一些概念,如天人相应的宇宙观(correlative cosmology)或者儒家的天命观,会逐渐地渗入民间一般人的生活和习俗之中①,这渗入

① 　见 Schwartz, *World of Thought.* , p. 412.

的方式,应该是借知识分子的媒介而进行的。但反过来说,平民也可能在他们学习的过程之中注入了原本在民间的一些信仰的因素。因而在考虑宗教信仰的时候,若以为当时有"知识分子的信仰"和"平民的信仰"这两种不同的层次,则有可能过度简化了其间的复杂关系。举例来说,《史记·日者列传》中记载,贾谊和宋忠二人因有感于当时朝廷中人员素质不佳,遂兴起外出访贤者之意,贾谊说:"吾闻古之圣人,不居朝廷,必在卜医之中。今吾已见三公九卿朝士大夫,皆可知矣。试之卜数中观采。"两人在卜肆之中遇见了司马季主,由于司马的学问似乎相当渊博,"分别天地之终始,日月星辰之纪,差次仁义之际,列吉凶之符,语数千言,莫不顺理"。二人遂以为司马季主以贤者之质而处卑下之地,他们说:"世皆言曰:'夫卜者多言夸严以得人情,虚高人禄命以说人志,擅言祸灾以伤人心,矫言鬼神以尽人财,厚求拜谢以私于己。'"结果司马季主对此予以反驳,主旨在讥讽当时所谓贤者的虚伪矫情①。司马迁在写这段故事时,其目的也许在借司马季主之口而讽刺当时朝政及士大夫的虚浮无行,但此故事也反映出当时社会中有不少"贤者"隐居于市井之中,他们借卖卜为生,以一般人所能接受的方式和他们来往。类似的例子,尚有东汉时的郎宗②、姜肱③、李燮④,以及范冉等人⑤。

　　另一个例子,则更进一步显示情况的复杂。《后汉书》记载有关高凤的故事:

　　　　高凤字文通,南阳葉人也。少为书生,家以农亩为业,而

① 以上引文俱见《史记》,127:3215—3220。
② 《后汉书》,30下:1053。
③ 《后汉书》,53:1750。
④ 《后汉书》,63:2089—2090。
⑤ 《后汉书》,81:2689。

> 专精诵读，昼夜不息……其后遂为名儒，乃教授业于西唐山
> 中……凤年老，执志不倦，名声著闻，太守连召请，恐不得免，
> 自言本巫家，不应为吏，又诈与寡嫂讼田，遂不仕。①

高凤的家世背景应该可算是农民，但他又是个有学问的人，虽然他
并没有出仕为官。他又说自家本有为巫者的背景，则他又具有民
间信仰的巫祝传统②。我们虽不知道高凤个人详细的思想内容，
但是从他复杂的家世和个人背景看来，我们大概很难将他的信仰
作一种简单的归类。

　　以上对汉代社会中文字能力以及知识分子和一般平民之间不
易截然划分的情况的观察，应该可以提示我们，汉代民间信仰中夹
杂了相当复杂的社会现象，我们不能简单地认为"民间信仰"与"知
识分子"或"上层阶级"的信仰无关。以下我就以知识分子在民间
信仰中的角色，分为批评者、改革者和参与者三个层面来讨论。

（二）汉代知识分子在民间信仰中之角色

（1）批评者

　　根据上面的观察，所谓汉代"知识分子"，应包括那些学习儒家
或其他学派的典籍，而大多数在政府机构中任职，或希望在政府中
任职，且具有相当文字能力的人。由于他们的能力和知识，他们成
为沟通"大、小传统"的桥梁。明显的例子是那批所谓"循吏"的人。
根据余英时的研究，他们将上层社会的文化价值以一般百姓能了

---

① 《后汉书》，83：2769。
② 至于他说家本为巫，是否为一借口，我们无从判断。有关巫者是否在汉代不得
为吏的讨论，可参见林富士，《汉代的巫者》（台北：稻乡出版社，1988），页40—43。

解的方式传递给下层社会①。在这类"教导"民众的过程中,知识分子常提出对于民间信仰的批评,在这些批评中,"淫祀"为一常常出现的名词,如《汉书》作者在《郊祀志》中所说:

> 周公相成王,王道大洽,制礼作乐,天子曰明堂辟雍,诸侯曰泮宫。郊祀后稷以配天,宗祀文王于明堂以配上帝。四海之内各以其职来助祭。天子祭天下名山大川,怀柔百神,咸秩无文。五岳视三公,四渎视诸侯。而诸侯祭其境内名山大川,大夫祭门、户、井、灶、中霤五祀。士庶人祖考而已。各有典礼,而淫祀有禁。②

这里所谓的"淫祀"是什么? 文中并没有指明,但是依文义看来,应该是除了天地名山,五岳四渎、五祀祖考之外的各种祭祠。成帝时匡衡议罢当时遵行的自高帝、文帝、武帝以来所设置的各类祭典,成帝一度接受他的建议,《汉书》作者以"罢诸淫祀"称之③。于是原本为官方祭典一部分的祭祀在一夕之间就成了"淫祀"。这"淫祀"一词固具有"不在官方祭典范围之内之宗教崇拜"的意思,同时也带有一些鄙视的态度。王莽时多祀鬼神,《汉书》作者遂以"鬼神淫祀"称之:

> 莽篡位二年,兴神仙事,以方士苏乐言,起八风台于宫中。台成万金,作乐其上,顺风作液汤。又种五粱禾于殿中,各顺色置其方面……计粟斛成一金,言此黄帝谷仙之术也。以乐为黄门郎,令主之。莽遂崇鬼神淫祀,至其末年,自天地六宗以下至诸小鬼神,凡千七百所,用三牲鸟兽三千余种。后不能

---

① 余英时,《汉代循吏与文化传播》,《中国思想传统的现代诠释》,页 67—258。
② 《汉书·郊祀志第五上》,25 上:1193—1194。
③ 《汉书》,页 3344。讨论可参见 Michael Loewe, *Crisis and Conflict in Han China*, pp. 154‑192.

备，乃以鸡当鹜雁，犬当麋鹿。数下诏自以当仙，语在其传。①

后汉桓谭仍以王莽为信鬼神之例：

> 王翁好卜筮，信时日，而笃于事鬼神，多作庙兆，洁斋祀
> 祭，牺牲殽膳之费，吏卒辨治之苦，不可称道。②

实际上，王莽的好鬼神仙术并没有比武帝更为过分，而《汉书》不以
"淫祀"称武帝，与王莽地位之被否定当然有直接关系。因此"淫
祀"的认定常常要受主观态度的影响，魏晋时代道教发展时，就常
常用"淫祀"二字攻击一些不为道教所承认的民间祀祠，虽然不少
所谓的道教流派，其实原本也只是类似的祀祠而已③。

　　一般学者谈论唐宋时代佛教在当时社会中的角色时，其经济
功能为一重要的课题④。那么在汉代，作为一种社会制度而言，祀
祭在经济上是否也具有某种角色？或者，祠祀的存在，中间是否牵
涉到某些人员的经济利益？答案应该是肯定的，第五章中已经有
讨论。官方的祭祀要花费甚多，民间的"淫祠"也一样要求信徒贡
献，应劭在《风俗通义》中就曾记载：

> 会稽俗多淫祀，好卜筮，民一以牛祭，坐祝赋敛受谢，民畏
> 其口，惧被祟，不敢拒逆；是以财尽于鬼神，产匮于祭祀。或贫
> 家不能以时祀，至竟言不敢食牛肉，或发病且死，先为牛鸣，其

---

① 《汉书·郊祀志》，25 下：1270。
② 桓谭，《新论》，卷上，《言体》(严可均，《全后汉文》13：8)。
③ 讨论参见 Rudolf Stein, "Religious Taoism and Popular Religion from the Second to Seventh Centuries," H. Welch & A. Seidel eds., *Facets of Taoism*, pp. 53 - 81.
④ 谢重光，《汉唐佛教社会史论》(台北：国际文化，1990)；黄敏枝，《唐代寺院经济的研究》，(台北：台湾大学文学院，1971)；竺沙雅章，《中国佛教社会史研究》(京都：同朋舍，1982)；Jacques Gernet, *Les aspects economiques du bouddhisme dans la societe chinoise du Ve au Xe siecle* (Saigon: Ecole Francaise d'Extreme-Orient, 1956) = *Buddhism in Chinese Soceity: An Economic History* (Fifth to Tenth Century) tr. by C. Franciscus Verellen (New York, Columbia University Press, 1994).

图十：汉墓壁画：《鬼神怪兽图》
曾昭燏，《沂南古画像石墓发掘报告》

畏惧如此。①

牛在当时民间家庭中是相当贵重的牲畜，是毫无疑问的②。因而我们可以相信应劭的说法，当时人民有可能"财尽于鬼神，产匮于祭祀"，"淫祀"所造成的经济问题亦可说是相当严重的。同时，在第五伦采取禁淫祀的行动时，地方属吏并不合作，所谓"椽吏皆谏"，以致第五伦必须采取强硬手段。由此可推见当时地方祀祠中，地方小吏在其中亦有利益之牵涉。这种情况也可以与前述官方祀典中主事者之利益关系相印证。从应劭对所谓"淫祀"的描述看来，至少在民间信仰中淫祀的特征有如下两点：一是巫者借着其能力向百姓敛财，一是人民的迷信和怯懦。应劭对于另一项民间信仰——城阳景王祠的批评正是以这两点为主：

> 到闻此俗，旧多淫祀，糜财妨农，长乱积惑，其侈可忿，其愚可愍……城阳景王……其歆禋祀，礼亦宜之；于驾乘烹杀，倡优男女杂错，是何谓也？③

在那些为巫祝所利用的信仰活动中，卜筮是常受到知识分子批评的。当然，类似的批评自先秦时代就已出现。前面曾提及，司马迁在《日者列传》中借贾谊之口说出一段对卜者的批评，这段话虽然是用来作为司马季主的反驳对象，但也很可以表现出当时一般知识分子对卜筮的态度。王充就曾说：

> 俗信卜筮，谓卜者问天，筮者问地。蓍神龟灵，故舍人议而就卜筮。违可否而信吉凶。其意谓天地审告报，蓍龟真神

---

①　王利器，《风俗通义校注·怪神》，9：401—402。

②　参见韩复智，《西汉物价的变动与经济政策之关系》，《汉史论集》（台北：文史哲，1980），页 34—44。

③　王利器，《风俗通义校注》，9：395。

灵也。如实论之，卜筮不问天地，蓍龟未必神。有神灵，问天地，俗儒所言也。①

所谓"俗儒"，应该就是指散在民间的一些有某些知识的人。然后王充又以他独特的论证方式说，天地既然没有口耳，就听不见人的卜问，也不能给任何回答。但在否定了卜筮的结果是可靠的之后，他却并没有完全否认卜筮可以测知命运。他说：

> 夫卜筮非不可用，卜筮之人占之误也……盖兆数无不然，而吉凶失实者，占不巧工也。②

因此有问题的是那些卜者，而不是卜筮活动的本身。司马迁写《日者列传》，也多少相信卜筮有其功效。所以有些知识分子虽然批评巫卜，但并不是采取一种完全的无神论的立场。他们对于巫卜鬼神之事表示怀疑，然而也没有完全否认鬼神的存在。王符就是持此种态度，他一方面批评当时社会中崇信巫祝的风气：

> 今多不修中馈，休其蚕织，而起学巫祝鼓舞事神，以欺诬细民，荧惑百姓……奸人所利，贼盗所中，益祸益祟，以致重者，不可胜数，或弃医药，更往事神，故至于死亡，不自知为巫所欺误，乃反恨事巫之晚，此荧惑细民之甚者也。③

但是并不否定鬼神的存在：

> 圣人甚重卜筮，然不疑之事亦不问也，甚敬祭祀，非礼之祈亦不为也，故曰圣人不烦卜筮，敬鬼神而远之。夫鬼神与人殊气异务，非有事故何奈于我，故孔子善楚昭之不祀汀，而恶

---

① 刘盼遂，《论衡集解·卜筮》，24：482。
② 刘盼遂，《论衡集解·卜筮》，24：486。
③ 王符，《潜夫论·浮侈》(台北：中华，1971)，3：9b—10b。

季氏之旅泰山。今俗人笑于卜筮而祭非其鬼,岂不惑哉?亦
有妄传姓于五音,设五宅之符第,其为诬也甚矣。……及诸神
祇太岁丰隆钩陈太阴将军之属,此乃天吏,非细民所当事也,
天之有此神也,皆所以奉成阴阳而利物也。若人治之有牧守
令长矣,向之何怒,背之何怨,君民道近不宜相责,况神致贵,
与人异礼,岂可望乎。①

王符的论点,虽想在一片鬼神弥漫的思想中开拓出比较理性的态
度,基本上仍然未能全盘否定鬼神卜筮之事。他一方面反对迷信,
一方面却说:

夫妖不胜德,邪不伐正,天之经也。虽有时违,然智者守
其正道,而不近于淫鬼,所谓淫鬼者,闲邪精物,非有守司真神
灵也。鬼之有此,犹人之有奸。是谓人不可多忌,多忌妄畏,
实致妖祥,且人有爵位,鬼神有尊卑,天地山川社稷五祀,百辟
卿士有功于民者,天子诸侯所命祀也。若乃巫觋之谓独语,小
人之所望畏,土公飞尸咎魅北君衔聚当路直符七神,及民间缮
治微蔑小禁,本非天王所当惮也。②

所谓"小人之所望畏"的"七神"既然"本非天王所当惮也",岂不正承
认其在民间有其"群众基础"? 实际上,卜筮的活动一向是官方宗教
制度中的一部分,所以一般知识分子的批评也只限于外缘的问题,
而不能追循一逻辑的推论,直入问题的核心,进而推翻其理论基础,
因为那将牵涉到整个宇宙观的性质。只要人不跳出天人感应的有
机式宇宙观,或者机械式的宇宙观,就不可能做到此点③。

---

①　《潜夫论·卜列》,6:2b—5a。
②　《潜夫论·巫列》,6:8a。
③　有关有机式的宇宙观,见 F. Mote, *The Intellectual Foundations of China*
(New York:Knopf,1970), pp. 17 ff. ；B. Schwartz, *The World of Thought*（转下页注）

与王符同时代的仲长统基本上也是以比较理性的态度来批评当时的各种"迷信"，但是也并不反对传统的祖先及天地崇拜：

> 肃礼容，居中正，康道德，履仁义，敬天地，恪宗庙，此吉祥之术也。不幸而有灾，则克己责躬之所复也。然而有祷祈之礼，史巫之事者，尽中正，竭精诚也。下世其本而为奸邪之阶，于是淫厉乱神之礼兴焉。佹张变怪之言起焉，丹书厌胜之物作焉。故常俗忌讳可笑事，时世之所遂往，而通人所深疾也……简郊社，慢祖祢，逆时令，背大顺，而反求福祐于不祥之物，取信诚于愚惑之人，不亦误乎？①

在他心中所谓的"淫祀"，主要是由一种比较理性的态度出发而对民间信仰中非理性的部分的称呼，其为一基于主观意见而定之名词，相当明显。

除了对"淫祀"所发的一般性的批评之外，有些汉代知识分子对于民间宗教的一些基本信仰也表示怀疑。例如扬雄，他基本上对于所谓的神仙说采取否定的态度：

> 或问，人言仙者有诸乎？吁！吾闻宓羲、神农殁，黄帝、尧、舜殂落而死，文王毕，孔子鲁城之北。独子爱其死乎？非人之所及也，仙亦无益子之汇矣。或曰，圣人不师仙，厥术异也，圣人之于天下，耻一物之不知，仙人之于天下，耻一日之不生。曰：生乎！生乎！名生而实死也……有生者必有死，有始者必有终，自然之道也。②

（接上页注）in Ancient China，pp. 356ff. 笔者在另文中也曾讨论过所谓机械式的宇宙观，见《睡虎地秦简日书的世界》。

　　① 仲长统，《昌言》(《全后汉文》，89：11—12)。
　　② 扬雄，《法言·君子》(台北：中华，1968)，12：4—5。

除了坚持物质性的"自然之道",他也相当尖锐地指出,民间信仰中
有许多讹伪之成分:

> 或问《黄帝终始》,曰:"托也。昔者,姒氏治水土,而巫步
> 多禹。扁鹊,卢人也,而医多卢。夫欲雠伪者,必假真。禹乎,
> 卢乎,《终始》乎!"①

扬雄在此可说是否定了民间信仰中一些基本的因素,就是对神圣
典籍之权威的信仰,及对巫觋仪式和医卜之术的依赖。桓谭对于
神仙长生之道也不予承认:

> 无仙道,好奇者为之。曲阳侯王根迎方士西门君惠,从其
> 学养生却老之术。君惠曰:"夫龟称三千岁,鹤言千岁,以人之
> 材,何乃不如虫鸟邪?"余应曰:"谁当久与龟鹤同居而知其年
> 岁尔?"②

桓谭也不相信谶纬之说,虽然这几乎为他自己召来杀身之祸:

> 其后有诏,会议灵台所处,帝谓谭曰:"吾欲谶决之,何
> 如?"谭默然良久,曰:"臣不读谶。"帝问其故,谭复极言谶之非
> 经。帝大怒,曰:"桓谭非圣无法,将下斩之。"③

东汉末,民间宗教团体大兴,荀悦却对于神仙之说质疑:

> 或问神仙之术,曰:诞哉!末之也已矣!圣人弗学,非恶
> 生也,终始运也,短长数也,运数非人力之为也。曰:亦有仙
> 人乎?曰:僬侥桂莽,产乎异俗,就有仙人,亦殊类矣!……

---

① 扬雄,《法言·重黎》,10:1—2。
② 桓谭,《新论·辨惑》(《全后汉文》,15:5)。由于桓谭此作现仅存辑本,文字不
尽完全,因此有一些其他文句似又显示他可能不排除当时流行的神仙方术之说。讨论
参见 Ying-shih Yu,"Life and Immortality in the Mind of Han China," pp. 109–110.
③ 《后汉书·桓谭传》,28:961。

> 或曰：人有变化而仙者，信乎？曰：未之前闻也，然则异也，非仙也。男化为女者有矣，死人复生者有矣，夫岂人之性哉，气数不存焉。①

荀悦此言虽质疑仙之存在，但也不是采取一种断然的态度，而多少有所保留。整体而言，这些对民间信仰的批评，重点多在反对其为人民实际生活所带来的问题，而不见得是为了要反对任何形式的鬼神信仰或祖先崇拜。

(2) 改革者

除了批评之外，一些知识分子在有机会、有力量时，也会以实际行动来改革他们心中所以为的"淫祀"。西门豹治邺的故事固已为人所习知，它实际上是知识分子与民间信仰之间冲突的典型例子。东汉时仍有类似的事例发生，如《风俗通义》有一段记载：

> 九江逡道有唐、居二山，各有神，众巫共为取公姬，岁易，男不得复娶，女不得复嫁，百姓苦之。谨按：时太守宋均到官，主者白出钱，给聘男女，均曰："众巫与神合契，知其旬欲，卒取小民不相当。"于是敕条巫家男女以备公姬，巫扣头服罪，乃杀之，是后遂绝。②

宋均治当地欺民之巫者的手法与西门豹相似，就是"以子之矛攻子之盾"，让巫者无法自圆其术。前引会稽地方以牛祭祀的习俗，也在太守第五伦到后被取缔：

> 伦到官，移书属县，晓告百姓。其巫祝有依托鬼神诈怖愚民，皆案论之。有妄屠牛者，吏辄行罚。民初颇恐惧，或祝诅

---

① 荀悦，《申鉴·俗嫌》第三（上海：商务，四部丛刊初编），页20—21。
② 王利器，《风俗通义校注·怪神》，9：400。亦见《后汉书》，41：1413。

妄言,伦案之愈急,后遂断绝,百姓以安。①

然而这类官方的取缔行动并不能真正消除一些深植在民间的信仰活动。如汉文帝之时刘章因功封城阳王,死后民间为立祠,在帝国东部地区相当流行,尤以济南地区为盛。《三国志·魏书武帝纪注》引《魏书》说:

> 初,城阳景王刘章以有功于汉,故其国为立祠,青州诸郡转相傲效,济南尤盛,至六百余祠。贾人或假二千石舆服导从作倡乐,奢侈日甚,民坐贫穷,历世长吏无敢禁绝者。太祖到,皆毁坏祠屋,止绝官吏民不得祠祀。②

在曹操之后,当地的祠风仍然未绝。后来应劭为营陵令,再度设法改革,虽允许民众祀祠,但"备物而已,不得杀牛"③。由此例可见,民间信仰崇拜一旦形成之后,常有相当强的生命力。

上举数例显示,当知识分子批评或改革民间信仰时,所根据的原则基本上是以那些民间祀祠的物质面或实际面为主要的考虑。换言之,他们的行动与批评的本质基本上是"俗世性"的,如某一祀祠花费过大、亚视欺民敛财等,与以民间信仰所据以成立的宗教背景没有直接的关系。例如《后汉书·方术列传》中有赵炳者,

> 有神术,百姓神服,从者如归。章安令恶其惑众,收杀之。人为立祠室于永康,至今蚊蚋不能入也。④

又有刘根者,为有道术之人:

> 隐居嵩山中,诸好事者自远而至,就根学道,太守史祈以

---

① 《后汉书》,41:1397。
② 《三国志》,1:4。
③ 王利器,《风俗通义校注》,9:395。
④ 《后汉书》,82下:2742。

根为妖妄,乃收执诣郡,数之曰,汝有何术,而诬惑百姓,若有
神,可一显验事,不尔立死矣。①

在这两个例子里,地方官吏所主要关心的,是他们两人具有煽惑民
众的能力,也就是有可能造成社会动乱。他们站在政府的立场,自
然对于这种可能性要加以防范。实际上,民间信仰的确常成为某
些政治动乱者所据以结合群众以寻求出路的工具。《后汉书·光
武帝纪》有下面二则记载:

> 妖巫李广等群起据皖城,遣虎贲中郎将马援、骠骑将军段
> 志讨之。九月,破皖城,斩李广等。
> 妖巫单臣、傅镇等反,据原武,遣太中大夫臧宫围之,夏四
> 月,拔原武,斩臣、镇等。②

这些"妖巫"的领导者虽不一定是巫者,但其活动显然与某些民间
信仰有关,而巫上被冠以妖字,则显示自官方的立场而言他们的活
动是不被接受的。当张修在巴郡起兵时,也被称为"妖巫"③,则是
同样的道理。而由前举城阳景王的例子,我们可以更详细地看到
一个具有动乱潜能的民间祠祀的性质。《后汉书·刘盆子传》记
载:"军中常有齐巫鼓舞祠城阳景王,以求福助。巫狂言景王大怒,
曰,当为县官,何故为贼?"④这巫者下神的话就成为赤眉拥立刘盆
子的借口。又如《琅琊孝王京传》:"国中有城阳景王祠,吏人奉祠,
神数下言,宫中多不便利。"⑤这"宫中多不便利"到底是什么,我们

---

① 《后汉书》,82下:2746。
② 《后汉书》,1下:68,70;18:694。类似的例子有"勃海妖贼盖登",见《后汉书》
7:316。
③ 《后汉书》,8:349。
④ 《后汉书》,11:479。
⑤ 《后汉书》,42:1451。

虽不知道,但很可能具有某些政治涵义,因为奉祠的包括"吏",而当这些"吏"奉行神明的旨意时,可能会与官方的立场相违,造成"不便"。我们在第六章中曾经提到,城阳景王之祠的分布范围相当广泛:"自琅琊、青州六郡,及渤海都邑乡亭聚落,皆为立祠。造饰五二千石车,商人次第为之,立服带绶,备置官属,烹杀讴歌,纷籍连日,转相诳曜,言有神明,其谴问祸福立应,历载弥久,莫之匡纠。"①从这一段描述看来,一些民间信仰的活动,如"造饰二千石车,立服带绶,备置官属"等,都具有政治活动的潜在性质,尤其是这信仰活动深入军队之中,更有可能造成动乱。难怪这祠祀成为官方猜忌与打压的对象。这城阳景王祠虽没有造成乱事,黄巾之乱却证实了官方的忧虑。而根据《三国志·魏书武帝纪》注引《魏书》云:"黄巾移书太祖云:'昔在济南,毁坏神坛,其道乃与中黄太乙同,似若知道,今更迷惑。'"②可见城阳景王祠很可能与黄巾之乱有某种关系。

当知识分子以改革者的姿态出来纠正民间信仰中的"淫祀"时,他们心中的淫祀所具的条件和官方的认定有相当程度的重合,是自然而然的。但是由于对"淫祀"的认定其实有相当多的个人主观成分和其他环境因素的影响,这些批评和改革的活动都只能是片断而无系统的。尤有甚者,从另一方面来说,知识分子也经常是民间信仰活动的参与者。

(3) 参与者

西门豹和宋均等人的例子告诉我们知识分子对改革民间信仰的若干情况,但这些例子并没有真正告诉我们这些知识分子的基

① 王利器,《风俗通义校注》,9:394。
② 《三国志》,1:10。

本宗教态度。他们摧毁某些"淫祀"的行为并不代表他们是无神论者，也不代表他们不相信鬼、神、灵魂、精怪等超自然界的事物。以顺帝时的栾巴为例，他在任豫章太守的时候，当地人民多崇信山川精灵，以致虚耗财力。但是栾巴据说"素有道术"，能驱使鬼神，于是他毁去那些祠庙，驱除巫觋，而神怪之事也随之消失①。所以栾巴虽然可说是"改革者"，但他自身却又靠着以相信鬼神为前题的神术来达成他的任务，因而由这一角度来说，他又可说是民间信仰的参与者。又如前面曾提到的贾谊，曾质疑卜筮的真实性，但也相信鬼神，他说：

> 人心以为鬼神能与于利害，是故具牺牲俎豆粢盛斋戒而祭鬼神，欲以佐成福，故曰，祭祀鬼神，为此福者也。②

贾谊是否自我矛盾？我们因无法确知《史记》中他对司马季主所说的是否真是他的话而不是司马迁借他的口所发的议论，所以无法确定。但这两段材料仍然可以提示我们，知识分子对民间信仰所持的态度是一复杂的现象：有些知识分子批评民间信仰，有些参与民间信仰活动，也有一些人似乎持有自相矛盾的态度。

　　笔者以为，知识分子的参与民间信仰，至少可以从两方面来说。有些人跟随一般民间信仰习俗，似乎没有明显的自觉或者批判意识，另一些则积极地参与。先论前一种情况。以董仲舒为例，以他经学大家的身份，通常人们不会认为他与民间信仰有何关系，而他的阴阳五行和天人感应的学说事实上是后来汉代官方宗教的重要理论基础。然而在他的《春秋繁露·求雨》篇中，他所说的祈雨之法却很有民间巫术的影子：

---

① 《后汉书》，87：1841。
② 贾谊，《新书》（台北：中华，1970），8：10。

> 春旱求雨，令县邑以水日祷社稷山川，家人祀户，无伐名木，无斩山林，暴巫，聚尫……择巫之洁清辩利者以为祝……以甲乙日，为大苍龙一……小龙七……取五虾蟆，错置社之中……取三岁雄鸡与三岁豭猪，皆燔之于四通神宇，令民阖邑里南门，置水其外，开邑里北门，具老豭猪一，置之于里北门之外，市中亦置豭猪一，闻鼓声，皆烧豭猪尾，取死人骨埋之……①

由此看来他事实上至少是一部分地接受了民间信仰中的某些因素，如烧豭猪尾、埋死人骨等。董仲舒自己似乎并没有意识到他也许在不经意之间已经接受了一些民间流行的方术，而成为民间信仰的一分子。《汉书·艺文志》中有《请雨止雨》二十六卷，其中显然有更为详细的各种求雨方术。桓谭在他的《新论》中也说："刘歆致雨，具作土龙，律，及诸方术，无不备设。"②可见董仲舒接受民间方术并不是特例。

再以崔寔为例。崔寔具有相当良好的家世背景，受过经学训练。他所著《四民月令》主要是为了他自己的农庄子弟参考之用③，其中所记载的一年四季各种宗教活动应该是反映了当时社会中的一般情况。而根据《后汉书》崔寔的传记，他其实是一个相当能跟随当时社会一般习俗的人。当他的父亲去世后，他为了要提供一个盛大的葬礼，不惜将家产变卖殆尽，以致落得鬻粥糊口④。我们因此可说，他自己参与民间信仰活动应该是无疑的。然而若我们看他那篇有名的《政论》，却发现他积极主张改革当时

---

① 赖元炎，《春秋繁露今注今译·求雨第七十四》(台北：商务，1984)，16：399—400。
② 桓谭，《新论·离事》(《全后汉文》，15：3)。
③ 参见石声汉，《四民月令校注》，页79—88。
④ 《后汉书》，52：1731。

民间各种恶习,包括流弊甚重的厚葬之风①。那么我们应如何解释这两种不同的态度?笔者以为,作为当时士大夫社群的一分子,他比较上属于"公开发表"的《政论》所表现出的观念符合知识阶层的"教化百姓"的主旨。然而他那些比较私人性的言行,如《四民月令》中的宗教活动和厚葬等,则仅仅是遵循当时一般风尚而较少刻意反省。

董仲舒与崔寔的例子显示,民间文化及宗教的力量能够以不为人知的方式渗入个人的生活和思想之中,即使是自以为属于知识阶层的人亦不免。另一个更为复杂的例子是桓帝时的张奂。张奂具有经学的背景,在出任武威太守时,由于当地有不举二月五月生,或与父母同月生的婴儿的习俗,他到任之后就大力革除此一陋习。当地人民初不习惯,后来终于感悟,在感戴之余,当地人遂为他立了"生祠"②。如此看来,他一方面是民间信仰的改革者,另一方面却也多少接受了一些其他的信仰活动,所以他也可算是民间信仰的参与者。但是当他临终时,所留下的遗言却又似乎不相信来世:

> 通塞命也,始终常也,但地底冥冥,长无晓期。而复缠以纩绵,牢以钉密,为不喜耳。幸有前窀,朝殒夕下,措尸灵床,幅巾而已。③

张奂此言有道家洒脱之气,然而若看他的生平事迹,则我们可说他绝不是一个出世的道家,而是积极行动的儒者。他的遗言,也许是在生命走到尽头时,对尘世功名的虚幻有所觉悟而发。这个例子

---

① 《政论》,见严可均,《全后汉文》,46:5。
② 其他立生祠的例子又如:于公,《汉书》,71:3041;陈众,《后汉书》,12:501;王堂,《后汉书》,31:1105;任延《后汉书》,76:2462。
③ 《后汉书》,65:2143。

显示出一个人的思想随时间和心境而产生的变化是相当复杂的。对于不少人而言,什么样的信仰方式才是合适的,恐怕没有一个固定不变的答案。

　　除了上面的例子之外,也有一些知识分子积极地参与民间信仰的活动。以西汉时与扬雄同时,也曾为扬雄所师的严君平为例,他是一个以研究老庄学说出名的学者,"依老子严周之指著书十余万言",但是隐居不仕。据说他

> 　　卜筮于成都市,以为"卜筮者贱业,而可以惠众人。有邪恶非正之间,则依蓍龟为言利害。与人子言,依于孝,与人弟言,依于顺,与人臣言,依于忠,各因势导之以善。从吾言者,已过半矣。"①

他显然是一个主动参与民间信仰活动的知识分子,但是他参与的动机,依《汉书》材料来看,其实是以卜筮为一种教育百姓的手段,要让那些向他求卜的人能够归依孝弟忠信。值得注意的是,他的教育目标似乎是以儒家的伦理为基础,则他虽为道家学者,也并不排斥儒家学说。而对他来说,民间信仰活动,只要导之以法,可以是造成社会和谐的一种媒介。

　　此外,在民间信仰中活跃的方士,显然是一群具有相当知识的人物②。他们在不少方面其实可说是相当博学的,尤其在阴阳五行学说、占卜术方面具有特长,因而早期的方士也有被称为"生"的,如秦始皇时的石生、卢生等③。而许多被称为方术士的人都具

---

①　《汉书》,72：3056。

②　有关方士的讨论,前人讨论甚多,如顾颉刚,《秦汉的方士与儒生》;陈槃,《战国秦汉间方士考论》,《历语言研究所集刊》,17（1948）：7—57；Kenneth deWoskin, *Doctors, Diviners, and Magicians*, pp. 1 - 42.

③　《史记》,6：252。

有除了方术之外的经典知识,他们可以算是知识分子——尽管也许是"不纯"的知识分子。

以公沙穆为例,他出身平民家庭,后学《韩诗》和《公羊春秋》,《河图洛书》亦有涉猎。他在入仕之后,可说已加入官僚—知识分子的群体;而当他到弘农为令时,据说:

> 县界有螟虫食稼,百姓惶惧。穆乃设坛谢曰:"百姓有过,罪穆之由,请以身祷。"于是暴雨,既霁而螟虫自销,百姓称曰神明。①

公沙穆这暴身祈雨的行动当然有其自古以来的传统,成汤以身为牺牲而祈雨的例子多半也在他的脑中徘徊②。他的祈雨之术的"成功",显然也为当地的民众所接受③。此例以及前举董仲舒在《春秋繁露·祈雨》中所描述地方官员参与祈雨活动的情况,都显示出当时的官员必须经常参与民间信仰活动。这些活动基本上是出于他们作为政府官员的职责而发,对他们而言,在行政责任和宗教信仰活动之间并没有一明显的界线。

公沙穆只是《后汉书·方术列传》中比较不出众的一个被认为是"方术之士"的知识分子。若检视《方术列传》中各人的背景,很明显地,大部分的方士均具有不止一类的专门知识,如经学或其他

---

① 《后汉书·方术列传》,82:2731。相似的例子如戴封,《后汉书》,81:2684;谅辅,《后汉书》,81:2694等人,均有自焚以祈雨之举。

② 关于古代以人牲祈雨的习俗,参见陈梦家,《商代的神话与巫术》,《燕京学报》,20(1936):532—576;裘锡圭,《说卜辞的焚巫尫与作土龙》,收入胡厚宣编,《甲骨文与殷商史》(上海:上海古籍出版社,1983),页21—35;E. H. Schafer, "Ritual Sacrifice in Ancient China", *in Harvard Journal of Asiatic Studies*, 16(1951):130-184; Sarah Allen, "Drought, Human Sacrifice and the Mandate of Heaven in a Lost Text from the Shang Shu," *Bulletin of the School of Oriental and African Studies*, 47:3(1984):523-539.

③ 其他自焚以求的例子如戴封,《后汉书》,81:2684;谅辅,《后汉书》,81:2694。

天文卜占风角医药之术。换言之，这些方士其实在知识上有比较宽阔的背景，不为一种传统所限。如李郃："游太学，通五经，善河洛风星。"①樊英："少受业三辅，习京氏易，兼明五经，又善风角、星算、河洛七纬、推步灾异。"②唐檀："少游太学，习京氏易、韩诗、颜氏春秋，尤好灾异星占。"③即使是不在《方术列传》中的人物，从事各种方仙道术活动者亦不少见，如郎宗："学京氏易，善风角、星算、六日七分，能望气占候吉凶，常卖卜自奉。"④张楷："通严氏春秋、古文尚书……性好道术，能作五里雾。"⑤这些例子显示出一种趋势，即在东汉时有些知识分子具有驳杂的背景，不专守某一家法，也不仅以儒家典籍为学习的范围⑥。

从信仰本身来看，当我们检视一些民间信仰的观念基础时，也可以推测其中应有知识分子参与。一个明显的例子，就是在死后世界观中，地下世界在形式上与地上官僚政府组织的相似，这种观念若非知识分子的媒介，是不易成立的。又如在《汉书·艺文志》中，有相当多数术类的作品，其中尤其是有关占卜、风水、堪舆、劾鬼，诸如《黄帝长柳占梦》、《嚏耳鸣杂占》、《人鬼精物六畜变怪》、《诘不祥劾鬼物》，或者《请官除妖祥》等等，与民间信仰所关切的问题是相同的。在成书于数百年后的《隋书·经籍志》中，仍可见到类似的作品。这些作品现虽多已佚失，我们仍有理由推测其形成的过程与知识分子有相当的关系，尤其是当我们考虑到，一般所谓的符咒、镇墓文等"民间信仰"的产物，其牵涉到一定程度的知识背

---

① 《后汉书》，82 上：2717。

② 《后汉书》，82 上：2721。

③ 《后汉书》，82 上：2729。

④ 《后汉书》，30 下：1053。

⑤ 《后汉书》，36：1243。

⑥ 笔者在他处曾论及，东汉时一些主张薄葬的知识分子，即使是明习经学，其思想也并没有一元化。见蒲慕州，《墓葬与生死》，页 267—268。

景,是无可怀疑的。

　　这些知识分子参与民间信仰活动,多半是沿袭社会中已有的习俗。但也有一些人具有更大的企图心,要造成新的形势。东汉末的五斗米道和太平道的兴起是最著名的例子。如张陵及其所创之五斗米道,据《后汉书》记载:

> 　　鲁字公祺。初,祖父陵,顺帝时客于蜀,学道鹤鸣山中,造作符书,以惑百姓。受其道者辄出米五斗,故谓之"米贼"。陵传子衡,衡传于鲁,鲁遂自号"师君"。其来学者,初名为"鬼卒",后号"祭酒"。祭酒各领部众,众多者名曰"理头"。皆校以诚信,不听欺妄,有病但令首过而已。诸祭酒各起义舍于路,同之亭传,县置米肉以给行旅。食者量腹取足,过多则鬼能病之。犯法者先加三原,然后行刑。不置长吏,以祭酒为理,民夷信向。朝廷不能讨,遂就拜鲁镇夷中郎将,领汉宁太守,通其贡献。[①]

这段描述不但告诉我们道教初起的一些情况,而其中所提到的一些观念和术语,也能让我们了解,道教初起时之为一知识分子和民众杂陈的团体。根据《神仙传》记载,张道陵"本太学书生,博采五经,晚乃叹曰,此无益于年命,遂学长生之道……得隐书秘文及制命山岳众神之术"[②]。张道陵是否确曾为太学生,且不置论,但他能以道德性的教义教导徒众,又能够"造作符书",以为传教的工具,尤其是以《老子想尔注》,以道教神学来诠释《老子》,显然非有相当程度的知识不可[③]。后来其子孙徒众能得以发展组织,粗具自治团体规模,也在在都必得有知识分子的参与规划,始有可能。

---

　　①　《后汉书》,75:2435—2436;又见《三国志》,8:263。
　　②　葛洪,《神仙传》(台北:商务印书馆景印,文渊阁四库全书,1059册),5:8。
　　③　有关《老子想尔注》,中外学者均有论著,最新的讨论见饶宗颐,《老子想尔注校证》(上海古籍出版社,1991)。饶宗颐主张《老子想尔注》为张道陵所著。(转下页注)

汉末魏晋时代五斗米道在上层社会有不少信徒,显然也与其道原即有知识阶层参加有关①。

与五斗米道相类的是太平道的发展,其中也牵涉到知识分子的参与,而其典籍《太平经》中杂糅了儒家、道家、阴阳五行思想和民间巫觋信仰的因素,也有相当程度的政治及社会主张,更显示出知识分子与平民阶层的结合②。太平道黄巾之乱初期之所以能够迅速地扩张,原因之一可能是地方上知识阶层的支持。据陈启云的研究,当时的士人和清议党人可能是黄巾之乱背后的策划、支持、合作者。而后来当他们改变了主意,不再支持黄巾,乱事旋即终止③。

(三) 结语

自西汉早期以下,知识分子就与民间信仰有着复杂的关

(接上页注)也有学者主张应为张鲁所著,这类学者可以汤一介为代表,见所著《魏晋南北朝时期的道教》(台北:东大图书公司,1988),页95—100。

① 参见任继愈编,《中国道教史》(上海:上海人民出版社,1990),页47—48,113—122;陈寅恪,《天师道与滨海地域之关系》,《历史语言研究所集刊》,3(1933):439—466。

② 参见王明,《论太平经的思想》,《道家和道教思想研究》(重庆:中国社会科学出版社,1984),页108—138。不过王明认为其中反映出农民的思想,所举的例子均有断章取义之嫌。有关《太平经》时代及其内容的讨论极多,最近的作品有 Barbara Kandel, *Taiping Jing*, *The Origin and Transmission of the Scripture on General Welfare — The History of an Unofficial Text* (Mitteilungen der Deutschen Gesellschat für Natur-und Volkeskunde Ostasiens, 75) (Hamburg, 1979);B. J. Mansvelt-Beck, "The Date of the Taiping jing," *T'oung Pao* 66:4-5(1980):149-182;王明,《论太平经成书的时代和作者》,《道家和道教思想研究》(重庆:中国社会科学出版社,1984),页183—200;汤一介,《魏晋南北朝时期的道教》,页19—76;J. O. Petersen, "The early traditions relating to the Han dynasty transmission of the Taiping ching," Part 1, *Acta Orientalis* 50(1989):133-171; Part 2, *Acta Orientalis* 51(1990): 173-216. 相关书目可参见林富士,《试论太平经的疾病观念》一文之附录,《历史语言研究所集刊》,62,2(1992):259—263。

③ 陈启云,《关于东汉史的几个问题》,《燕园论学集》(北京大学,1984),页123—141;Chen Chi-yun, "Who were the Yellow Turbans?" *Cina* 21(1988):57-68; esp. p. 66.

系。在一方面，有些知识分子企图去改革或影响那些所谓的淫祀；而在另一方面，也有不少人参与民间信仰活动，经由他们与民众的接触，他们（尤其是方术士）对民间信仰产生相当的影响。汉代民间信仰中一项重要的特色是对文书典籍的重视，这可由流传在民间的各类手册符箓看出。这对文字的重视并不是任何宗教信仰中不可或缺的因素，显然汉代知识分子在这方面的影响不容忽视。而官僚—知识阶层对此后民间信仰的性质也产生了深远的影响：民间信仰有关神圣世界和死后世界的想像从此不再逸出帝国政府结构的模式。宗教信仰的目的也与世俗政府的目的相平行：两者均为了使人民得到幸福充裕的生活，虽然两者手段不同。这大概也是为何一些知识分子接受或容忍民间信仰的原因。他们认为，借着一些宗教活动，可以促使民众的生活品质得到改善，所以他们的目标其实与那些大力破除"淫祀"的官僚—知识分子是一致的。对他们而言，宗教活动，无论是私人的或公开的，都是政治程序（political process）的一部分。

民间信仰对于社会上层阶级的影响也是很明显的。我们看到，自秦始皇以下，上层阶级成员的日常生活从未与民间信仰完全脱节。例如巫蛊祝诅之事，就经常发生于宫廷之间①。此外，在墓葬品中，也可以见到民间信仰对上层阶级的影响。如马王堆一号墓出土的帛画，其作用、品名，以及其中的人物身份虽然仍不能完全确定②，但可知道的是，画中充满了各种战国末年以来流行在民

---

① 最著名的是武帝晚年的巫蛊之祸，参见蒲慕州，《巫蛊之祸的政治意义》，《历史语言研究所集刊》，56,4(1986)：511—538。

② 最近巫鸿主张此帛画应为"铭旌"，其论点有相当说服力。见 Wu Hung, "Art in a Ritual Context: Rethinking Mawangdui," *Early China* 17(1992): 111-144.

间的神话信仰主题①。又如墓室壁画石刻的装饰，常可见到宣扬
儒家道德伦理的主题，如各类代表成功的官僚—知识分子的活动：
车骑、宴客、宫宅等，而与这些主题经常相对出现的，是一些非现实
世界的怪兽、仙人、鬼神乃至于西王母之类的非官方宗教中的角
色。有学者称这种现象为儒家化的死后极乐世界(a thoroughly
Confucianized paradise)②，我们也可以认为这是官僚—知识阶层
接纳了民间信仰的某些内容的结果。

应劭在《风俗通义》中记载了一段轶事：

> 帝时迷于鬼神，尤信越巫，董仲舒数以为言。武帝欲验其
> 道，令巫诅仲舒。仲舒朝服南面，诵咏经论，不能伤害，而巫者
> 忽死。③

这段故事也许是虚构的，但它也多少反映出，在东汉时有些知识
分子认为儒家经典具有神力，而大儒董仲舒的地位则有如一个
大巫者。董仲舒胜过了巫者，因为他或者他所诵读的经典比巫
者及其咒语更为有神效。实际上，有一些例子显示，儒家经典如
《孝经》，在东汉时的确曾被认为是具有驱鬼除魅的力量。如《后
汉书·向栩传》记载，向栩以为诵《孝经》可以有退敌兵的神力④。
《风俗通义》中也记载郅伯夷诵《六甲》、《孝经》、《易本》以御鬼魅

---

① 如画中底部的"大力士"，不论其身份为何，应该都是民间信仰中的人物，而在
当时官方宗教中找不到对应。相关讨论极多，参见安志敏，《长沙新发现的西汉帛画试
探》，《考古》，1973，1：43—53；孙作云，《长沙马王堆一号汉墓出土画幡考释》，《考古》，
1973，1：54—61；萧兵，《马王堆帛画与楚辞》，《考古》，1979，2：171—173；刘敦愿，《马王
堆西汉帛画中的若干神话问题》，《文史哲》，1978，4：63—72；Michael Loewe, *Ways to
Paradise* (London: Routledge, 1979), pp. 43‒44.

② Martin J. Powers, *Art and Political Expression in Ancient China* (New
Haven & London: Yale University Press, 1991), p. 278.

③ 王利器，《风俗通义校注·怪神》，49：423。

④ 《后汉书》，81：2694。

图十一：马王堆帛画

《长沙马王堆一号汉墓》(北京：文物,1973),图 38

的事①。在此我们可以看到知识分子所具有的一些观念与民间信仰心态相结合的情况。这些例子，乃至于西门豹和宋均等人的故事，又可以从官方宗教与民间信仰之间相互竞争的角度来了解。官僚——知识分子代表的是帝国政府，他们摧毁民间的"淫祠"，驱除巫者，从某方面来看，可以说是一种"宗教迫害"——官方宗教迫害非正统的地方祀祠，其目的主要是政治而非宗教本身②。从比较的角度来看，这种情况也发生在与汉帝国遥遥相对的罗马帝国之中。例如在纪元前一世纪时开始流行于罗马的 Isis 崇拜，由于其所揭示的神秘救赎的应许，是那强调公民道德的官方宗教中没有的，因而得到许多罗马人的信服。但是由于其崇拜活动带有狂热性、神秘性，因而屡为帝国政府所禁。而禁止的理由，与汉代官方的态度相似，主要并不是其信仰的内容，而是信徒聚集所可能造成的政治社会秩序问题——其中一项罪名即是徒众的行为淫逸③。实际上，禁令并不能真正消灭此一信仰及类似的崇拜。如众所周知，基督教在罗马帝国发展的初期也处于类似的地位。而当基督教终于由一受压迫的"淫祀"成为帝国官方宗教时，它反过来开始排除"正统"（Catholic）之外的宗教。在中国魏晋时代以下，当道教、佛教在争夺国家正统宗教信仰的地位时，我们似乎也看到与西方宗教发展史上相类似的现象。

　　以上所论汉代知识分子与民间信仰的关系显示，汉代民间信

---

　　① 《风俗通义·怪神》，9：428。类似的说法见《艺文类聚》卷 69 引《汉献帝传》及《太平御览》卷 708 引《东观汉记》关于太史令王立以《孝经》能消除奸邪之事。

　　② Jean Levi, *Les Fonctionmaires Divins*, (Paris: Seuil, 1989), p. 266.

　　③ 参见 Franz Cumont, *Oriental Religions in Roman Paganism* (New York: Dover, 1956), pp. 80 - 85; R. M. Ogilvie, *The Romans and Their Gods in the Age of Augustus* (New York: Norton, 1969), pp. 2 - 3; 关于希罗时代神秘宗教，可参见 Walter Burkert, *Ancient Mystery Cults* (Cambridge: Harvard University Press, 1987).

仰的发展并没有独立于知识阶层传统的影响之外。要了解民间信仰的性质，应该探索知识分子与民间信仰之间的互动关系。由此反观所谓的大传统或知识阶层，也应注意民间信仰在长期的互动关系中所注入的因素。此一观察对于汉以后中国民间宗教之性质及发展是否能提供某些解释上的参考，值得进一步探索。

第九章

结论

> 神明当初并没有向人揭示所有的事理，
> 但在寻求中人可以找到胜义①。

笔者在本书中所企图达成的任务是提供一些线索，以了解古代中国人信仰生活在个人和地方层面的一些主要的轮廓。我并没有打算给读者一部全面性的有关古代中国民间信仰的作品，只是选择性地讨论了我认为对于了解中国古代民间信仰具有重要意义的一些现象。这样的做法，也可以让读者有机会了解到这样的研究所遭遇的困难和不足之处。

我在本书开始时曾描述本书的范围是古代中国民间的宗教现象，也给所谓的宗教下了定义：宗教是人对他自己与"人外"力量之间关系的了解和表现。在以下的篇幅里，我将先追溯本书所讨论到的中国古代宗教现象的发展历程，然后讨论几项重点："人外"力量的性质；人与人外力量之间的关系，包括崇拜的方式和崇拜的目的；以及宗教信仰和伦理道德之间的关系等。讨论的目的不只

---

① Xenophanes on god，W. A. Auden ed.，*The Portable Greek Reader*，p. 69.

是综合本书前面章节的结果，也在于从比较的眼光来看中国古代民间信仰，好让我们对中国民间信仰的特质有一个比较性的认识。

（一）中国古代宗教之发展轨迹

从本书各章的讨论中，我们可以看出，古代中国的宗教现象有三个发展的层次。从新石器时代晚期以下，或至晚从早商时期开始，随着阶层社会的成形，以外在的宗教仪节和装饰为标准，人们的宗教活动始有了分化的情形。上层统治阶级的宗教表现与下层人民的宗教在仪节上有了繁简的不同，虽然两者的源头相同。统治阶层的宗教后来发展成为所谓的官方宗教，以祖先崇拜和自然崇拜为主要的信仰形态，这些基本上也是农民的信仰内容。随着周王朝的建立，在统治阶层中逐渐发展出了一种道德性的天的观念，这观念后来在知识阶层之间得到更进一步的发展，遂在官方和民间信仰之外形成第三层的宗教意识。到了春秋战国时代，这三层宗教意识和表现的方式各自发展出了其独特的性格。他们之间的差别，除了外在的仪节，主要在其对于宗教信仰所持有的不同的期望。从周以及后来的材料看来，官方宗教的目的主要是在求统治者以及由统治者所代表的国家的福祉；另一方面，农民所期望于其宗教信仰的是经由对人外力量——不论是祖先或神灵——的崇拜，而得到个人和家庭的利益。至于知识分子，虽然不一定反对官方的思维形态，将他们的重点放在对于至上神明的崇敬，而比较不强调物质福利的获得。本书关注的自然是农民或一般百姓的宗教心态及其表现。

我们也曾经讨论过研究民间信仰所必然会遭遇的问题：如何定义"一般人"或"民间信仰"？而且，如果我们对所谓的"非民间"没有清楚的观念，也不可能会得到适当的对民间信仰的了解。因而在第五章和第八章中我们讨论了官方祭典的性质和知识分子在民间信仰中所扮演的角色。在秦汉时代,除了一些基本的宗教活动如祭天地、五帝和河岳之神等,官方宗教和民间信仰之间的分别,至少就崇拜方式以及各类崇拜对象而言,并不总是十分清楚的。从知识分子与民间信仰之间的关系看来,汉代的宗教现象可以说是一种芜蔓的混合体:一方面有官方祭祀,另一方面有民间崇拜,而两者之间又分享了一些基本的宗教因素。知识分子,整体而言,扮演了官方与民间的中介者的角色:他们对民间宗教的批评常常反映了官方的意识形态,而他们对民间信仰的赞同和参与则显示官方祀典与民间信仰之间的某些共通之处。

必须注意的是,"民间信仰"这一名词并不必然指的是"一种有组织、有固定教义的宗教"。在汉代,除了东汉末年的黄巾和五斗米教之外,绝大多数的民间信仰都是对各种神灵的崇拜,而彼此之间没有显然可见的关联。然而它们所具有的共同特征,又仍然可以使它们成为一个整体的部分,这整体就是中国式的民间信仰。

(二) 中国古代民间信仰之特质

(1) 人外力量之性质

宗教史家的任务之一,无疑是在揭示其所研究对象的世界观。探索古人心中所具有的关于神灵性质的观念,虽然是相当的困难,却也是了解他们的宗教信仰的主要特质的有效方法。那么中国古代民间信仰中的神明或精魂的性质是什么? 这问题最好是在每一例子上单独回答,因为不是每一种力量或神明都具有相同的性质,而每一个人对于神灵的性质也不一定会持有相同的观念。在无法做到一一回答的情况之下,我只能提出一个一般性的观察,这观察并不一定是对任何情况都适用的。前面曾经提到,民间信仰中许多神灵都具有拟人化的性质,就是说人们以人的行为模式来了解神灵的行为。他们各有其个性,但并不表示他们都具有完全的"人格"。不过对于一般人而言,重要的是这些神灵或人外力量的特质,尤其是那些与人们的实际祸福相关的特质。换言之,任何一个祠祀的中心关注点是某一神明是否有"灵"①? 但人们通常很少关心这些力量之所以存在的理由。对他们而言,重要的是如何去求得这些神灵的保佑,而不是这些神灵是从何而来? 或为何会出现?

因此,当官方祀典以一个至上的天为宇宙道德和正义的保证者时,一般民众所崇拜的神明却常只负责崇信者一己当下的利益。在道德和伦理的层面上,显然在一般人心目中不但有善意或恶意的"人外力量",这些力量也可以选择伤害或主持正义。而且,这些力量之施予福祉或灾祸于人,主要的依据是信徒的祈求和所行的法术或仪式,而较少与其个人的道德行为有关。换言之,人民对神灵的态度有一种比较形式化的倾向。这也许是由于当人们以世俗政府的模式来想像神明的世界时,人与神灵之间的关系自然会倾向于一种比较形式化的表现方式,以适应官僚式的社会和政治体系。

人与人之外的力量的关系,如第四章和第六章中所举的一些例子所显示,主要是由外在的仪式行为来决定,而非内在的道德标准。只有在早期道教五斗米道的教义中,才明显地说到善良的道德是加入其道的必要条件,如果有徒众不义,就会为"鬼道"所病。不过,笔者也曾经在另文中讨论过,认为在早期道教的教义中仍然有一种功利的倾向。根据《太平经》和《抱朴子》中的一些说法,所

---

①　有关"灵验"在现代中国社会和宗教信仰中的讨论,可参考 S. Sangren, *History and Magical Power in a Chinese Community*.

谓的"善行"是可以用数目来计算的,数目愈大,祝福也愈高①。

此外,在人与神或人外力量的关系上,值得注意而深思的是:一个"神"也可以被杀。如《山海经·西山经》中记载钟山之子鼓,"人面而龙身,是与钦䲹杀葆江于昆仑之阳,帝乃戮之钟山之东,曰瑶崖"②。这令人联想到第四章中所提及的《日书》以及《周礼》中的"杀神"的例子。如果说巫术的基本原理是人可以通过法术的施行,来主动控制或要挟神明鬼怪,那么"神鬼可杀"的观念可以被视为是巫术的进一步发展。但是,一个神或鬼可以被杀,这是什么样的鬼神? 对于具有这种观念的人而言,鬼神的意义究竟是什么? 我们也许可以做以下的思考。首先,神鬼可杀的观念意味鬼神的存在也是有限的、有形的。他们的存在有开始,也有结束,否则就无法为人所制。他们的能力也许比一般人为大,但人仍然可以透过一定的法术控制他们。这也就是说,宇宙间存在着一些力量,是可以为人所利用来对付于人不利的鬼神的。其次,这也显示出,人们所想像的鬼神仍然必须以人的存在情况为样本。这种观念显然与本书第三章曾经讨论过的儒家的观念:"视之而弗见,听之而弗闻,体物而不可遗",以鬼神的存在为一种纯粹精神性的超越性实体有相当大的距离。如果看一个非中国的例子,在古希腊宗教中,神明也具有身体,有如人一样的饮食之需,但是神明又是永生不死的,如何有饮食的需要? 人如何能将凡人的存在状况套在不可能为形体所拘的神明"身上"? 法国学者 Vernant 的解释是,由于希腊语文中对于躯体(body)以及其能力、情欲、性格的描述及概念其实是代表一些个别的、独立存在的概念,凡人所具有的躯体是一些

---

① 蒲慕州,《神仙与高僧——魏晋南北朝宗教心态试探》;Mu-chou Poo, "The Image of the Immortals and Eminent Monks: Religious Mentality in Early Medieval China," *Numen* 42(1995): 172-196.

② 袁珂,《山海经校注》,页42。

不完美的能力、性格、情欲的结合,而神明的躯体则是这些能力无缺憾的、完全的结合状况。"人照着人的形象造神"的说法其实应修改,是人照着人在某一为神所降临的时刻所能达到的完美而理想的状况造了神明。人只能在他所能运用的有关躯体的词汇的格局中去表达神明的形象,因而表面看来矛盾的"神明也需要饮食"的情况,实际上是有其深刻的语意上的背景①。回到中国的情况,我们虽不能说在宗教或思想上与古希腊有何直接的关联,或者在语意上有相似的情况,但希腊的例子却也值得我们反思:在现代人的理性思维中,看来似乎不合理的情况也许有另一番曲折的背景。而"鬼神可杀"的观念表现出的也许是一般大众没有经过严格思考所产生的结果:人一方面想像鬼神如灵魂一样是精神性的存在,是可以"无所不之",可以突破自然所加予人的各种物质和物理上的限制;另一方面又不能不以人自身存在的状态来想像神鬼的存在:既然人会死亡,鬼神也可以被杀。《日书》中各种驱鬼神的方法显示,人们相信精怪鬼神会对人所实施的一些物质性、物理性的作为产生反应。民间信仰中鬼神世界的特质之一,就是鬼神与人的世界和人可以直接往来,并且相互影响。

(2) 感应式之宇宙观

中国古代民间信仰的另一个特色,是一种根深蒂固的对于机械性的天人相应的宇宙秩序的相信。这种信念的出现,应该要远比邹衍提出阴阳五行理论的时候为早。实际上,邹衍所提倡的阴阳五行思想,很可能是一些学者从当时流行于中国东部的这种民间信仰中所提炼出来的,而这种信仰可能又是根基于一种更早、比

---

① Jean-Pierre Vernant, *Mortals and Immortals* (Princeton: Princeton University Press, 1991), pp. 27 – 49.

较无系统、但更为广布的交感式宇宙观,是常存在于许多早期或"原始"民族中的①。这种宇宙观的主题是,人的命运与某些自然的系统有一对一的关系。在古代中国,这些自然系统主要是根据时间或方位而成立的。这种宇宙观反映出一种意识形态,认为时间和空间构成人的生命和活动的参考架构,而相同的因素也是万物运行的要旨。人的命运与自然系统之间的对应,可能就是建立在这种相似的原则之上,不过人的生命究竟会与哪一种自然系统对应,却不是确然不移的。因而我们可以看到相互矛盾的各种时间与方位系统同时并存,如秦简《日书》所呈现的情况。时间与方位,后来加上阴阳和五行的观念,就成为后世中国民间信仰中所有占卜术和祭祀仪节的基本构成因素。

此外,虽然人们认为宇宙秩序是机械性、非人性的,但是人相对于这宇宙秩序的命运却可以做个别的转变,因而我们可说这种观念基本上是一种对巫术的信仰。例如,《日书》中就提供了一些例子,让人应用某种巫术去改变他的命运。在这宇宙观的成熟的形态中,如董仲舒所发展出来的天人感应理论,这巫术的性质常为其文辞所遮掩。有学者甚至认为统治者和其官员之在仪节上配合宇宙秩序的行为其实是一种巫术②。

那么神灵的行为与宇宙秩序之间又有什么样的关系?由于古代中国没有神创造宇宙的观念③,神灵基本上被认为是存在于宇宙之中,而不是超乎其外。然则神明是否也要遵守宇宙秩序?在

---

① Schwartz 指出,(*The World of Thought in Ancient China*,p. 351) 根据 Levi-Strauss,*The Savage Mind* 中所说,这种交感式思考模式在许多所谓"原始民族"中均存在。

② Schwartz, *The World of Thought in Ancient China*,p. 367.

③ 女娲以黄土造人的故事可能是最早的创世神话,出于应劭,《风俗通义》(王利器校注本页 601)。Derk Bodde,"Myths of China," in S. N. Kramer ed. ,(转下页注)

已经智识化的宇宙论——如《月令》——中,各方的神明似乎都被局限在他们各自的特殊位置之中,同时也被分配了一定的功能和角色,并没有任何自发性的作为。他们如同宇宙中所有其他事物一样,是宇宙秩序的一环①。然而在一般人的观念中,许多神灵显然可以相当自由地涉入人的生活之中。B. Schwartz 曾提出一个看法,认为在民间信仰中,"神圣的世界具有不可知的力量和神灵,这些力量和神灵并不会轻易地被任何既定的神圣或人世的秩序所限制"②。这些力量和神灵并不很容易为人所控制,但情况亦非不可为。这一点可以从人们会应用各种占卜术或巫术去设法应付他们的事实看出。

因而,不同于希腊罗马的宗教,在中国古代民间信仰中没有神秘(mystery)的因素③,也没有如犹太——基督教传统中的那种有关于人的命运的"神圣启示"(revelation)。相反的,由于宇宙的运作是本于各种时间和方位的系统,而且这些系统又为人所知,人就可以经由选择一套有利的系统,或向神灵祈求,或逐除恶鬼,或预测神明的旨意,来设法改变自己的命运。换言之,即使人面临了灾

(接上页注)*Mythologies of the Ancient World* (New York: Anchor Books, 1961), pp. 369-408; esp. pp. 386-389. 至于盘古开天之神话则更晚出现,且可能是外来者, 见 Derk Bodde, op. cit., pp. 382-386;袁珂,《中国神话史》(上海:文艺出版社, 1988),页 24—28。有关中国古代创世神话研究之方法问题,可参考 N. J. Girardot, "The Problem of Creation Mythology in the Study of Chinese Religion," *History of Religions* (1976) 15,4: 289-318.

① B. Schwartz, *The World of Thought*, p. 372;见本书第四章。

② B. Schwartz, *The World of Thought*, p. 411.

③ 有关希罗时代的神秘宗教,见 W. Burkert, *Ancient Mystery Cults*, pp. 1-11; C. Kerényi, "The Mysteries of the Kabeiroi," in Joseph Campbell ed., *The Mysteries*, (Princeton: Princeton University Press, 1978), pp. 32-42. 这类神秘宗教通常与庆典和秘密入会(initiations)有关,但并不一定与"神秘主义"(mysticism)有关。所谓神秘主义通常指以培养非理性和对超越性实在之非常经验为主之信仰,有时亦有学者用此名词来指称道教思想之某些流派如内丹者。

难或困境,总是有相应的解决之道。这反映出一种对人的信心,相信他能成功地应付各种力量,同时也反映出人对其自身相对于神灵的地位的观念:人所不如神灵的,只是他所具有的"力量"不足以控制神灵而已。当他有了适当的条件、能力和自由,他可以选择运用他所能运用的力量去压制、征服,或回避神灵的力量。他的不足不是道德或本性的问题,而是实际能力的问题。

(3) 死亡与死后世界

在许多宗教中,如何解释人的死亡常是一个核心的问题。在古代中国,尤其是秦汉以后,神仙思想虽然从一方面用不死来解决了死亡的问题,对一般大众而言恐怕仍是遥不可及的梦想。于是人必须面对死亡的威胁。人除了依靠各种方术,最后仍必须向神灵祈福,主要是求此生福泽绵延。在第七章中,我们曾讨论到,由镇墓文的材料看来,死者面对的来生与此世有相同的问题,死者所能希求的,最多是解决那些"生活问题"——赋税、劳役、罪谴等等。"天帝使者"所能做的,只是为死者执行解释,安稳墓冢,但我们找不到生者向神明祈求一个幸福的来生的例子,因为生者所在意的是"欲令后无死者"之类延续此生幸福的期望。这是否反映出人们基本上并不期望一个幸福的来生? 如果是,那么当时流行的神仙思想又应如何解释? 而仙界的生活是否一幸福的来生? 汉人对西王母的崇拜,或者向东海中寻求仙山,基本上是要求长生不死,因而亦不能说是求死后的幸福。本来,成仙在理论上是要能够不死,但是后世尸解仙的观念却又显示,人是可以在死后成仙的。因而所谓的仙人在人们的观念中实际上可能是相当模糊不清的概念。仙人是否不死? 或是死后又复活? 两种可能性徘徊在人们的心中,构成神秘的仙人意象,而仙人所存在的世界一方面超世而独立,一方面又似乎在这世界的某一角落。

　　至于死后世界,当其面貌可以为我们所辨认时,已是以国家的政治和社会结构为模式而建立的。这在古代文明中虽非唯一的例子,但也不能说是普遍的情况。如古埃及人就有一个清楚的死后世界,是由阴间之主奥塞利斯所主宰,人们向他祈求一个幸福的来生。不过他并不止于是死后世界的主宰,也是万物生殖的保证者,他的副手,如妻子艾西斯(Isis)、妹妹那芙提斯(Nephtys)、智慧之神图特(Thoth)等,都各有其职掌,因此死者所去的世界的组织结构,一方面是依此世的模式而构想的,在另一方面而言也同时是神明的世界,死者可以与奥塞利斯同乘太阳神之船,也就是说几乎等同于奥塞利斯①。对于古代中国人而言,死者所去的地下世界也有神明,如黄神、泰山府君等,以及一批地下官僚。不同的是,这死后世界与天上的神明虽然并非完全不可交通,然死者所处的地方基本上仍在阴间,因而埃及的死后世界虽与中国的死后世界有一些相似之处(如以世间政府为模式、人死后仍必须如生前一般服劳役、缴税等等),其根本精神是很不相同的。

　　值得注意的是,我们也不应认为古代中国社会中有一种统一的对死亡以及死后世界的观念,而必须承认,不同的概念是可以同时并存的,因为甚至在一般以为是埃及人普遍相信的幸福快乐的西方世界观中,也有一些证据显示死亡是不受欢迎的,而死者的世界是一阴暗而令人不安的地方②。

---

　　①　实际上,自新王国时代以下,埃及死者的名字前常常会加上"奥塞利斯",成为"奥塞利斯某某"。一般认为这是死者认同于奥塞利斯神话,自认为奥塞利斯,希望因此而得如奥塞利斯一样的死后复活。

　　②　J. Zandee, *Death as an Enemy* (Leiden: Brill, 1960).

(4) 人之神化

　　古代中国民间信仰中的另一现象是人的神化。在商代,王室祖先被认为是"在帝左右",可以降灾致福,就可以被视为是人的神化,因而神化的观念在中国古代社会中是不陌生的。而民间信仰中神化的观念又有其特殊之处,就是人不但在死后能成神,也可以在生前就可以被神化。所谓的"生祠",如张奂在河西时,当地人民为他所立的,就是生前神化的例子。

　　由此看来,人们相信有些人具有某种神力,不论是生前或死后。然而这些神力从何而来? 对此我们所知甚少。古希腊的英雄崇拜也认为一个重要人物的灵魂可以保护他的亲人或同胞,他的力量通常主要是由他生前作为一个战士而来,他在显灵时会与同胞战士们一同杀敌[①]。在古代中国,有些人因为做了一些特别的事而被认为是拥有神圣的力量。例如杜伯射宣王的故事,杜伯之后来被神化,主要应该是人们认为他的鬼魂报仇的行为相当特殊之故。不过,这些被神化的人的力量具有何种性质,并不是很清楚的事,也似乎与他们的事功没有任何直接的关系,这是与希腊的英雄崇拜不同的地方。而且,希腊城邦的英雄人物常是官方设立的城邦建立始祖,罗马皇帝的神化也是由官方决定建立的;但中国人的被神化则常常是人民自发的行为。

　　值得思索的是,正如神灵有善有恶,被神化的人也不一定保证

---

　　① M. P. Nelsson, *Greek Piety*, pp. 9 - 10; K. Kerenyi, *The Heroes of the Greeks*, (London: Thames and Hudson, 1959), pp. 1 - 22; W. Burkert, *Greek Religion*, pp. 203 - 208. See also E. Rohde, *Psyche* (Eng. tr. New York: 1925); L. G. Farnell, *Greek Hero-Cults and Ideas of Immortality* (Oxford: Clarendon Press, 1921); A. D. Nock, "The Cult of Heroes," *Harvard Theological Review* 37(1944): 141 - 174.

都是对人间社会持友善的态度的,这一点可以用蒋子文的神化为例说明。蒋为东汉末秣陵县将领,在一次追杀盗匪的行动中被杀,后来当地人民相信他的灵魂有神力,为他立祠,晋朝政府后来正式封他为神。从《搜神记》中所记载的一些故事看来,他的神力并不一定与他军事首领的身份相关。事实上,这些故事显示他其实并非一个正直的人。据说他会无故惩罚那些不崇拜他的人,以细故甚至无故杀人,又引诱少女为其情妇①。干宝描述他生前“嗜酒好色,挑达无度。常自谓己骨清,死当为神”②。从这些迹象判断,人们之所以崇拜他,并不是因为他有何仁义的事迹,而是怕他的暴虐和淫行,他比较更接近一个恶鬼,而不是人民的保护神。不过当他的祠祀被官方承认之后,加上南朝君主的崇信,他作为一个战神的性格就日趋明显③。从这个例子,我们可以推想,一种民间祠祀的的意义和功能可能会随着不同的时代和历史情境,以及不同崇拜者的社会地位而有所改变。

　　前面曾提到人对援引某些力量以应付神灵所具有的自信。如果此说可以成立,那么人要进一步拥有那些力量似乎也就不会太困难了。这也许是人的神化现象的基础。的确,道家的理论是人可以经由适当的训练而获得某些神力,甚至可以成仙。而成了仙之后的“人”也可以受到人民的崇拜,文献中的“仙人祠”就是证据④。因此,一个具有超凡力量的人,一个仙人,与一个被神化的人之间的差异到底何在,在一般人心中很可能并不很清楚。

---

　　① 干宝,《搜神记》(台北:里仁,1982),页 57—60。

　　② 干宝,《搜神记》,页 57。

　　③ 《晋书》,64:1738;《宋书》,99:2433;《南史》,55:1356;《南齐书》,7:105。梁满仓认为南朝君主之所以提倡他的祠祀,是因为据说他对汉朝政府的忠诚,可以鼓励人民对政府效忠。见梁满仓,《论蒋神在六朝地位的巩固与提高》,《世界宗教研究》,1991,3:58—68.

　　④ 《汉书》,28 上:1545,1555,1585。

（三）余论

在南朝梁代，沙门慧皎编写了著名的《高僧传》。其中有一篇安息僧人安世高的传记。当他在描述安世高的事迹时，有下面的一些字句：

> 安清，字世高，安息国王正后之太子也。幼以孝行见称，加又志业聪敏，克意好学，外国典籍，及七曜五行医方异术，乃至鸟兽之声，无不综达。尝行见群燕，忽谓伴曰："燕云：'应有送食者。'"顷之果有致焉，众咸奇之。①

慧皎在这位学者僧的传记中赋予他这些与他的佛教成就似乎不太相干的神异力量，初看也许令人惊异。不过，若检视整部《高僧传》，我们可以发现，有许多高僧都多少具备一些神术，如在空中飞行、化身为不同人物、驯服野兽、日行百里、无舟渡江、预知未来、以神力医病、控制鬼灵等等。事实上，慧皎在《高僧传》中已经别立一"神异"的类别，以记载一些具有神异能力的高僧，只不过许多在其他类别中的高僧也具备类似的能力②。

慧皎为什么会在高僧的传记中编入这些神异事迹，不论他自己是否真正相信，这问题其实与另一个更广泛的问题相关：《高僧传》或其他早期中国佛教僧侣故事如《比丘尼传》等作品中，僧人所具有的神奇异能的来源和功能是什么？我们知道，印度佛教传统中也有一些神异能力的例子，因而高僧传中所传的神异可能有其

---

① 慧皎，《高僧传》（台北：台湾印经处，1973），页3。

② 实际上，能行神术，或者其事迹具有神异性质或部分的高僧并不限于"神异"一科，而是散布在整部《高僧传》之中。初步统计，在257个传记中，至少有86位高僧的事迹或多或少具有某种神异的性格，占三分之一。因此我们可以说，神术异能是高僧传记中一项颇为重要的因素。

印度的背景。另一方面,其中有关尸解的记载则可能是受了中国道教的影响。无论如何,这些神异故事在高僧传记中所具有的功能应该要放在中国人一般的心态情境中去了解。在这一方面,笔者曾试将《高僧传》中高僧之特征与葛洪所著《神仙传》中神仙相比较,发觉高僧所具有的神异能力基本上与神仙相同①。这不仅是反映出高僧或神仙希望人们如何记得他们的形象,或者僧传和仙传作者希望如何来描述他们,更重要的是,他们在人们的心中所具有的形象。当然,《高僧传》和《神仙传》的读者应该都属于知识阶层,它们的目的也应该主要是保存在他们各自宗教传统中一些"得道者"的故事,并借此宣扬他们的教义以吸引信众。就此方面来看,它们与西方中古时代的圣徒传有相似之处②。在另一方面,既然这些故事有些在被作者收入僧传或仙传中之前就已经在社会中流传,其中应该有一些除了教义之外的因素,是可以激起一般民众的信心和热忱的。因此,我们可以推论,僧传和仙传应该可以在某个程度上反映出一般人民的宗教心态。

神仙与高僧均具有的神异之术反映出了当时人深植在心中的宗教意识和世界观:世界中仍然充满着不可思议的超自然力量,而这些力量是可以被高僧或神仙控制和利用的;仙道与佛法应该要助人解决人生中实际的生养、老病、死亡等问题。高僧们虽有极高洁之心志,毕竟仍然生活在一个充满精灵鬼怪的世界中,这世界之存在于当时一般人的主观思维之中,是一项客观的事实。即使是高僧,亦不能摆脱这种心态的要求。因此《高僧传》中的高僧必

---

① 蒲慕州,《神仙与高僧——魏晋南北朝宗教心态试探》,《汉学研究》,8,2:149—176。

② R. & Ch. Brooke, *Popular Religion in the Middle Ages*, (London: Thames & Hudson, 1984), pp. 31 - 45; Gurevich, *Medieval Popular Culture: Problems of Belief and Perception*, p. 39ff.

须不时展示其神术,以证明其道行之高妙。如慧皎所言:"神道之为化也,盖以抑夸强,摧侮慢,挫凶锐,解尘纷。"[①]他并不否认鬼神的存在[②],只是不以为神仙法术有益于人世:"若其夸衒方伎,左道乱时,因神药而高飞,借芳芝而寿考,与夫鹤鸣云中,狗吠天上,蛇鹄不死,龟灵千年,曾是为异乎。"[③]这对神仙道术的反驳实际上恰好更让我们觉得,高僧所具有的神术和神仙一样,都是时代的产物和同一种宗教心态的反映。这种心态可以从南北朝时代与神仙传和高僧传同时代的一些其他作品中看出[④]。这种情况也和基督教发展初期时有相似之处。在西元一至三世纪时,不论是基督徒或者原来的希罗宗教信仰者,都相信神迹和预言的真实性。问题不在于何种信仰中的神迹是否真实,而在于何者的神迹力量较大。因此一位哲学家 Porphyry 就曾说:"基督徒曾借其法术行了一些神迹 …… 但行神迹并没有什么了不起。"因为非基督教的 Apollonius 和 Apuleius 以及许多其他人都行了许多[⑤]。

如果我们回到安世高的故事,可以发现,除了具有神异的能力之外,他也是一个孝子,而且好学不倦,如一个标准的儒者一般。但另一方面,他对"七曜"和"五行"之学的知识,又如一个方士。因而整体而言他的个人形象可说是一种复合体:一个具有儒者和道士的某些特质的高僧。这种情况应该不是偶然,而可能是反映了不同传统在作者心中或者当时佛教圈中混合的结果。这复合的形

---

① 《高僧传》,页 284。

② 例如卷 2 昙无忏,卷 5 释昙翼、竺法旷,卷 6 慧永、释昙邕,卷 12 帛僧光、竺昙猷,卷 14 慧果、慧敬等人的传记中均有关于鬼神的记载。

③ 同上,页 285。有关高僧的神异与佛教教义中的神通的关系,参见村上嘉实,《高僧传の神异について》,《东方宗教》,17,(1961):1—17。

④ 参见王国良,《魏晋南北朝志怪小说研究》(台北:文史哲,1984)。

⑤ E. R. Dodds, *Pagan and Christian in an Age of Anxiety* (New York: Norton, 1965), p. 125.

象可以说是后世佛道儒三教合一的发展的预兆①。

有学者认为，在古代希腊，一般人民或农夫其实并不真正相信他们的神话故事是真实的。然而，甚至在希腊城邦时代结束之后，他们仍然保持对无数地方性神祇、英雄和精灵的崇拜。这些地域性的崇拜才是真正活在人民生命中的宗教信仰。基督教以一个万能的上帝取代了所有的古代神祇，也因而改变了上阶层社会的官方信仰。但在社会下层，宗教意识的改变是非常缓慢的②。在政治社会的变动之中，宗教常是保守的凝聚社群的力量。汉晋时代之后，佛教和道教似乎成为中国社会中主要的宗教形式，然而他们所生长的土地，也就是人民的宗教心态，是人们据以接受佛教，同时也让道教持续从古代民间信仰一步步发展的动力。认识到这基本的宗教心态，对了解中国宗教在魏晋以后的发展具有重大的意义。佛教和道教的发展不止是由于其教义能够吸引徒众，也与在佛道兴起之前就已存在，并且在佛道均已发展之后，仍然存在的基本宗教心态有很大的关系。至于人们在基于相类似的宗教心态时，是根据何种指标而在佛、道之间或之外而做抉择，是一个必须更进一步探讨的问题。

本书就是企图了解这基本宗教心态所做的初步工作。我并没有全面性地比较中国古代民间信仰和希腊或古代近东的宗教，这比较的工作当然可以有相当的启发性，但全面的比较并不是本书的宗旨，也非目前能力所及。不过，在上面的讨论中，我仍然不时

---

① 一个例子是明代林兆恩的三教合一思想，见 Judith Berlin, *The Syncretic Religion of Lin Chao-en* (New York: Columbia University Press, 1980)。

② 参见 Frank R. Trombley, *Hellenic Religion and Christianization C. 370 - 529* (Leiden: E. J. Brill, 1994), vol. I, pp. 331 - 332; vol. II, pp. 380 - 86; Timothy E. Gregory, "The Survival of Paganism in Christian Greece: A Critical Essay," *American Journal of Philology* 107(1986): 229 - 242.

设法采用一些比较的观点,引用一些比较的材料。在比较之后,可以见到,中国民间信仰和非中国的宗教信仰中有相似之处,这显示人的宗教性在每一个社会中都规范了一些共同的基本因素,而其不同之处则清楚地显示,每一个社会都有其特殊的环境和问题,人们利用不同的方式和互异的态度,用宗教的办法去解决各自的问题。如果没有一种比较的眼光,我们所研究的对象的特质就不能凸显出来。我的讨论不一定完全恰当,但若能引发对此课题进一步的研究,也可算是达成任务了。

参考书目

（一）古籍

《十三经注疏》阮元编（台北：新文丰，1985）。

《山海经校注》袁珂撰（台北：洪氏出版社，1981）。

《太玄经》扬雄撰（上海：古籍出版社，1990）。

《四民月令》崔寔撰，石声汉编，《四民月令校注》（北京：中华书局，1965）。

《本草纲目》李时珍撰（北京：人民卫生，1975 标点本）。

《申鉴》荀悦撰（台北：中华书局，《四部备要》第 1436 卷）。

《白虎通义》（《景印文渊阁四库全书》第 850 卷）。

《列仙传》（《道藏》第 5 册）（北京：文物出版社，1988）。

《吕氏春秋》（台北：中华书局，1972）。

《协纪辨方书》（《景印文渊阁四库全书》第 811 卷）。

《周礼》（台北：新文丰，1985）。

《抱朴子》葛洪撰（台北：世界书局，1971）。

《昌言》仲长统撰（严可均编，《全后汉文》89）。

《金匮要略》（《张仲景全书》第五册，上海，1929）。

《法言》扬雄撰(台北：中华书局，1968)。

《后汉书集解》王先谦撰(北京：中华书局，1981)。

《春秋繁露》董仲舒撰(《景印文渊阁四库全书》第 181 卷)。

《晏子春秋校注》张纯一撰(台北：世界书局，1971)。

《神仙传》葛洪撰(《景印文渊阁四库全书》第 1059 卷)。

《风俗通义校注》应劭撰，王利器校注(台北：明文书局，1988)。

《荀子集解》王先谦撰(台北：世界书局，1971)。

《高僧传》慧皎撰(台北：台湾印经处，1973)。

《国语》(台北：中华书局，1968)。

《淮南子》(台北：中华书局，1971)。

《庄子集释》郭庆藩撰(北京：中华书局，1978)。

《博物志》张华撰(《广汉魏丛书》第 97 册)。

《黄帝内经素问》(台北：中华书局，《四部丛刊初编》)。

《搜神记》干宝撰(台北：里仁，1982)。

《新书》贾谊撰(台北：中华书局，1965)。

《新论》桓谭撰(台北：中华书局《四部备要》第 1435 卷)。

《楚辞集注》朱熹撰(上海：新华出版社，1979)。

《葬经》郭璞撰，《国立北京大学中国民俗学会民俗丛书专号 3，堪
　　舆篇》(台北：东方文化书局，1977 重印)。

《汉官仪》应劭撰(《平津馆丛书》第五册)。

《管子》(台北：中华书局《四部备要》)。

《说文解字注》许慎撰，段玉裁注(台北：艺文印书馆，1966)。

《说文解字句读》王筠撰(北京：中华书局，1988)。

《论衡集解》王充撰，刘盼遂集释(台北：世界书局，1990)。

《潜夫论》王符撰(台北：世界书局，1971)。

《墨子间诂》孙诒让撰(台北：世界书局，1974)。

《战国策》(台北：中华书局《四部备要》)。

《韩非子集解》王先慎撰（台北：世界书局，1962）。

(二) 考古专刊

山东省文物管理处、济南市博物馆编，《大汶口》（北京：文物出版社，1974）。

中国科学院考古研究所编著，《沣西发掘报告》（北京：文物出版社，1962）。

中国科学院考古研究所陕西省西安半坡博物馆编，《西安半坡》（北京：文物出版社，1963）。

中国社会科学院考古研究所著，《殷墟发掘报告》（北京：文物出版社，1987）。

甘肃省博物馆、中国科学院考古研究所，《武威汉简》（北京：文物出版社，1964）。

甘肃省文物考古研究所编，《秦汉简牍论文集》（甘肃：甘肃人民出版社，1989）。

青海省文物管理处考古队中国社会科学院考古研究所编，《青海柳湾》（北京：文物出版社，1984）。

河南省文化局文物工作队编著，中国科学院考古研究所编，《郑州二里冈》（北京：科学出版社，1959）。

河南省文物研究所、长江流域规划办公室考古队河南分队编，《淅川下王岗》（北京：文物出版社，1989）。

河省文化局文物工作队编，《望都二号汉墓》（北京：文物出版社，1959）。

湖北省博物馆，《曾侯乙墓》，册二（北京：文物出版社，1989）。

湖北省荆沙铁路考古队，《包山楚简》（北京：文物出版社，1991）。

云梦睡虎地秦墓编写组，《云梦睡虎地秦墓》（北京：文物出版社，

1981)。

睡虎地秦墓竹简整理小组,《睡虎地秦墓竹简》(北京：文物出版
　　社,1990)。

广州市博物馆及广州市文物管理委员会,《广州汉墓》(北京：文物
　　出版社,1981)。

(三) 中文书籍、期刊

丁山,《甲骨文所见氏族及其制度》,附见于陈梦家,《殷墟卜辞综
　　述》(台北：1975 重印)。

山东省博物馆,《山东益都苏埠屯第一号奴隶殉葬墓》,《文物》,
　　1972,8：17—30。

山东大学历史系考古专业,《山东泗水尹家城第一次试掘》,《考
　　古》,1980,1：13ff。

中国山海经学术讨论会编,《山海经新探》(成都：四川社会科学
　　院,1986)。

王友三,《我国原始自发宗教与早期人为宗教浅议》,《南京大学学
　　报》,1981,1：50—55。

王宇信,《西周甲骨述论》,《甲骨文与殷商史》,册二(上海：古籍出
　　版社,1986),页 338—413。

王明,《太平经合校》(北京：中华书局,1960)。

王桂钧,《日书所见早期秦俗发微》,《文博》,1988,4：63—70。

王育成,《东汉道符释例》,《考古学报》,1991,1：45—55。

　　《洛阳延光元年朱书陶罐考释》,《中原文物》,1993,1：71—76。

王国良,《魏晋南北朝志怪小说研究》(台北：文史哲出版社,
　　1984)。

王国维,《生霸死霸考》,《观堂集林》(北京：中华书局,1959),册

一，页19—26。

王飞，《用鼎制度兴衰异议》，《文博》，1986，6：29—33。

王瑞明，《镇墓兽考》，《文物》，1979，6：85—87。

尹弘基，《论中国古代风水的起源和发展》，《自然科学史研究》，8，1
　　(1989)：84—89。

孔祥星、刘一曼，《中国古代铜镜》(北京：文物出版社，1984)。

文崇一，《楚文化研究》(台北：东大图书公司，1990)。

方诗铭，《从徐胜地券论汉代地券之鉴别》，《文物》，1973，5：
　　52—55。

文博简讯，《辽宁盖县九龙地发现东汉纪年砖墓》，《文物》，1977，
　　9：93。

石璋如，《河南安阳小屯殷墓中的动物遗骸》，《台湾大学文史哲学
　　报》，5，(1953)：1—14。

石兴邦，《有关马家窑文化的一些问题》，《考古》，1962，6：
　　318—329。

甘肃省文物工作队、甘肃省博物馆，《玉门花海汉代烽燧遗址出土
　　的简牍》，《汉简研究文集》(甘肃：人民出版社，1984)，页
　　15—33。

平朔考古队，《山西朔县秦汉墓发掘简报》，《文物》，1987，6：
　　1—52。

北京大学考古实习队，《洛阳王湾遗址发掘简报》，《考古》，1961，4：
　　175—178。

朱天顺，《中国古代宗教初探》(上海：人民出版社，1982)。

任继愈编，《中国佛教史》册一(北京：新华出版社，1981)。

　　《中国道教史》(上海：人民出版社，1990)。

江绍原，《中国古代旅行之研究》(上海：商务印书馆，1937)。

江晓原，《天学真原》(辽宁教育出版社，1991)。

江苏省文物管理委员会,《江苏高邮邵家沟汉代遗址的清理》,《考古》,1960,10:18—23。

邢义田,《汉代壁画的发展和壁画墓》,《历史语言研究所集刊》,57,1:139—170。

《汉代边塞吏卒的军中教育》,《大陆杂志》,87,3:97—99。

杜文澜,《古谣谚》(台北:新文丰出版社,1986)。

杜正胜,《周礼身份制之确定及其流变》,《第二届国际汉学会议论文集》(台北:"中央研究院史语所",1989)。

《编户齐民》(台北:联经出版公司,1990)。

《形体、精气与魂魄——中国传统对"人"认识的形成》,《新史学》,2,3(1991):1—65。

《从眉寿到长生》,《历史语言研究所集刊》,66,2(1995):383—487。

李仰松,《秦安大地湾遗址仰韶晚期地画研究》,《考古》,1986,11:1000—1004。

李亦园,《文化的图像》2 册(台北:允晨,1992)。

李卉,《说蛊毒与巫术》,《民族所集刊》,9(1960):271—284。

李均明、于豪亮,《秦简所反映的军事制度》,《云梦秦简研究》(北京:中华书局,1981),页 152—170。

李建民,《中国古代游艺史》(台北:东大图书公司,1993)。

《马王堆汉墓帛书"禹藏埋胞图"笺证》,《历史语言研究所集刊》,65,4(1994):725—832。

李贞德,《汉隋之间的生子不举问题》,《历史语言研究所集刊》,66,3:747—812。

李炳海,《中国上古史籍的招魂仪式》,《世界宗教研究》,1989,2:107ff。

李亨求,《渤海沿岸早期无字卜骨之研究——兼论古代东北亚诸民

　　族之卜骨文化》,《故宫季刊》,16,1：41—56；16,2：41—64；
　　16,3：55—81。

李汉三,《先秦两汉之阴阳五行学说》(台北：钟鼎文化出版公司,
　　1967)。

李零,《中国方术考》(北京：东方出版社,2000)。
　　《中国方术续考》(北京：东方出版社,2000)。

李锦山,《史前灵石崇拜初论》,《世界宗教研究》,1987,4：
　　98—113。

李学勤,《东周与秦文明》(北京：文物出版社,1991)。
　　《睡虎地秦简日书与楚秦社会》,《江汉考古》,1985,4：
　　60—64。
　　《放马滩简中的志怪故事》,《文物》,1990,4：43—47。
　　《甲骨占卜的比较研究》,《比较考古学随笔》(香港：中华,
　　1991),页139—150。
　　《出土简帛佚籍与古代学术文化的演变》,《海峡两岸考古学与
　　历史学整合研讨会》(台北："中央研究院",1994)。

李晓东、黄晓芬,《从日书看秦人鬼神观及秦文化特征》,《历史研
　　究》,1987,4：56—63。

李瑾,《论非王卜辞与中国古代社会之差异》,《华中师院学报》,
　　1984,6：57—68。

李丰楙,《不死的探求——道教信仰的分析与介绍》,《中国文化新
　　论(宗教礼俗篇)》(台北：联经,1982),页189—241。

宋光宇,《宗教与社会》(台北：东大,1995)。

安志敏,《长沙新发现的西汉帛画试探》,《考古》,1973,1：43—53。

余英时,《中国知识阶层史论》(古代篇)(台北：联经出版公司,
　　1980)。
　　《中国古代死后世界观的演变》,《中国思想传统的现代诠释》

（台北：联经出版公司，1987），页 123—143。

　　《汉代循吏与文化传播》，《中国思想传统的现代诠释》，页
　　167—258。

余敦康，《中国原始宗教的演变》，《世界宗教研究》，1981，4：
　　94—100。

沈元，《急就篇研究》，《历史研究》，1962，3：61—87。

何兹全，《五十年来汉唐佛教寺院经济研究》（北京：师范大学，
　　1986）。

何双全，《天水放马滩秦简综述》，《文物》，1989，2：23—31。

　　《天水放马滩秦简甲种日书考述》，《秦汉简牍论文集》，页
　　7—28。

吴九龙，《银雀山汉简释文》（北京：文物出版社，1985）。

吴荣曾，《镇墓文中所见到的东汉道巫关系》，《文物》，1981，3：
　　56—63。

吴树平，《云梦秦简所反映的秦代社会阶级状况》，《云梦秦简研
　　究》，页 79—130。

巫鸿，《汉明、魏文礼制改革与汉代画像艺术之盛衰》，《九州学刊》，
　　3，2(1989)：31—44。

林巳奈夫，《所谓饕餮文表现的是什么？》收入樋口隆康编，《日本考
　　古学者——中国考古学研究论文集》（香港：东方，1990），页
　　133—202。

林牧，《中国图腾略论》，《世界宗教研究》，1989，4：44—57。

林美容编，《台湾民间信仰研究书目》（台北："中央研究院民族学研
　　究所"，1991）。

林素清，《两汉镜铭初探》，《历史语言研究所集刊》，63，2(1993)：
　　325—370。

林富士，《汉代的巫者》（台北：稻乡出版社，1999）。

《试论太平经的疾病观念》,《历史语言研究所集刊》,62,2(1992):225—263。

林剑鸣,《从秦人价值观看秦文化的特点》,《历史研究》,1987,3:71。

《日书与秦汉时代的吏治》,《新史学》,2,2(1991):31—51。

邱东联,《镇墓兽辨考》,《江汉考古》,1994,2:54—59。

屈万里,《易卦源于龟卜考》,《历史语言研究所集刊》,27(1956):117—133。

周世荣,《长沙白泥塘发现东汉砖墓》,《考古通讯》,1956,3:58。

周星,《中国古代岩画中所见的原始宗教》,《世界宗教研究》1984,1:113—122。

金则恭,《仰韶文化的埋葬制度》,《考古学集刊》,4(1981):248—251。

河南文物工作一队,《郑州商代遗址的发掘》,《考古学报》,1957,1:53—70。

宜昌地区博物馆、宜都县文化馆,《湖北宜都县刘家屋场东汉墓》,《考古》,1987,10:882—888。

胡厚宣,《殷人疾病考》,《甲骨学商史论丛初集》(1944)。

《殷卜辞中的上帝和王帝》,《历史研究》,1959,9:23—50;1959,10:89—110。

范毓周,《甲骨文月蚀记事刻辞考辨》,《甲骨文与殷商史》,册二,胡厚宣编(上海:古籍出版社,1986),页310—337。

范行准,《中国病史新义》(北京:中医古籍,1989)。

俞伟超,《周代用鼎制度研究》,《先秦两汉考古学论集》(北京:文物出版社,1985),页62—107。

南阳市博物馆,《南阳发现东汉许阿瞿墓志画像石》,《文物》,1974,8:73—75。

纪南城凤凰山一六八号汉墓发掘整理组,《湖北江陵凤凰山一六八号汉墓发掘简报》,《文物》,1975,9：1—8。

河南省文物研究所周口地区文化局文物科,《河南淮阳平粮台龙山文化城址试掘简报》,《文物》,1983,3：21—36。

青海省文物管理处考古队、中国科学院考古研究所青海队,《青海乐都柳湾原始社会墓地反映出的主要问题》,《考古》,1976,6：365ff。

南京博物院,《江苏仪征烟袋山汉墓》,《考古学报》,1987,4：471—502。

南京博物院仪征博物馆筹备办公室,《仪征张集团山西汉墓》,《考古学报》,1992,4：477—506。

前野直彬,《冥界游行》,收入静宜文理学院中国古典小说研究中心编,《中国古典小说研究专集第四辑》(台北：联经出版公司,1982),页1—43。

容庚,《宝蕴楼彝器图录》(北京：古物陈列所,1929)。

凌纯声,《中国古代神主与阴阳性器崇拜》,《民族所集刊》,8(1959)：1—46。

《中国上古社之源流》,《民族学研究所集刊》,17(1964)：1—44。

高亨,《周易古经今注》(北京：中华书局,1984)。

高敏,《秦简为吏之道所反映的儒法融合倾向》,《云梦秦简初探》(河南：人民出版社,1979),页224—240。

马王堆汉墓整理小组,《马王堆汉墓帛书》(北京：文物出版社,1985)。

孙守道、郭大顺,《牛河梁红山文化女神头像的发现与研究》,《文物》,1986,8：1—17。

孙作云,《飞廉考——中国古代鸟族之研究》,《国立华北编译馆馆刊》,2,3(1943)：6.1—6.29；2,4(1943)：7.1—7.22。

《中国古代鸟氏族诸酋长考》,《中国学报》,3：3(1945)：18—36。

《说丹朱——中国古代鸟氏族之研究》,《历史与考古》,1(1946)：76—95。

《说羽人》,《沈阳博物馆筹备委员会汇刊》,1(1947)：29—75。

《评沂南古画像石墓发掘报告》,《考古通讯》,1957,6：77—87。

《长沙马王堆一号汉墓出土画幡考释》,《考古》,1973,1：54—61。

《洛阳西汉卜千秋墓壁画考释》,《文物》,1977,6：17—22。

《读噫嘻》,《诗经与周代社会研究》(北京：中华书局),页165—184。

孙德润、贺雅宜,《袭家湾一号墓葬清理简报》,《考古与文物》,1987,1：1—9。

袁珂,《中国神话传说辞典》(台北：华世出版社,1987)。

《中国神话史》(上海：文艺出版社,1988)。

晁福林,《论殷代神权》,《中国社会科学》,1990,1：99—112。

卿希泰编,《中国道教史》卷一(成都：四川人民出版社,1988)。

徐中舒、唐嘉弘,《山海经和黄帝》,《山海经新探》,页93—101。

徐复观,《中国人性论史先秦篇》(台北：中华书局,1969),页15—35。

《两汉思想史》卷二(台北：学生书局,1976)。

徐锡台,《数与周易关系的探讨》,《周易纵横录》(湖北：人民出版社,1982),页197—222。

梁满仓,《论蒋神在六朝地位的巩固与提高》,《世界宗教研究》,1991,3：58—68。

梁钊滔，《中国古代巫术宗教的起源和发展》（广州：中山大学，
　　1989）。

陈公柔，《士丧礼既夕礼中所记载的丧葬制度》，《考古学报》，1956，
　　4：67—84。

陈全芳，《周原与周文化》（上海：人民出版社，1988）。

陈松长，《香港中文大学文物馆藏简牍》（香港：中文大学，2001）。

陈直，《汉张叔敬朱书陶瓶与张角黄巾教的关系》，《文史考古论丛》
　　（天津：古籍出版社，1988），页390—392。

陈槃，《战国秦汉间方士论考》，《史语所集刊》，17（1948）：7—57。

　　《秦汉间之所谓"符应"论略》，《史语所集刊》，16（1947）：
　　1—67。

　　《古谶纬研讨及其书录解题》（台北："国立编译馆"，1991）。

陈梦家，《高禖郊社祖庙通考》，《清华学报》，2，3（1937）：445—472。

　　《殷墟卜辞综述》（北京：科学出版社，1956）。

　　《商代的神话与巫术》，《燕京学报》，20（1936）：485—576。

　　《汉简缀述》（北京：中华，1980）。

陈跃钧 阮文清，《镇墓兽略考》，《江汉考古》：1983，3：63—67。

张仲景，《金匮要略》，《张仲景全书》（上海：中医古籍出版社，
　　1929）。

张光直，《商周青铜器上的动物纹样》，《中国青铜时代》（台北：联
　　经出版公司，1983），页355—383。

　　《商周神话之分类》，《中国青铜时代》，页285—325。

　　《商周神话与美术中所见人与动物关系之演变》，《中国青铜时
　　代》，页327—354。

　　《商代的巫与巫术》，《中国青铜时代》（二集）（北京：三联，
　　1990），页39—66。

　　《谈琮及其在中国古代史上的意义》，《中国青铜时代》（二集），

　　页 67—80。

　　《濮阳三蹻与中国古代美术上的人兽母题》,《中国青铜时代》
　　（二集）,页 95—101。

　　《连续与破裂：一个文明起源新说草稿》,《中国青铜时代》（二
　　集）,页 131—143。

　　《仰韶文化的巫觋资料》,《史语所集刊》,64,3（1993）：
　　611—625。

张柏忠,《凤凰山一六七号墓所见汉初地主阶级丧葬礼俗》,《文
　　物》,1976,10：47—56。

张政烺,《哀成叔鼎释文》,《古文字研究》,5(1981)：27—33。

张秉权,《甲骨文与甲骨学》（台北："国立编译馆",1988）。

张铭洽,《云梦秦简日书占卜术初探》,《文博》,1988,3：68—74。

张铭远译,《中国古代的记祭祀与歌谣》（上海：文艺出版社,1989）。

张闻玉,《云梦秦简日书初探》,《江汉论谈》,1987,4：68—73。

张蕴、叶延瑞,《咸阳塔尔坡汉墓清理简记》,《考古与文物》,1987,
　　1：10—13。

张家山汉墓竹简整理小组,《江陵张家山汉简概述》,《文物》,1985,
　　1：9—15。

堀毅,《有关云梦秦简的资料和著述目录》,《秦汉法制史论考》（北
　　京：法律出版社,1988）,页 438—442。

郭沫若,《先秦天道观之进展》,《青铜时代》（上海：新文艺,1951）,
　　页 1—65。

　　《两周金文辞大系考释》（北京：科学出版社,1957）。

　　《由王谢墓志的出土论到兰亭序的真伪》,《文物》,1965,6：
　　1—22。

许倬云,《先秦诸子对天的观念》,《求古编》（台北：联经出版公司,
　　1982）,页 423—452。

《西周史》(台北：联经出版公司,1984)。

国家文物局古文献研究室、河北省博物馆、河北省文物研究所定县
　　汉墓竹简整理组,《定县40号汉墓出土竹简简讯》,《文物》,
　　1981,8：11—19。

荷泽地区博物馆梁山县文化馆,《山东梁山东汉纪年墓》,《考古》,
　　1988,11：975—982。

庄申,《禊俗的演变》,宋文薰等编,《考古与历史文化》(台北：正
　　中,1991),页113—144。

章虹宇,《原始巫神(鬼)与神话之神的比较研究》,《世界宗教研
　　究》,1988,4：102—113。

汤一介,《魏晋南北朝时期的道教》(台北：东大图书公司,1988)。

汤用彤,《汉魏两晋南北朝佛教史》(台北：鼎文书局,1962)。

　　《读太平经书所见》,收入《汤用彤学术论文集》(北京：中华书
　　局,1983)。

汤池,《试论滦平后台子出土的石雕女神像》,《文物》,1994,3：
　　46—51。

黄展岳,《我国古代的人殉和人牲》,《考古》,1974,3：153—163。

　　《中国古代的人牲人殉》(北京：文物,1990)。

黄敏枝,《唐代寺院经济的研究》(台北："国立台湾大学",1971)。

彭仲铎,《屈原为巫考》,《学艺》,14,9(1935)：1—8。

彭浩,《包山二号楚墓卜筮和祈祷竹简的初步研究》,《包山楚简》,
　　页555—563。

　　《镇墓兽新解》,《江汉考古》,1988,2：66—68。

劳榦,《汉代社祀的源流》,《历史语言研究所集刊》,11(1943)：
　　49—60。

　　《上巳考》,《民族学研究所集刊》,29(1970)：243—262。

傅正谷,《论诗经中的占梦诗与古代占梦制度》,《中州学刊》,1988,

1：94—97。

傅斯年，《性命古训辨正》（台北："中央研究院"，1993 重印）。

傅勤家，《中国道教史》（台北：商务印书馆，1975 重印）。

童书业，《春秋史》（上海：开明书局，1946）。

曾昭燏，《沂南古画像石墓发掘报告》（上海：文化管理局，1956）。

冯友兰，《儒家对于婚丧祭礼之理论》，《燕京学报》，3（1928）：
　　343—358。

湖南省博物馆及中国社会科学院考古研究所，《长沙马王堆二、三
　　号汉墓发掘简报》，《文物》，1974，7：39—48。

湖北省荆州市周梁玉桥遗址博物馆编，《关沮秦汉墓简牍》（北京：
　　中华书局，2001）。

湖北省荆州地区博物馆，《江陵天星观一号楚墓》，《考古学报》，
　　1982，1：71—116。

湖南文管会，《湖南长沙南塘冲古墓清理简报》，《考古通讯》，1958，
　　3：1—4。

扬州博物馆，《江苏仪征胥浦 101 号西汉墓》，《文物》，1987，1：
　　1—19。

黄河水库考古队华县队，《陕西华县柳子镇第二次发掘的主要收
　　获》，《考古》，1959，11：585—587。

叶茂林，《陕西桔县狮子滩遗址岩画辨异》，《考古》，1992，5：
　　431—433。

万九河，《中国古代的宗教》，《东北师大学报》，1987，1：33—40。

雷中庆，《史前葬俗的特征与灵魂信仰的演变》，《世界宗教研究》，
　　1982，3：133—142。

杨宽，《战国史》（上海：人民出版社，1980）。

杨景霜鸟，《方相氏与大傩》，《史语所集刊》，31（1960）：123—165。

杨树达，《汉代婚丧礼俗考》（上海：上海书店，1989）。

杨丽珍,《原始祭祀与神话史诗》,《世界宗教研究》,1988,4：
126—133。

裘锡圭,《湖北江陵凤凰山十号汉墓出土简牍考释》,《文物》,1974,
7：49—63。

《寒食与改火——介子推焚死传说研究》,《古代文史研究新
探》(江苏：古籍,1992),页524—554。

蒲慕州,《巫蛊之祸的政治意义》,《历史语言研究所集刊》,57,3
(1986)：511—538。

《论中国古代墓葬形制》,《台湾大学文史哲学报》,37(1989)：
235—279。

《神仙与高僧——魏晋南北朝宗教心态试探》,《汉学研究》,8,
2：149—175。

《睡虎地秦简日书的世界》,《历史语言研究所集刊》,62,4
(1992)：623—645。

《墓葬与生死——中国古代宗教之省思》(台北：联经出版公
司,1993)。

赵璞珊,《中国古代医学》(北京：中华书局,1983)。

闻一多,《说鱼》,《神话与诗》(台北：蓝灯,1975重印),页
117—138。

《神仙考》,《神话与诗》,页153—180。

管东贵,《封建制与汉初宗藩问题》,《第二届国际汉学会议论文集》
(台北："中央研究院"史语所,1989)。

宁可,《汉代的社》,《文史》,1980,9：7—13。

禚振西,《陕西户县的两座汉墓》,《考古与文物》,1980,1：44—48。

刘士莪、黄尚明,《商周面具初探》,《考古与文物》,1993,6：
70—74。

刘式今,《考古遗迹中原始宗教述评》,《世界宗教研究》,1991,3：

118—126。

刘敦愿，《马王堆西汉帛画中的若干神话问题》，《文史哲》，1978，4：
　　63—72。

刘云辉，《仰韶文化鱼纹人面鱼纹二十说述评》，《文博》，1990，4：
　　64—75。

郑志明，《中国社会与宗教》（台北：学生书局，1986）。

蔡彦仁，《中国宗教研究：定义、范畴与方法学刍议》，《新史学》，5，
　　4：125—139。

蔡运章，《东汉永寿二年镇墓瓶陶文考略》，《考古》，1989，7：
　　649—661。

鲁迅，《古小说钩沉》（台北：唐山书店，1990）。

邓淑蘋，《中国新石器时代玉器上的神秘符号》，《故宫学术季刊》，
　　10，3(1993)：1—50。

辽宁省文物考古研究所，《辽宁牛河梁红山文化"女神庙"与积石冢
　　群发掘简报》，《文物》，1986，8：1—17。

静宜文理学院中国古典小说研究中心，《中国古典小说研究专集第
　　四辑》（台北：联经出版公司，1982）。

谢重光，《汉唐佛教社会史论》（台北：国际文化，1990）。

濮阳市文物管理委员会及濮阳市博物馆文物队，《濮阳西水坡遗址
　　试掘简报》，《中原文物》，1988，1：1—6。

萧兵，《马王堆帛画与楚辞》，《考古》，1979，2：171—173。

　　《山海经——四方民俗文化的交汇》，《山海经新探》，页
　　125—137。

戴彤心、贾麦明，《西北大学医院汉墓清理简报》，《文博》，1988，3：
　　5—9。

临沂市博物馆，《山东临沂金雀山九座汉代墓葬》，《文物》，1989，1：
　　21—47。

罗振玉,《流沙坠简》(《罗雪堂先生全集续编》7)。

　　《贞松堂集古遗文》(1870)。

饶宗颐、曾宪通,《楚帛书》(香港：中华书局,1985)。

　　《云梦秦简日书研究》(香港：中文大学,1982)。

饶宗颐,《殷代易卦及有关占卜诸问题》,《文史》,20 辑,页 1—13。

　　《老子想尔注校正》(上海：古籍出版社,1991)。

　　《历史家对萨满主义应重新作反省与检讨——巫的新认识》,
　　《中华文化的过去现在和未来》(北京：中华书局,1992),页
　　396—412。

窦连荣、王桂钧,《秦代宗教之历程》,《宁夏社会科学》,1989,3：
　　9—16。

严可均编,《全后汉文》(台北：世界书局,1971 重印)。

顾颉刚,《秦汉的方士与儒生》(上海：群联出版社,1955)。

顾德融,《中国古代人殉人牲者的身份探析》,《中国史研究》,1982,
　　2：112—123。

(四) 日文

小林太市郎,《漢唐古俗と明器土偶》(京都,1947)。

小南一郎,《社の祭祀の諸形態とその起源》,《古史春秋》4(1988)：
　　17—37。

工藤元男,《睡虎地秦墓竹簡日書について》,《史滴》7(1986)：
　　15—39。

　　《睡虎地秦墓竹簡日書より見えた法と習俗》,《木簡研究》10
　　(1988)：113—129。

　　《雲夢睡虎地秦簡日書と道教の習俗》,《東方宗教》76(1990)：
　　43—61。

《埋もれていた行神——主として秦簡日書による》,《東洋文化研究所紀要》106(1988)：163—207。

大節敦弘,《雲夢秦簡日書にみえる囷について》,《中國—社會の文化》2(1986)：117—125。

中鉢雅量,《古代神話における樂園——黄泉を中心として》,《東方學》58(1979)：42—56。

内野熊一郎,《秦鏡背圖、背銘詩文に現われたる神仙、讖緯思念の源泉考》,收入安居香山編,《讖緯思想の綜合的研究》(東京：國書刊行會,1984),頁 3—18。

白川靜,《中國古代の文化》(東京：講談社,1979)。

池田溫,《中國歷代墓券略考》,《東洋文化研究所紀要》86(1981)：193—278。

池田末利,《中國古代宗教史研究》(東京：東海大學,1981)。

江頭廣,《黄泉について》,《池田末利博士古稀紀念東洋學論集》(廣島,1980),頁 109—126。

伊藤司清,《山川の神神—山海經の研究》,《史學》41.4：31—61；42.1：29—78；42.2：73—106。

伊藤道治,《卜辭に見える祖靈觀念について》,《東方學報》(京都),26(1956)：1—35。

安居香山編,《讖緯思想の綜合的研究》(東京：國書刊行會,1984)。

安居香山,中村璋八,《緯書の基礎的研究》(東京：國書刊行會,1986)。

好並隆司,《雲夢秦簡日書小論》,橫山英、寺地尊編,《中國社會史の諸相》(東京：勁草書屋,1988),頁 1—51。

村上嘉實,《高僧傳の神異について》,《東方宗教》17(1961)：1—17。

　　《中國の仙人》(京都：1956)。

林巳奈夫,《長沙出土楚帛書の十二神の由來》,《東方學》(京都)
　　42,1971：1—63。

　　《漢代鬼神の世界》,《東方學》46(1974)：223—306；收入氏
　　著,《漢代の神神》,頁127—218。

　　《漢代の神神》(京都：臨川書店,1989)。

松本雅明,《周代庶民祭禮における神》,《東洋學報》38,3(1956)：
　　1—35。

　　《古代祭禮の復原について》,《西日本史學創刊號》(1949)。

　　《古代祭禮における季節的リズについて》,《東洋學報》33,1
　　(1951)：1—24；33,2(1951)：37—45。

　　《周代における婚姻の季節について》,《東方宗教》3(1953)：
　　15—31；4(1954)：123—216。

津田左右吉,《神仙思想の研究》(東京：岩波,1939)。

宮川尚志,《六朝史研究宗教篇》(京都：平樂寺,1964)。

　　《六朝宗教史》(東京：弘文堂,1974)。

酒井忠夫,《太山信仰の研究》,《史潮》7,2(1937)。

原田正己,《墓券文に見られる冥界の神とその世界》,《東方宗教》
　　29(1967)：17—35。

　　橫山英、寺地尊編

　　《中國社會史の諸相》(東京：勁草書屋,1988)。

森三樹三郎,《秦漢における民間祭祀の統一》,《東方學》(京都)
　　11,1(1940)：61—89。

福永光司,《道教思想史研究》(東京,1981)。

澤口剛雄,《漢の樂府における神仙道家の思想》,《東方宗教》27
　　(1966)：1—22。

藤野岩友,《巫系文學論》(東京：大學書屋,1969)。

(五) 西文

期刊缩写

BMFEA   *Bulletin of the Museum of Far Eastern Antiquities*
BSOAS   *Bulletin of the School of Oriental and African Studies*
HJAS   *Harvard Journal of Asiatic Studies*
JAOS   *Journal of American Oriental Society*
JAS   *Journal of Asian Studies*

Allan, Sarah. "Shang Foundation of Modern Chinese Folk Religion," in *Legend, Lore and Religion in China*, eds. S. Allan & A. P. Cohen (San Francesco: Chinese Materials Center, 1979), pp. 1-21.

—. "Drought, Human Sacrifice and the Mandate of Heaven in a Lost Text from the Shang Shu," *BSOAS* XLVII, part 3 (1984): 523-539.

The Shape of the Turtle: Myth, Art, and Cosmos in Early China (New York: State University of New York Press, 1991).

Allen, T. G. *The Book of the Dead, or Going Forth by Day* (Chicago: University of Chicago Press, 1974).

Alliot, M. *Le Cult d'Horus á Edfou*, 2 vols. (Cairo: Institut Francais d'Archeologie Orientale, 1949-54).

Andersson, J. G. "Researches into the prehistory of the Chinese," *BMFEA* 15(1943).

Arnold, D. *Wandrelief und Raumfunktion in Agyptischen Tempeln des Neuen Reiches* (Munich: 1962).

Auden, W. H. ed. *The Portable Greek Reader* (New York: The Viking Press, 1971).

Bagley, Robert W. "Sacrificial pits of the Shang period at Sanxingdui in Guanghan county, Sichuan Province," in *Arts Asiatiques* 43(1988): 78ff.

——. "A Shang City in Sichuan Province," *Orientations* 21(1990, Nov.): 52 – 67.

——. "Meaning and Explanation," in Roderick Whitfield ed. , *The Problem of Meaning in Early Chinese Ritual Bronzes* (London: University of London, 1992), pp. 34 – 54.

Balazs, E. "Nihilistic Revolt or Mystical Escapism" in *Chinese Civilization and Bureaucracy*, J. K. Fairbank ed. (New Haven: Yale University. Press, 1964), pp. 226 – 254.

Barnard, N. & Fraser, D. eds. *Early Chinese Art and Its Possible Influence in the Pacific Basin*, vol. I: *Ch'u and the Silk Manuscript* (New York: Intercultural Arts Press, 1972),

Bauer, Wolfgang. *China and the Search for Happiness* (New York: Seabury, 1976).

Beck, Mansvelt. "The Date of the Taiping jing," *T'oung Pao* 66, nos. 4 & 5(1980): 149 – 182.

Bell, C. "Religion and Chinese Culture: Toward an Assessment of Popular Religion" *History of Religions* 29. 1(1989): 33 – 57.

Bendann, E. *Death Customs* (NewYork: Knopf, 1930).

Berling, Judith. *The Syncretic Religion of Lin Chao-en* (New York: Columbia University Press, 1980).

Bielenstein, Hans. "An Interpretation of the Portents in the

Ts'ien-Han-shu," *BMFEA* 22(1950): 127 – 43.

The Bureaucracy of Han Times (Cambridge, 1980).

—. "Han Portents and Prognostications," *BMFEA* 56(1984): 97 – 112.

Bodde, Derk. "Myths of China," in S. N. Kramer ed., *Mythologies of the Ancient World* (New York: Anchor Books, 1961), pp. 369 – 408.

—. *Festivals in Classical China* (Princeton: Princeton University Press, 1975).

—. "The Chinese Cosmic Magic Known as Watching for the Ethers" in *Essays on Chinese Civilization*, eds. Charles Le Blanc & D. Borei (Princeton: Princeton University Press, 1981), pp. 351 – 372.

Brandon, S. G. F. *The Judgment of the Dead: the Idea of Life After Death in the Major Religions* (New York: Scribner, 1967).

Bremmer, J. *The Early Greek Concept of Soul* (Princeton: Princeton University Press, 1983).

Brooke, R. & Ch. *Popular Religion in the Middle Ages* (London: Thames & Hudson, 1984).

Burke, Peter. *Popular Culture in Early Modern Europe* (New York: Harper & Row, 1978).

Burkert, Walter. *Greek Religion* (Cambridge: Harvard University Press, 1985).

Ancient Mystery Cults (Cambridge: Harvard University Press, 1987).

Bury, J. B. *History of the Later Roman Empire*, 2 vols. (New

York: Dover, 1958).

Byrne, P. "Religion and the Religions" in S. Southerland et al. ed. , *The World's Religions* (London: Routledge, 1988), pp. 3 - 28.

Chadwick, J. & W. N. Mann tr. *Hippocratic Writings* (Harmondsworth: Penguin Books, 1987).

Chartier, R. "Culture as Appropriation: Popular Culture Uses in Early Modern France" in L. Kaplan ed. , *Understanding Popular Culture: Europe from the Middle Ages to the Nineteenth Century* (Berlin: Mouton, 1984), p. 2299 - 2253.

Chan, Ping-leung. *Ch'u Tz'u and Shamanism in Ancient China* (Ann Arbor: University Microfilms, 1972).

Chang, Kwang-chih. " A Classification of Shang and Chou Myths," in *Early Chinese Civilization: Anthropological Perspectives*, pp. 149 - 173.

—. "Changing Relationships of Man and Animal in Shang and Chou Myths and Art," *Early Chinese Civilization: Anthropological Perspectives*, pp. 174 - 198.

—. *Early Chinese Civilization: Anthropological Perspectives* (Cambridge: Harvard University Press, 1976).

—. *Shang Civilization* (New Haven: Yale University Press, 1980).

—. *The Archaeology of Ancient China* , 4th ed. (New Haven: Yale University Press, 1986).

—. "An Essay on Cong," in *Orientations* 20,6(1989): 37 - 43.

—. "Shang Shamans," in Willard Peterson ed. , *Power of Culture* (Princeton, Princeton University Press, 1993), pp.

10 - 36.

Chang, Tsung-Tung. *Der Kult der Shang-Dynastie im Spiegel der Orakelinschriften: Eine Paläographische Studie zur Religion im archaischen China* (Wiesbaden: Otto Harrasowitz, 1970).

Chavannes, Edouard. *Le t'ai Chan* (Paris: Ernest Leroux, 1910).

Chen, Ellen Marie. "Is there a Doctrine of Physical Immortality in the Tao Te Ching?" *History of Religions* 12, 2(1972): 231 - 247.

Ch'en, Ch'i-yün. *Hsün Yüeh and the Mind of Late Han China: A Translation of the Shen-chien with Introduction and Annotations* (Princeton: Princeton University Press, 1980).

—. "Who Were the Yellow Turbans?" *Cina* 21(1988): 57 - 68.

Ch'en, Kenneth. *Buddhism in China* (Princeton: Princeton University. Press, 1964).

Childs-Johnson, Elizabeth. "Jades of the Hongshan Culture: the dragon and fertility cult worship" in *Arts Asiatiques* XLVI (1992): 82 - 95.

Childs-Johnson, E. "The Ghost Head Mask and Metamorphic Shang Imagery" *Early China* 20(1995): 79 - 92.

Ch'u, T'ung-tsu. *Han Social Structure* (Seattle: University of Washington Press, 1972).

Couliano, Ioan P. *Eros and Magic in the Renaissance* (Chicago: University of Chicago Press, 1987).

Couvreur, S. *Cheu King* (Hou Kien fou: Impriemerie de la Mission Catholique, 1896).

272　追寻一己之福

Creel, H. G. *The Origins of Statecraft in China* (Chicago: University of Chicago Press, 1970).

de Crespigny, Rafe. *Portents of Protest in the Later Han Dynasty: The Memorials of Hsiang K'ai to Emperor Huan* (Canberra: Australia National University Press, 1976).

Cumont, Franz. *Oriental Religions in Roman Paganism* (New York: Dover, 1956).

David, A. R. *Religious Rituals at Abydos* (Warminster: Aris & Phillips, 1973).

Davis, Edward L. "Arms and the Tao: Hero Cult and Empire in Traditional China," in *Sodai no shakai to shukyo* 宋代の社會と宗教 (Sodaishi kenkyukai hokoku 宋代史研究會報告 (1985), 2: 1–56.

Davis, Natalie Z. "From 'Popular Religion' to Religious Cultures," in *Reformation Europe: A Guide to Research*, ed. Steven Ozment (St. Louis: Center for Reformation Research, 1982), pp. 321–343.

Demieville, P. "La Pénétration du Bouddhisme dans la tradition philosophique chinoise," in *Cahires d'histoire mondiale* III (1956), pp. 19–38.

DeWoskin, K. J. *Doctors, Diviners, and Magicians of Ancient China: Biographies of Fang-shih* (New York: Columbia University Press, 1983).

Dodds, E. R. *Pagan and Christian in an Age of Anxiety* (New York: Norton, 1965).

Dull, Jack L. *A Historical Introduction to the Apocryphal (Ch'an-wei) Texts of the Han Dynasty* (Ph. D.

Dissertation, University of Washington, 1966).

Dunand, F. "Religion Populaire et Iconographie en Égypte Hellenistique et Romaine," in K. G. Kippenberg et al. eds. , *Visible Religion* v. 3, *Popular Religion*, (Leiden: E. J. Brill, 1984).

Eberhard, W. "The Political Function of Astronomy and Astronomers in Han China," in J. King Fairbank ed. , *Chinese Thought and Institutions* (Chicago: University of Chicago Press, 1957), pp. 33 – 70.

—. *The Local Cultures of South and East China* (Leiden: Brill, 1968).

—. *Lokalkulturen im alten China* vol. 1 (Leiden: Brill, 1942).

Eliade, M. *A History of Religious Ideas*, 3 vols. (Chicago: University of Chicago Press, 1984).

—. Shamanism: *Archaic Techniques of Ecstasy* (New York: Pantheon, 1951).

Eno, Robert. "God on high in Shang religion: 'Was there a High God Ti in Shang Religion?" *Early China* 15(1990): 1 – 26.

—. *The Confucian Creation of Heaven* (Albany: State University of NewYork, 1990).

Falkenhausen, Lothar von. "Reflections on the Political Role of Spirit Mediums in Early China: the Wu Officials in the Zhou Li", *Early China* 20(1995): 279 – 300.

Farnell, L. G. *Greek Hero-Cults and Ideas of Immortality* (Oxford: Clarendon Press, 1921).

Feng, H. Y. & Shryock, J. K. "The Black Magic in China known as ku," *JAOS* 55(1935): 1 – 30.

Feng, Yu-lan. *A History of Chinese Philosophy* 2 vols. , tr. by Derk Bodde (Princeton: Princeton University Press, 1952 - 1953).

Feuchtwang, Stephan. *An Anthropological Analysis of Chinese Geomancy* (Vientiane & Paris: Vithagna, 1974).

—. *The Imperial Metaphor: Popular Religion in China* (New York: Routledge, 1992).

Fields, L. B. "The Legalists and the fall of Ch'in: Humanism and Tyranny," *Journal of Asian History* 17, (1983): 1 - 39.

Finsterbusch, K. *Verzeichnis und Motivindex der Han Darstellungen* 2 vols. (Wiesbaden: Otto Harrassowitz, 1966, 1972).

Forke, A. *Lun Heng* 2vols. (New York: Paragon Book Gallery, 1962).

Fracasso, Riccardo. "Holy Mothers of Ancient China: A New Approach to the Hsi-wang-mu Problem," *T'oung Pao* 74 (1988): 1 - 46.

—. "Teratoscopy or Divination by Monsters: Being a Study of the Wu-tsang shan-ching," in *Han-hsüeh yen-chiu* 1, 2 (1983): 657 - 700.

Frankfort, Henri. *Ancient Egyptian Religion* (New York: Harper & Row, 1961).

Frankfort H. et al. *The Intellectual Adventure of Ancient Man* (Chicago: University of Chicago Press, 1977).

Freedman, M. "On the Sociological Study of Chinese Religion," in *The Study of Chinese Society: Essays by Maurice Freedman* (Stanford: Stanford Univeristy Press, 1979), pp. 351 – 369.

Furst, Peter T. "Hallucinogens and the Shamanic Origins of Religions," in P. T. Furst ed. , *Flesh of the Gods*, (New York: Praeger, 1972), pp. 261 – 278.

Garland, R. *The Greek Way of Death* (Ithaca: Cornell University Press, 1985).

Gernet, Jacques. *Les aspects économiques du bouddhisme dans la societé chinoise du Ve au Xe siecle* (Saigon: Ecole Francaise d'Êxtreme-Orient, 1956) = *Buddhism in Chinese Society: An Economic History* (Fifth to Tenth Century) tr. C. Franciscus Verellen (New York: Columbia University Press, 1994).

Girardot, N. J. "The Problem of Creation Mythology in the Study of Chinese Religion," *History of Religions* 15, 4 (1976): 289 – 318.

Goody, J. "Religion and Ritual: The Definitional Problem," in *British Journal of Sociology* 12(1961). 157

Grant, F. C. ed. *Hellenistic Religions* (New York: Bobbs-Merrill, 1953).

Granet, Marcel. *Fêtes et Chansons anciennes de la Chine* (Paris, 1919, 1922) = *Festivals and Songs in Ancient China* tr. E. D. Edward (London: George Routledge & Sons, 1932).

Gregory, Timothy E. "The Survival of Paganism in Christian Greece: A Critical Essay," in *American Journal of Philology* 107(1986): 229 – 242.

Griffiths, J. Gwyn. *The Origins of Osiris and His Cult* (Leiden: Brill, 1980).

—. *The Divine Verdict* (Leiden: Brill, 1991).

Grimal, Nicolas. *Histoire de l'Égypte Ancienne* (Paris: Fayard, 1988).

de Groot, J. J. M. *The Religious Systems of China*, 6 vols. (Leiden: 1892 – 1910)

Gurevich, A. *Medieval Popular Culture: Problems of Belief and Perception* (Cambridge: Cambridge University Press, 1988).

—. *Historical Anthropology of the Middle Ages* (Cambridge: Polity Press, 1992).

Hamilton, E. & Cairns, H. eds. *The Collected Dialogues of Plato* (Princeton: Princeton University Press, 1963).

Hansen, Valerie. *Changing Gods in Medieval China* (Princeton: Princeton University Press, 1990).

Harper, Donald. *The "Wu Shih Erh Ping Fang": Translation and Prolegomena* (University Microfilms International, 1984).

—. "A Chinese Demonography of the Third Century B. C. ," *HJAS* 45(1985): 459 – 498.

Hawkes, David. *Ch'u Tz'u: The Song of the South* (Oxford: Clarendon Press, 1959).

"The Quest of the Goddess," *Asia Major* n. s. XIII, 1/2 (1967).

Hayes, William C. *Most Ancient Egypt* (Chicago: Univrsity of Chicago Press, 1965).

Helck, W. ed. *Lexikon der Aegyptologie* 6 vols. (Wiesbaden: Otto Harrassowitz, 1975 – 1986).

Henderson, John B. *The Development and Decline of Chinese Cosmology* (New York: Columbia University Press, 1984).

Ho, Peng-yoke. *Li, Qi and Shu: An Introduction to Science and Civilization in China* (Hong Kong: Hong Kong University Press, 1985).

Hochstadter, W. "Pottery and Stoneware of Shang, Chou and Han," *BMFEA* 24(1952), pp. 81 - 108.

Hoffman, Michael A. *Egypt Before the Pharaohs* (New York: Dorset, 1979).

Holzman, Donald. "The Cold Food Festival in Early Medieval China," *HTAS* 46,1(1986): 51 - 59.

Horton, R. "A Definition of Religion." in *Journal of Royal Anthropological Institute* 90,2(1960): 211.

Hsü, Cho-yün. *Ancient China in Transition* (Stanford: Stanford University Press, 1965).

Han Agriculture (Seattle: University of Washington Press, 1980).

Hsü, Cho-yün & Linduff, Katheryn M. *Western Chou Civilization* (New Haven: Yale University Press, 1988).

Huber, Louisa G. F. "The tradition of Chinese Neolithic pottery," *BMFEA* 53(1981): 1 - 150.

Hutter, M. *Altorientalische Vorstellungen von der Unterwelt: Literar-und ReligionsgeschichtlicheErlegungen zu "Nergal" und "Ereskigal"* (1985).

Jacobsen, Thorkild. *The Treasure of Darkness* (New Haven: Yale University Press, 1976).

Jochim, C. "'Great' and 'Little,' 'Grid' and 'Group':

Defining the Poles of the Elite-Popular Continuum in Chinese Religion" in *Journal of Chinese Religions* 16 (Fall 1988): 18 - 24.

Johnson, David. "Communication, Class, and Consciousness in Late Imperial China" in D. Johnson, A. J. Nathan, E. S. Rawski eds. , *Popular Culture in Late Imperial China*, (Berkeley: University of California, 1985), pp. 34 - 72.

Johnson, David K. & Overmyer, Daniel L. *The Flying Phoenix*, *Aspects of Chinese Sectarianism in Taiwan* (Princeton: Princeton University Press, 1986).

Kalinowski, M. "Les Traités de Shuihudi et l'Hemerologie Chinoise á la Fin des Royaumes-Combattants," *T'oung Pao* LXXII (1986): 175 - 228.

Kaltenmark, Max. *Le Lie-sien tchouan* (Peking, 1953).

——. "The Ideology of T'ai-p'ing ching," in H. Welch & A. Seidel eds. , *Facets of Taoism* (New Haven & London: Yale University Press, 1979), pp. 19 - 52.

Kane, Virginia C. "The Independent Bronze Industries in the South of China Contemporary with the Shang and Western Chou Dynasties," in *Archives of Asian Art* 28 (1974 - 1975): 77 - 107.

Kaplan, Steven L. ed. *Understanding Popular Culture: Europe from the Middle Ages to the Nineteenth Century* (Berlin: Mouton, 1984).

Karlgren, Bernard. "Some Fecundity Symbols in Ancient China," *BMFEA* 2(1930): 1 - 66.

——. "Early Chinese Mirror Inscriptions," *BMFEA* 6 (1934):

9 - 79.

—. "Yin and Chou in Chinese Bronzes," *BMFEA* 8(1936): 9 - 156.

—. "New Studies of Chinese Bronzes," *BMFEA* 9(1937): 1 - 168.

—. "Legends and Cults in Ancient China," *BMFEA* 18(1946): 199 - 366.

—. *The Book of Odes* (Stockholm, 1950).

Kees, Hermann. *Totenglauben und Jenseitsvorstellungen der alten Ägypter* (Leipzig: C. J. Hinrichs Verlag, 1956).

Keightley, David N. *Sources of Shang History: The Oracle-Bone Inscriptions of Bronze-Age China* (Berkeley: University of California Press, 1978).

—. "The Religious Commitment: Shang Theology and the Genesis of Chinese Political Culture," in *History of Religions* 18(1978): 211 - 225.

—. "Royal Shamanism in the Shang: Archaic Vestige or Central Reality?" paper presented at the Workshop on *Divination and Portent Interpretation in Ancient China*, Berkeley, June 20 - July 1, 1983.

Kerényi, C. "The Mysteries of the Kabeiroi," in Joseph Campbell ed., *The Mysteries* (Princeton: Princeton University Press, 1978), pp. 32 - 42.

—. *The Heroes of the Greeks* (London: Thames and Hudson, 1959).

Kleeman, Terry F. "Land Contracts and Related Documents," in 中國の宗教思想と科學（牧尾良海博士頌壽紀念論集），

（東京：國書刊行社，1984），pp. 1 - 34.

Kroeber, A. L. *Anthropology: Race, Language, Culture, Psychology, Prehistory* (New York: Harcourt Brace & Co. , 1948).

Kramer, S. N. *The Sumerians* (Chicago: University of Chicago Press, 1963).

Lai, W. "Looking for Mr. Ho Po," in *History of Religions* 29, 4(1990): 335 - 350.

Le Goff, J. *The Birth of Purgatory* tr. A. Goldhammer (Chicago: University of Chicago Press, 1981), pp. 17 - 51.

Legge, J. *The Chinese Classics*, 5 vols. (Taipei: Southern Materials Center, 1985 reprint).

—. *Li Ki* (vol. 27 of *Sacred Books of the East*, ed. , by Max Muller, Oxford: Claredon Press, 1885).

Lessa, W. and Vogt, E. Z. eds. *Reader in Comparative Religion: An Anthropological Approach*, 4th ed. (New York: Harper & Row, 1979).

Levi, Jean. *Les Fonctionnaires Divins* (Paris: Seuil, 1989).

Lewis, I. M. *EcstaticReligion* (Harmondsworth: Penguin, 1971).

Li, Xueqin (Li Hsüeh-ch'in). *Eastern Zhou and Qin Civilization* (New Haven: Yale University Press, 1985).

Liao, W. K. *The Complete Works of Han Fei Tzu*, 2 vols. (London: Arthur Probsthain, 1959).

Lichtheim, M. *Ancient Egyptian Literature*, 3 vols. (Berkeley: University of California Press, 1976 - 1980).

Liu, Kwang-Ching ed. *Orthodoxy in Late Imperial China*

(Berkeley: University of California, 1990).

Lloyd, G. E. R. *Magic*, *Reason and Experience* (Cambridge: Cambridge University Press, 1979).

Lloyd, Seton. *The Archaeology of Mesopotamia* (London: Thames & Hudson, 1984).

Loehr, Max. *Ritual Vessels of Bronze Age China* (New York: The Asia Society, 1968).

Loewe, M. *Crisis and Conflict in Han China* (London: Allen & Unwin, 1974).

——. *Chinese Ideas of Life and Death* (London: Allen & Unwin, 1982).

——. "The Cult of the Dragon and the Invocation for Rain" in C. Le Blanc & S. Blader eds. , *Chinese Ideas about Nature and Society* (Hong Kong: Hong Kong University Press, 1987), pp. 195 – 213.

——. "The Almanacs (*jih-shu*) from Shui-hu-ti," *Asia Major* (3rd series)1,2(1988): 1 – 28.

——. "The Oracles of the Clouds and the Winds" *BSOAS* 51 (1988): 500 – 520.

——. "Divination by Shells, Bones, and Stalks during the Han Period," *T'oung Pao* 74(1988): 81 – 118.

——. "Recent Archaeological Discoveries and the History of the Ch'in and Han Periods,"《中国考古学与历史学整合研讨会论文》(台北:"中央研究院"历史语言研究所,1994)。

Loewe, M. & Blacker, C. eds. *Oracles and Divinatrion* (Boulder: Shambhala Pub. Inc. , 1981).

Loewe, M. & D. Twitchett eds. *Cambridge History of China*,

vol. I. (Cambridge: Cambridge University Press, 1986).

Longrigg, J. *Greek Rational Medicine* (London &-New York: Routledge, 1993).

Luck, G. *Arcana Mundi* (Baltimore: The Johns Hopkins University Press, 1985).

Mackenzie, Colin. "Meaning and Style in the Art of Chu," in R. Whitfield, *The Problem of Meaning in Early Chinese Ritual Bronzes*, pp. 119 - 149.

Maspero, H. *Taoism and Chinese Religion* (tr. by F. A. Kierman) (Amhurst: University of Massachusetts, 1981).

Mathieu, R. *Étude sur la Mythologie et l'Ethnologie de la Chine Ancienne*, Trad. annotée du Shanhaijing (Paris: College de France — Institut des Hautes Études Chinoise) (*Mem. de Inst. des Hautes Études Chinoise*, XXII, tome 2) (1983).

Mattingly, Harold. *Christianity in the Roman Empire* (New York: Norton, 1967).

Morris, J. *Burial and Ancient Society* (Cambridge: Cambridge University Press, 1987).

Mote, F. W. *Intellectual Foundations of China* (New York: Knopf, 1970).

Motoo, Kudo. "The Ch'in Bamboo Strip Book of Divination (Jih-shu) and Ch'in Legalism," in *Acta Asiatica* 58 (1990): 24 - 37.

Needham, Joseph. *Science and Civilization in China*, vol. II (Cambridge University Press, 1956).

Ngo, Van Xuyet. *Divination, magie, et politique dans la Chine ancienne: Essai suivi de la traduction des "Biographies des*

Magiciens" *tirées de l'Histoire des Han posteriéurs* (Paris: Presses Universitaires de France, 1976).

Nilsson, M. P. *Greek Piety* (New York: Harper, 1948).

Nivison, David. Dates of Western Chou," *HJAS* 43, 2(1983): 481 - 579.

Nock, A. D. "The Cult of Heroes," *Harvard Theological Review* 37(1944): 141 - 174.

—. *Conversion: The Old and the New in Religion from Alexander the Great to Augustine of Hippo* (London: Oxford University Press, 1933).

Ogilvie, R. M. *The Romans and Their Gods in the Age of Augustus* (New York: Norton, 1969).

O'Neil, Mary R. "From 'Popular' to 'Local' Religion: Issues in Early Modern European Religious History," in *Religious Studies Review* 12, 3/4(1986): 222 - 226.

Ong, Roberto K. *The Interpretation of Dreams in Ancient China* (Bochum: Studienverlag Brockmeyer, 1985).

Osing, J. *Der Tempel Sethos' I in Gurna* (Mainz: Phillip von Zabern, 1977).

Paper, Jordan. "The meaning of the 'T'ao-t'ieh'," in *History of Religions* 18(1978): 18 - 41.

—. "Feng in Protohistoric Chinese Religion," in *History of Religions* 26(1986): 213 - 235.

Peters, F. E. *The Harvest of Hellenism* (New York: Simon & Schuster, 1970).

Peters, Heather A. *The Role of the State of Chu in Eastern Zhou Period China: A Study of Interaction and Exchange*

in the South (Ann Arbor: University Microfilms Inc. ,
1985).

Peterson, J. O. "The Early Traditions relating to the Han
Dynasty Transmission of the Taiping jing," pt. 1, in *Acta
Orientalia* 50(1989): 133 – 171; pt. 2, in *Acta Orientalia*
51(1990): 133 – 216.

Pines, Yuri. "Intellectual Change in the Chunqiu Period: The
Reliablitity of the Speeches in the Zuo zhuan as Sources of
Chunqiu Intellectual History," *Early China* 22
(1997): 100 – 116.

Pokora, Timotheus. *Hsin-lun* (*New Treatise*) *and Other
Writings by Huan T'an* (*43 B. C. - 28 A. D.*) (Ann Arbor:
University of Michigan, 1975).

Poo, Mu-chou. "Ideas Concerning Death and Burial in Pre-Han
and Han China," in *Asia Major* (3rd. series) 3,2(1990):
25 – 62.

—. "The Images of Immortals and Eminent Monks: Religious
Mentality in Early Medieval China," in *Numen* 42(1995):
172 – 196.

—. "Popular Religion in Pre-imperial China: Observations on
the Almanacs of Shui-hu-ti," in *T'oung Pao* 79 (1993):
225 – 248.

—. *Wine and Wine-Offering in the Religion of Ancient Egypt*
(London: Kegan Paul International, 1995).

—. *In Search of Personal Welfare: A View of Ancient Chinese
Religion* (Albany: State University of New York Press,
1998).

Powers, Martin J. "Hybrid Omens and Public Issues in Early Imperial China," *BMFEA* 55(1983): 1 - 55.

——. *Art and Political Expression in Ancient China* (New Haven & London: Yale University Press, 1991).

Pritchard, J. B. *Ancient Near Eastern Texts Relating to the Old Testament* (Princeton: Princeton University Press, 1955).

Queen, Sarah. *From Chronicle to Canon: The Hermeneutics of the Spring and Autumn, according to Tung Chung-shu* (Cambridge: Cambridge University Press, 1996).

Redford, D. B. *Akhenaten, The Heretic King* (Princeton: Princeton U. Press, 1984).

Redfield, R. *Peasant Society and Culture* (Chicago: University of Chicago, 1956).

Rice, D. G. & Stambaugh, J. E. eds. *Sources for the Study of Greek Religion* (Missoula: Scholars Press, 1979).

Riegel, Jeffrey K. "Early Chinese Target Magic," *Journal of Chinese Religion* 10(1982): 1 - 18.

——. "Kou-mang and Ju-shou" *Cahiers d'Êxtrême-Asie* 5(1989 - 1990): 55 - 83.

——. "The Songs of Possessed Children: A Survey of T'ung Yao in Chou and Han Dynasty Sources," paper presented at the Workshop on *Divination and Portent Interpretation in Ancient China*, Berkeley, June 20 - July 1, 1983.

Rohde, E. *Psyche* (Eng. tr.) (New York: 1925).

Saleh, M. & Sourouzian, H. *The Egyptian Museum Cairo, Official Catalogue* (Mainz: Philipp von Zabern, 1987).

Sangren, P. Steven. "Great Tradition and Little Traditions

Reconsidered: The Question of Cultural Integration in China," in *Journal of Chinese Studies* 1(1984): 1 - 24.

—. *History and Magical Power in a Chinese Community* (Stanford: Stanford University Press, 1987).

Schafer, H. "Ritual Sacrifice in Ancient China," *HJAS* VIX (1951): 130 - 184.

Schiffeler, John Wm. *The Legendary Creatures of Shan-Hai Ching* (Taipei: Hwa Kang Press, 1978).

Schipper, Kristofer M. "The Cult of Pao-sheng Ta-ti and Its Spreading to Taiwan: A Case Study of Fen-hsiang," in E. B. Vermeer ed., *Development and Decline of Fukien Province in the 17th and 18th Centuries* (Leiden: Brill, 1990), pp. 397 - 416.

Schnaufer, A. *Frühgriechischer totenglaube: Untersuchungen zum Totenglauben der Mykenischen und Homerischen Zeit* (Hildesheim & New York, 1970).

Schwartz, Benjamin. *The World of Thought in Ancient China* (Cambridge: Harvard University. Press, 1985).

Seidel, Anna. "Traces of Han Religion in Funeral Texts Found in Tombs," in Akitsuki Kan'ei 秋月觀日英 ed., *Dokyo to shukyo bunka* 道教と宗教文化 (Tokyo: Hirakawa, 1987), pp. 21 - 57.

—. "Chronicle of Taoist Studies in the West 1950 - 1990," *Cahiers d'Êxtrême-Asie* 5(1989 - 1990): 55 - 83.

Sharpe, Eric J. *Comparative Religion, A History* (La Salle, Ill. : Open Court, 1986).

Shaughnessy, Edward L. *Sources of Western Zhou History:*

Inscribed Bronze Vessels (Berkeley: University of California Press, 1991).

Sinclair, A. *The Greek Anthology* (New York: MacMillan, 1967).

Smith, D. Howard. *Chinese Religion* (New York: Holt, Rinehart & Wilson, 1970).

Smith, Richard J. *Fortune-tellers and Philosophers: Divination in Traditional Chinese Society* (Boulder, San Francisco, Oxford: Westview Press, 1991).

Spiro, M. E. "Religion: Problems of Definition and Explanation" in M. Banton ed. , *Anthropological Approaches to the Study of Religion* (New York: F. A. Praeger, 1963).

Spronk, K. *Beatific Afterlife in Ancient Israel and in the Ancient Near East* (Neukirchen-Vluyn: Verlag Butzon & Bercker Kevelaer, 1986).

Stein, Rudolf. "Religious Taoism and Popular Religion from the Second to Seventh Centuries," in H. Welch & A. Scidel eds. , *Facets of Taoism*, (New Haven: Yale University Press, 1979), pp. 53 - 81.

Taylor, R. "Official and Popular Religion and the Political Organization of Chinese Society in the Ming," in Kwang-Ching Liu ed. , *Orthodoxy in Late Imperial China*, pp. 126 - 157.

Teiser, Stephen E. *The Ghost Festival in Medieval China* (Princeton: Princeton University Press, 1988).

Thompson, Laurence G. "On the Prehistory of Hell in China," in *Journal of Chinese Religion* 17(1989): 27 - 41.

Thote, A. "Aspects of the Serpent on Eastern Zhou Bronzes and Lacquerware," in Whitfield ed. , *The Problem of Meaning in Early Chinese Ritual Bronzes*, pp. 150 - 160.

Trombley, Frank R. *Hellenic Religion and Christianization C. 370 - 529*, 2 vols. (Leiden: E. J. Brill, 1994).

Tsien, Ch'un-hsün. *Written on Bamboo and Silk* (Chicago: University of Chicago, 1962).

Twitchett, D. & Loewe, M. eds. *The Cambridge History of China*, vol. 1 (Cambridge: Cambridge University Press, 1986).

Vandermeersch, L. "Note sur le Inscriptions Oraculaires de Fengch'u-ts'un," 池田末利博士古稀記念東洋學論集(廣島, 1980), pp. 1 - 15.

Veith, Ilza. *Huang Ti Nei Ching Su Wen* (Baltimore: Williams & Wilkins, 1949).

Vermeule, E. *Aspects of Death in Early Greek Artand Poetry* (Berkeley: University of California Press, 1979).

Vernant, Jean-Pierre. *Mortals and Immortals* (Princeton: Princeton University Press, 1991).

Vrijhof, P. H. & Waardenburg J. eds. *Official and Popular Religion, Analysis of a Theme for ReligiousStudies* (The Hague: Mouton, 1979).

Wagner, Rudolf G. "Imperial Dreams in China," in Carolyn T. Brown ed. , *Psycho-Sinology: The Universe of Dreams in Chinese Culture* (Washington D. C. : Woodrow Wilson International Center for Scholars, 1988), pp. 11 - 24.

Waley, Authur. *The Book of Songs* (London: Allen & Unwin,

1937, 1952).

Wang, Yü-ch'üan. "An Outline of the Central Government of the Former Han Dynasty," *HJAS* 12(1949): 134 – 187.

Wang, Zhongshu. *Han Civilization* (New Haven: Yale University Press, 1982).

Watson, Burton. *Early Chinese Literature* (New York: Columbia University Press, 1962).

—. *Hsün Tzu* (New York: Columbia University Press, 1963).

—. *Chuang Tzu: Basic Writings* (New York: Columbia University Press, 1964).

—. *The Tso Chuan* (New York: Columbia University Press, 1989).

Watson, William. *Early Civilization in China* (London: Thames and Hudson, 1966).

Weber, Max. *The Religion of China* (Glencoe, Ill. : Free Press, 1951).

Welch, H. *Taoism, The Parting of the Way* (Boston: Beacon Press, 1965).

Weller, Robert P. *Unities and Diversities in Chinese Religion* (London: Macmillan, 1987).

Whitfield, Roderick ed. *The Problem of Meaning in Early Chinese Ritual Bronzes* (London: University of London, 1992).

Wolf, A. P. "Gods, Ghosts, and Ancestors," in A. P. Wolf ed. , *Religion and Ritual in Chinese Society* (Stanford: Stanford University Press, 1974), pp. 131 – 182.

Wright, A. F. "Biography and Hagiography: Hui-chiao's Lives of Eminent Monks," in *Silver Jubilee Volume of the*

Zinbunkagaku Kenkyusyo Kyoto University (Kyoto: Kyoto University Press, 1954), pp. 383 - 432.

—. *Buddhism in Chinese History* (Stanford: Stanford University. Press, 1959).

Wu, Hung. "Bird Motifs in Eastern Yi Art," in *Orientations* 16, 10(1985).

—. *The Wu Liang Shrine: The Ideology of Early Chinese Pictorial Art* (Stanford: Stanford University Press, 1989).

—. "Art in a Ritual Context: Rethinking Mawangdui," *Early China* 17(1992): 111 - 144.

Yang, C. K. *Religion in Chinese Society* (Berkeley: Univeristy of California Press, 1976).

Yoyotte, Jean et al. *Le Jugement des Morts* (Sources Orientales 4, Paris, 1961).

Yu, Ying-shih. "Life and Immortality in the Mind of Han China," *HJAS* 25(1964 - 1965): 80 - 122.

—. "New Evidence on the Early Chinese Conception of Afterlife," *JAS* 41,1(1981): 81 - 85.

—. "O Soul Come Back! A Study in the Changing Conceptions of the Soul and Afterlife in Pre-Buddhist China," *HJAS* 47, 2(1987): 363 - 395.

Zandee, J. *Death as an Enemy* (Leiden: Brill, 1960).

Zürcher, E. *The Buddhist Conquest of China*, 2 vols. (Leiden: E. J. Brill, 1972).

—. "Han Buddhism and the Western Region," in W. L. Idema & E. Zürcher eds. , *Thought and Law in Qin and Han China* (Leiden: Brill, 1990), pp. 158 - 182.

索引

早期中国研究丛书

（精装版）

图书在版编目(CIP)数据

追寻一己之福：中国古代的信仰世界 / 蒲慕州著
.—上海：上海古籍出版社,2024.1
（早期中国研究丛书）
ISBN 978-7-5732-1021-0

Ⅰ.①追… Ⅱ.①蒲… Ⅲ.①信仰-民间文化-研究
-中国 Ⅳ.①B933

中国国家版本馆 CIP 数据核字(2024)第 008709 号

早期中国研究丛书

追寻一己之福

中国古代的信仰世界
蒲慕州 著
上海古籍出版社出版发行
（上海市闵行区号景路 159 弄 1-5 号 A 座 5F 邮政编码 201101）
(1) 网址：www.guji.com.cn
(2) E-mail：guji1@guji.com.cn
(3) 易文网网址：www.ewen.co
山东韵杰文化科技有限公司印刷
开本 890×1240 1/32 印张 10.25 插页 5 字数 216,000
2024 年 1 月第 1 版 2024 年 1 月第 1 次印刷
印数：1—1,800
ISBN 978-7-5732-1021-0
B·1373 定价：56.00 元
如有质量问题,请与承印公司联系